FRONTIER OF FINANCIAL RULE OF LAW

金融法治前沿

（总第1辑）

主　编／刘贵祥

副主编／林文学　刘宏华　綦　相

焦津洪　蔡慧永

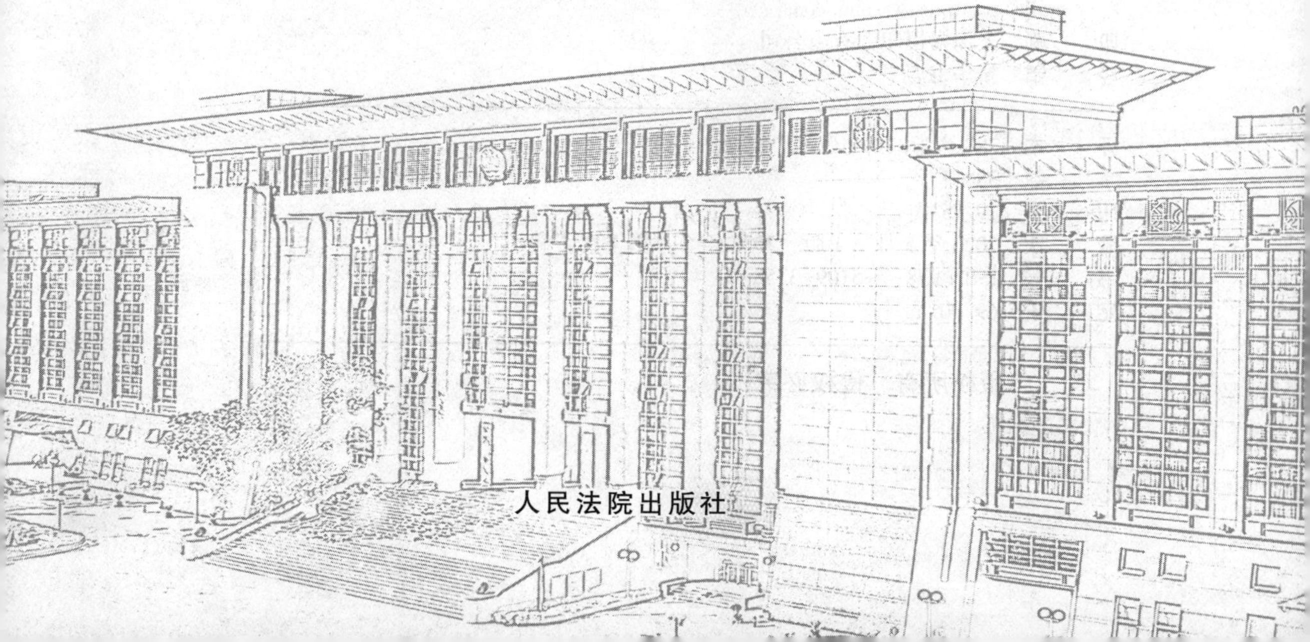

人民法院出版社

图书在版编目（ＣＩＰ）数据

金融法治前沿. 总第1辑 / 刘贵祥主编 ; 林文学等副主编. -- 北京 : 人民法院出版社, 2023.5
ISBN 978-7-5109-3758-3

Ⅰ. ①金… Ⅱ. ①刘… ②林… Ⅲ. ①金融法一研究一中国 Ⅳ. ①D922.280.4

中国国家版本馆CIP数据核字(2023)第045155号

金融法治前沿(总第1辑)
刘贵祥　主编

策划编辑　韦钦平
责任编辑　郭　粹　赵杰琼
封面设计　尹苗苗
出版发行　人民法院出版社
地　　址　北京市东城区东交民巷27号(100745)
电　　话　(010)67550562(责任编辑)　67550558(发行部查询)
65223677(读者服务部)
客服QQ　2092078039
网　　址　http://www.courtbook.com.cn
E - mail　courtpress@sohu.com
印　　刷　天津嘉恒印务有限公司
经　　销　新华书店

开　　本　787毫米×1092毫米　1/16
字　　数　388千字
印　　张　19.75
版　　次　2023年5月第1版　2023年5月第1次印刷
书　　号　ISBN 978-7-5109-3758-3
定　　价　69.00元

金融法治前沿（总第1辑）

导　言

刘贵祥

岁月缱绻，葳蕤生香。时值全国上下掀起全面学习全面把握全面贯彻党的二十大精神热潮之际，在各方面鼎力支持下，经过编辑部的策划、协调等不懈努力，《金融法治前沿》连续出版物第1辑正式出版。

习近平总书记指出："金融是现代经济的核心""金融安全是国家安全的重要组成部分"。维护金融安全，保障与服务金融服务实体经济、防控金融风险、深化金融改革三大任务，是金融法治的根本目标。金融法治的发展完善，不仅需要金融监管和金融司法在分工负责基础上加强沟通，也需要理论与实践的交流。

作为以习近平新时代中国特色社会主义思想为指导，深入贯彻习近平法治思想、经济思想，以金融法治现代化服务和保障在法治轨道上推进中国式现代化的重要交流平台；作为坚持中国特色社会主义法治道路，坚持以人民为中心，严格公正司法，以金融司法公平正义守护社会公平正义，坚持市场化法治化原则，防范化解金融风险，守住不发生系统性金融风险底线的交流平台；作为各级法院正确理解把握适用法律，树立社会主义法治理念，追求法律效果与社会效果、政治效果有机统一，能动司法化解矛盾纠纷、服务党和国家经济社会发展大局的交流平台；作为坚持党中央集中统一领导、坚持党对人民法院绝对领导，拥护"两个确立"、做到"两个维护"的交流基地；作为学习、把握、贯彻落实党的二十大关于坚持中国共产党领导、全面推进依法治国工作、金融工作一系列重大战略部署的交流平台；作为大兴调查研究之风，研究金融领域、金融审判执行领域重大疑难法律问题、完善金融司法与金融监管协调机制的交流平台，《金融法治前沿》旨在"聚焦金融法治前沿问题，服务国家金融战略实施"，由最高人民法院民事审判第二庭、中国人民银行条法司、国家金融监督管理总局（原中国银行保险监督管理委员会）、中国证券监督管理委员会有关部门、北京金融法院、上海金融法院、成渝金融法院等单位共同打造。"跟上和适应强国建设、民族复兴的新征程，责任更重，要求更高”。通过该研究平台的搭建，助力深入开展调查研究，探寻发现金融法治实践领域中的真问题，找准解决问题的思路、方法与对策，防控金融风险，化解金融矛盾纠纷。这是把习近平总书记重要讲话和全国两会精神落到实处，把“公正与效率”这一司法审判工作永恒的主题落到实处的重要举措。

《金融法治前沿》每辑具体组稿工作由法院系统成员单位轮值承办。北京金融法院作为第 1 辑承办单位，在组织稿件时聚焦金融监管与金融司法、前沿理论与法治实践的“融合”，经过广泛征稿和严格审核，最终汇集成册的文章中，既有“一行两会”的金融监管实践智慧，也有法院系统的金融司法经验，还有专家学者的真知灼见。

中国人民银行结合当前我国金融稳定法的起草工作，从国际金融稳定立法实践中总结经验并深入探讨，提出健全我国金融稳定立法的建议。中国证监会结合“康美药业财务造假”特别代表人诉讼第一案，从程序和实体两方面全面梳理并深刻评析案件的重点难点法律问题，进一步彰显该案的重要意义。国家金融监督管理总局（原中国银行保险监督管理委员会）聚焦保险公司股权违规问题，从股权违规的表现形式着手，在深入讨论的基础上，提出了强化行政监管的实践路径。

北京金融法院通过对近三年证券纠纷，尤其是证券虚假陈述责任纠纷案件的司法大数据分析，总结近年来证券案件重点疑难问题和裁判思路的变化，并结合修订证券法从司法应对角度进行了展望。上海金融法院从中国葛洲坝集团股份有限公司诉意大利裕信银行股份有限公司上海分行独立保函纠纷案入手，围绕案件法律适用、独立保函不当拒付责任成立的认定、给付迟延的赔偿范围确定等问题展开了细致的分析论证。

北京大学郭雳教授等立足于公募 REITs 经营治理的国内外实践，围绕公募 RE-ITs 的治理逻辑与投资者保护问题，深入论述其作为资产证券化的创新特点，以及对参与各方的新挑战。

党的二十大报告指出，“全面依法治国是国家治理的一场深刻革命”“必须更好发挥法治固根本、稳预期、利长远的保障作用，在法治轨道上全面建设社会主义现代化国家。”作为全面依法治国的重要环节，我国金融法治建设取得了长足进步，也面临着新的研究课题。《金融法治前沿》愿为所有致力于金融法治完善的各界同仁搭建起研究交流的平台，期待大家在这里能启迪思想，凝聚共识，为金融法治建设增砖添瓦，贡献力量！

2023 年 3 月

民法典视域下的金融法治

王利明

"凿井者，起于三寸之坎，以就万仞之深。"作为新中国第一部以"典"命名的法律，民法典"是一部固根本、稳预期、利长远的基础性法律"，它是市场经济的基本法，是社会生活的百科全书，是保障公民基本权利的宣言书。民法典与金融业务息息相关，其颁布实施对整个金融市场产生重大影响。民法典构建了产权制度的基本框架，为金融市场的正常运行奠定了基础。民法典规定了完善的担保物权制度，明确了担保物权的实现规则和保护规则，确认了禁止高利借贷等规则，规范了借款、保理、融资租赁等合同，从而在维护金融安全、构建金融秩序等方面发挥了重要的作用。民法典物权编统一了动产和权利担保的登记制度，构建了以登记为中心的优先受偿顺位规则，扩张了担保合同的范围，衔接了担保物权与其他功能性担保之间的关系，必将有助于改善营商环境，促进资金融通，有效保障债权，繁荣金融市场。

金融业务本身具有专业性强、业务类型新颖、交易结构多元和法律规则复杂的特点。因之我国的金融法律规范文件也纷繁复杂，对分散、庞杂的法律规范进行体系化并在此基础上寻找共同规律难谓易事。进入民法典时代，一方面，司法审判人员在适用调整金融交易关系和规制关系的金融法律规范时，应当既呼应民法典意思自治的基本理念，同时要把握、理解并运用民法典有关金融方面的新理念。另一方面，要以民法典为准绳，根据民法典有关金融业务的新规则，依法公正处理各类金融纠纷，维护金融安全有序。为了有效适应金融领域创新快速性、维护金融消费者合法权益，也要准确把握民法典和相关金融法律规定的意旨，并与具体个案情形密切结合，妥善处理好各类金融纠纷。应更好发挥案例具体针对、及时有效的作用，因此审判经验的积累和总结就显得尤为重要。

民法典的生命力在于实施。迈进新时代，踏上新征程。全面推进依法治国，必须全面贯彻实施民法典。只有学习好、实践好这部法典，才能不断推进全面依法治国，坚持和完善中国特色社会主义制度，推进国家治理体系和治理能力现代化，实现人民群众对良法善治的美好期待。

此次《金融法治前沿》连续出版物的刊行，即是金融行政、司法和学界携手将民法典融入金融法治的一次生动实践，必将为鼓励金融业务的持续开展和不断创新夯实理论基础，同时为阅读此书的金融法律服务从业者提供有益参考。

2023年2月

走向协同共治的司法与监管

吴晓灵*

建设法治国家，离不开法律法规的完善和法律的实施。在司法的实践中不断完善法律法规是法律法规的生命力所在。金融司法和金融监管同是规则制定和规则实施的重要环节，加强二者的协同治理对于完善金融法律法规和提升金融的治理能力有非常重要的作用。

近年来，随着中国金融法律体系的不断完善、司法改革的持续推进，以及金融专门法院的建立，中国法院金融专业化审判在不断深入发展，金融法院的大数据监测能力和重大案件处置能力也稳步提升。

金融专门法院从四年前上海一枝独秀，到去年的京沪比翼齐飞，再到今年成渝成立后的三足鼎立，中国特色的专门金融法院司法矩阵已具雏形。我希望金融专门法院可以从金融监管的司法配合和司法推动两个层面实现协同治理。通过监管规则的个案适用、被司法解释所吸纳，通过司法建议、联合发文等途径实现协同共治。

《金融法治前沿》连续出版物，为司法与监管的双向交流开辟了崭新的路径，有利于向社会传播实践中积累的监管做法和司法经验，也能更好地发挥对金融法治建设的引领作用。我期待人民法院通过金融规则的司法填补和金融创新个案的司法介入，更好地支持国家金融管理机构履行职责。最后衷心祝愿《金融法治前沿》越办越好！

2023 年 2 月

* 中国人民银行原副行长，全国人大第十一、十二届常委，财经委员会副主任委员。

目　录

法治前沿

典型案例

专题研讨

域外金融

数智金融

政策文件

法治前沿

关于金融民商事审判工作中的理念、机制和法律适用问题*

刘贵祥**

党的十八大以来，各级人民法院以习近平新时代中国特色社会主义思想武装头脑、指导实践、推动工作，在服务党和国家经济社会发展大局，维护金融秩序、保护金融消费者及中小投资者合法权益、守护社会公平正义、保障金融安全等方面发挥重大作用，取得显著成效。2023 年 1 月 10 日召开的全国法院金融审判工作会议，在充分肯定党的十八大以来金融刑事、民商事、行政审判工作所取得成绩的基础上，总结了十年来金融审判积累的六个方面经验，其中最重要的一点，就是金融审判工作必须始终坚持党的绝对领导，确保正确的政治方向和发展方向。对此，各级人民法院必须深刻领会，牢牢把握。在新时代新征程中，要更加旗帜鲜明讲政治，深刻领悟“两个确立”的决定性意义，增强“四个意识”、坚定“四个自信”、坚决做到“两个维护”。更加自觉地以习近平新时代中国特色社会主义思想为指导，深入贯彻习近平法治思想，坚持党对人民法院工作的绝对领导，坚持中国特色社会主义法治道路，全面贯彻落实党的二十大精神及中央经济工作会议等重大决策部署，确保党中央的重大决策部署到哪里，金融审判工作就跟进到哪里。更加自觉地站稳以人民为中心的根本立场，以严格公正金融司法，保护金融消费者和中小投资者合法权益，守护社会公平正义。更加自觉地完整、全面、准确贯彻新发展理念，发挥金融审判职能作用，服务高质量发展之大局，服务金融稳定健康发展之大局，坚决守住不发生系统性风险的底线。

本文以习近平新时代中国特色社会主义思想为指导，结合当前我国经济社会发展实际情况，结合人民法院金融审判工作规律特点，对金融民商事审判理念、

* 原载于《法律适用》2023 年第 1 期，修改了部分文字表述。

** 最高人民法院审委会副部级专职委员、二级大法官。

机制、具体法律适用等几个方面的问题，谈谈自己的认识和看法，以期对金融民商事审判工作高质量发展有所裨益。

一、关于进一步深化对金融审判理念的认识问题

当前，金融民商事审判呈现三个显著特征：一是法律适用的复杂性更加突出。银行纠纷从传统的借款合同开始向服务收费、产品代销、银行理财等领域延伸，证券纠纷正向债券、期货、私募基金等多个领域扩展，保险纠纷中保证保险合同占比日渐提高，票据纠纷、保函纠纷向房地产领域、建设工程领域聚集。新类型金融交易产品层出不穷，基于传统金融业务衍生的资产证券化、信托收益权等金融产品多层嵌套、明股实债、分层设计，金融交易结构更为复杂，使金融民商事案件法律适用面临极大挑战。二是案件群体性态势更加突出。金融产品具有同质化特点，受众广泛而分散，案件呈现出"一案多点""一案多地"的态势。对于具有同质化诉讼请求的债券违约纠纷、证券欺诈纠纷、存款兑付纠纷等类案，统一裁判尺度的任务更加紧迫。三是个案裁判对金融风险防控的影响更加突出。金融纠纷，特别是"点状散发型"金融纠纷，大多是市场主体流动性、履约能力出现问题所致，某种程度上是出现风险的前兆，金融纠纷审理和执行可以"窥一斑见全豹"。一个阶段的金融审判数据可以成为某区域、某方面识别风险的"晴雨表"。一些个案不当裁判的示范效应，加上舆论的推波助澜，也可能催化或者加剧风险的发生。另外，一些金融纠纷中民事违约、行政违法、刑事犯罪互相交织，案件处理须各方协同配合。如何与相关部门形成促进金融健康发展、防控金融风险的合力，是新时期人民法院金融审判必须认真解决的重大课题。

习近平总书记多次强调："我们要深化对金融本质和规律的认识，立足中国实际，走出中国特色金融发展之路。"[①] 全国法院金融审判工作会议以习近平新时代中国特色社会主义思想为指导，深入贯彻落实习近平总书记关于金融工作的一系列重要讲话精神，立足中国特色金融发展之路，立足金融发展规律、金融审判规律及金融审判职能定位，提炼出新时代金融审判的"五个重要理念"，意义重大，具有很强的指导性。各级人民法院在金融民商事审判中要进一步深化认识、准确把握，充分发挥"五个重要理念"作为金融审判基本观念、价值取向、基本方法的导向、指引功能，着力解决金融审判中的交易模式和隐藏风险识别难、合同效力认定难、金融机构责任界定难三大核心难点带来的金融审判尺度不

① 《新时代中国金融发展的根本遵循》，载《人民日报》2022 年 6 月 23 日。

统一的问题。

（一）关于牢固树立金融治理协同理念

习近平总书记在二十大报告中强调，必须坚持系统观念。金融司法是金融基础设施的重要组成部分，是国家金融治理体系的重要一环。人民法院在金融民商审判中维护金融市场秩序、保障金融安全、防范化解重大金融风险，与金融监管的价值取向、核心目标高度一致。各级人民法院必须胸怀“国之大者”，在党中央集中统一领导下，进一步强化金融治理协同意识，形成强大的工作合力，把党中央关于金融工作的方针政策、重大决策部署落实到位。

强化金融治理协同，要统一思想观念。金融司法与金融管理部门协同，是在各方分工明确、职责清晰的基础上的通力合作、同向发力、良性互动、优势互补。二者协同，更有利于实现共同追求的核心目标；更有利于克服金融民商事审判中的知识局限、视野局限，准确把握金融市场、金融监管态势，准确适用法律，实现“三个效果”的有机统一。

强化金融治理协同，要高度重视中央金融政策的落实落地。金融规章、规范性文件是落实党中央关于金融工作决策部署的重要载体，是金融法律规范体系的重要组成部分。司法解释、指导案例、地方法院制定的指导意见，要充分体现中央金融监管政策、金融监管规章的基本精神、基本要求，及时统一裁判尺度，规范法官裁量权。通过完善协同机制，使金融审判的裁判规范与金融监管规范最大化保持协调一致，充分发挥金融法治“固根本、稳预期、利长远”的功能。

强化金融治理协同，要加强重大案件、重大风险协同处理的示范效应、模式效应。人民法院在处理对金融市场有重大影响、社会关注度高的重大案件时，要了解相关的监管措施，听取监管部门意见，使重大案件的处理具有“三个效果”统一的市场示范效应。比如，包商银行风险处置和破产案就是范例。要优化行政管理与金融司法在风险处置等特殊案件中的程序关系，需要行政处置先行，或者以政府主导下行政处置先行更有利于化解风险、保护各方权益的，人民法院要把握程序节奏，做好先期配合工作，确保行政处置在法治轨道进行，并与以后的司法程序在法律适用上保持连贯性、一致性，使风险协同处置具有可推广、可遵循的模式效应，比如，“e租宝”“原油宝”案件的处理就是范例。

强化金融治理协同，要注意把握好金融司法的职能定位。金融民商事审判重在定分止争，通过在案件审理中对市场交易行为的肯定性或否定性评价，以及民事责任的认定，引导市场主体规范操作、合法经营。在案件审理中，要遵循司法规律，坚持实体公正与程序公正相统一，特别注意个案处理的公平性、合理性。

比如，在对违法合同作出否定性评价的同时，注意利用缔约过失责任规则使违法且不诚信的当事人付出代价。要认识到，人民法院只是在缺乏法律、行政法规，甚至金融监管规则规定的情况下，因“不得拒绝裁判”，而通过个案裁判或司法解释对监管规则起到拾遗补缺的作用。比如，监管规则就民间借贷利率问题无具体规定，就相关纠纷，法院既不能不裁判，又不能作出五花八门的裁判，确定利息司法保护上限是依法行使审判权，统一法律适用标准的需要，而不是超越职责分工，代替监管部门定利率。总之，金融民商事审判中金融治理协同，要把握协同之度、着力之处、结合之点。

强化金融治理协同，要通过能动司法参与诉源治理。要把能动司法贯穿新时代新发展阶段审判工作始终，主动融入国家治理、社会治理。以信用卡纠纷为例，2022 年全国法院共审结一审信用卡纠纷 79.2 万件，占一审金融民商事案件结案总数的 28.2%，信用卡纠纷已成为许多基层法院收案最多的民商事案件。信用卡纠纷的根本解决需加强诉源治理工作，紧紧依靠党的领导，“抓前端、治未病”。一是要通过司法建议推动金融监管部门和金融机构强化信用卡及信用类消费信贷业务的风险管理，审慎放贷、按需授信。二是要推动金融监管部门与金融机构通过失联客户信息修复、灵活适用征信惩戒措施等方式提升自行催收欠款的能力。三是形成诉讼的，既要通过诉前调解、简案快审快速解决纠纷，也要发挥司法的预防功能，通过典型案例示范作用引导当事人提高风险意识、规范行为模式，起到审理一案，治理一片的效果。

（二）关于牢固树立服务实体经济理念

习近平总书记深刻指出：“实体经济是金融的本源，金融要为实体经济服务，满足经济社会发展和人民群众需要。”① 服务实体经济，是金融的天职。防止金融脱实向虚，是各国金融治理都要面对和解决的难题。维护国家金融安全、促进金融服务实体经济，是金融审判职能作用的一体两面，不可偏废。人民法院在金融民商事审判中，要以金融服务实体经济为价值本源，既依法支持金融监管部门对金融服务科技创新、先进制造业、战略性新兴产业、绿色发展以及普惠金融所采取的一系列重大举措，又依法支持监管部门抑制金融脱实向虚的监管政策、监管导向、监管措施。

服务实体经济，要依法保障和促进直接融资。加大对资本市场注册制改革、强制退市制度改革、清理整顿私募基金等一系列资本市场改革措施的司法支持力

① 《金融为高质量发展增添动力》，载《人民日报》2022 年 5 月 16 日。

度，并通过证券纠纷案件的审理，推进相关法律制度完善。比如，康美药业集体诉讼案，推进了对独立董事制度的改革和完善。要准确把握多层次资本市场“层层递进”市场结构的多层次司法需求，及时跟进相应司法措施，妥善审理私募基金、资产支持证券等新类型证券纠纷，依法提高资本市场违法成本，维护资本市场秩序，引导资本市场把更多金融资源配置到经济社会发展的重点领域和薄弱环节。

服务实体经济，要准确把握民法典关于拓宽企业融资渠道、提高企业融资能力的立法精神，依法保护融资租赁、保理、所有权保留、保兑仓等金融资本与实体经济相结合的融资模式。对金融机构创新服务农业经济、中小微企业信贷产品，以及设立与农村经济、中小微企业财产特点相适应的土地承包经营权、生物资产、库存货物、知识产权等动产、权利质押，持更加宽容、开放的司法态度，依法认定其合同效力、物权效力。要保持司法定力，有效落实民法典关于禁止高利放贷的规定，依法否定金融机构巧立名目变相提高融资利息的相关合同条款的效力，依法否定民间职业放贷、高利转贷行为的效力。对于实践中出现的“循环贸易”等，要根据其具体约定和交易场景，判断其是否属于借贷关系，并依法认定其合同效力。

（三）关于牢固树立守住风险底线理念

习近平总书记强调指出：“防范化解金融风险特别是防止发生系统性金融风险，是金融工作的根本性任务。”① 防范化解金融风险，既是金融工作永恒的主题，也是金融民商事审判的根本性任务。为此，各级法院既要把握当代金融风险所具有的隐蔽性、叠加性、突发性、传染性等一般特点，又要把握我国金融风险在特定历史阶段所表现的形态、聚集的业态及交易模式、案件类型等，利用司法大数据、阶段性金融案件分析等手段，提高服务防范化解金融风险大局的靶向性、精准性。需要指出的是，对于可能产生较大社会影响的金融案件，各级法院既要善于“从政治上看”，分析判断其对于金融安全与国家安全的影响与危害，也要善于“从法治上办”，坚持市场化、法治化原则用讲法治的方式办好讲政治的案件，确保办理此类案件“三个效果”的统一。

守住风险底线，必须强化系统观念。传统民商法以鼓励交易、契约自由为主要价值取向，对“个体风险”更加包容；而金融法律规范更侧重于对系统风险的防控，严格准入门槛，抑制风险性交易行为，维护社会稳定。因此，在金融审

---

① 《为防范化解金融风险提供制度保障》，载《人民日报》2020年11月4日。

判中，要强化体系化思维，把民法典等民事法律的一般规定与金融法律规范的特殊规定结合起来系统把握。特别是在处理一些重大、敏感或有社会影响的案件时，要充分注意金融法律规范关于防范金融风险的特别规定，把个案处理纳入防范化解风险的大局中去考量，纳入社会效果、政治效果中去考量，切实避免与国家防范化解风险的监管政策背离的不当做法。

守住风险底线，必须坚持持牌经营原则，落实全面监管的要求。为防止金融风险外溢，各金融部门法均对金融营业主体资质、业务资质采取了特许经营方式加以规制。各级法院要严格落实持牌经营原则，对于未经批准或者备案违法从事金融业务的，要依法否定合同效力。在审理金融机构股权纠纷时，要严格执行金融立法和金融监管政策的禁止性规定，依法否定涉金融机构主要股东的违规股权代持行为效力，严防控股股东、实际控制人通过隐形持股逃避监管。

守住风险底线，必须坚持实质重于形式原则，强化交易模式和风险识别。金融发展离不开金融创新，但过于复杂的交易结构和产品设计，容易隐藏各种风险。实质重于形式，就是要还原业务实质，这既是各国金融监管的通行做法，也是金融审判侧重维护市场整体利益、注重维护实质正义的必然要求。金融审判中坚持实质重于形式原则，就是要对晦涩难懂的金融合同文本和交易结构条分缕析，抽丝剥茧，以当事人的真实意思表示为基础，判断其真实的法律关系，进而对其是否违反强制性规定、是否违背公序良俗进行判断；从与穿透监管相契合的角度，对“抽屉协议”“虚伪意思表示”等金融违规行为，更要揭开所掩盖的真实法律关系的盖子，对其效力问题综合判断。当然，要注意到，实质重于形式不是武断地脱离当事人约定依照有名合同强行归类，而是要以当事人约定为依据，探求当事人的真实意思，还原事物本来面目，进而进行合法性判断。实践中存在的无法归类于某一有名合同的交易行为，只要不触犯“违法”或“公序良俗”条款，原则上尊重当事人的约定，并依约定判断权利义务关系。

（四）关于牢固树立倾斜保护金融消费者和中小投资者理念

习近平总书记强调：“要把发展直接融资放在重要位置，形成融资功能完备、基础制度扎实、市场监管有效、投资者合法权益得到有效保护的多层次资本市场体系。”① 金融消费者、投资者是金融市场的主要资金供给者，其权益保护不仅事关投资者信心，也关乎国家金融安全。因信息严重不对称、认识能力局限等现

① 《全国金融工作会议在京召开》，载中国政府网，http://www.gov.cn/xinwen/2017-07/15/content_5210774.htm，2023 年 3 月 10 日访问。

实因素，金融消费者和中小投资者权益极易受到侵犯。金融审判应当站稳人民立场，以保护金融消费者和中小投资者合法权益为己任，让人民群众能够公平享受金融服务，切实守护好人民群众的“钱袋子”，增进人民群众对法院的信赖，对党的衷心拥护，厚植党的执政根基。

要把握好民法上的平等保护与倾斜保护、契约自由与契约正义的辩证关系。因信息不对称、对复杂金融产品缺乏判断能力等现实因素，只有对金融消费者和中小投资者给予倾斜保护，才能实现实质平等，才能达到真正的平等保护。要善于运用民法典关于格式条款解释规则、提示说明义务的规定，合理认定复杂的金融交易关系中金融消费者的权利义务；要善于运用民法典中关于欺诈、重大误解、显失公平民事行为可撤销的规定，去否定不公平、有违消费者真实意思的合同效力。要特别注意民法典第 151 条关于当事人一方“缺乏判断能力”这一表述在保护金融消费者合法权益方面的制度价值。

在用好民法典一般性制度工具的同时，要根据金融监管的规则，还原具体的法律适用场景，作出更精准的判断。比如，“卖者尽责、买者自负”的投资损失承担规则，要依据法律和相关监管规则，确定金融产品发行人、金融服务提供者等相关各方的权利、义务和责任。比如，商业银行法规定的取款自由原则、明示利率原则，证券法规定的强制信息披露制度和证券中介机构审核把关的“看门人”制度、保险法确立的不利解释规则、信托法确立的信义义务，如此等等，都是人民法院在审理金融纠纷案件中有效保护金融消费者和中小投资者合法权益的重要制度工具。

（五）关于牢固树立服务金融市场发展的理念

习近平总书记深刻指出：“金融是现代经济的核心。保持经济平稳健康发展，一定要把金融搞好。”① 人民法院要充分认识金融在经济发展和社会生活中的重要地位和作用，切实服务保障金融市场改革发展。要正确处理打击金融违法与服务金融发展的关系。打击违法是手段，促进金融健康发展才是目的，不能把手段当目的。金融民商事审判通过对金融违法行为效力的否定性评价，让违法者、违约者以及为追逐暴利而无序扩张、铤而走险者承担相应的民事责任，付出相应的代价，旨在引导市场主体理性经营、合法经营、诚信经营，旨在引导金融消费者、中小投资者理性消费、理性投资、强化风险意识，促进金融市场在法治轨道健康发展。

① 《金融为高质量发展增添动力》，载《人民日报》2022 年 5 月 16 日。

服务金融发展，必须强化金融债权的司法保护。金融债权安全，是人民群众财产安全的前提。当前金融纠纷案件 80%以上是金融借款案件，这说明保护金融债权、打击“逃废债”仍是金融审判的主要任务。在新形势下，各级法院要强化对债权保全制度、股东出资责任制度、法人人格否认制度、关联交易责任制度、公司董监高责任制度等直接或间接保护债权的法律制度的综合适用，充分发挥民商审判打击“逃废债”的功能作用。要充分利用党的十八大以来人民法院不断完善的执行信息化查控系统、财产变现网拍系统、失信联合惩戒机制，加大对金融债权执行力度，切实提高金融债权执行实际到位率。要强化对金融民商事案件的审判管理，坚决纠正对涉及本地重点企业的债券违约纠纷、金融债权纠纷不立案、拖延立案、拖延审理、消极执行等地方保护现象，切实优化法治化营商环境、助力全国统一大市场建设。

服务金融发展，要坚持“过责相当”原则。针对资本市场违规违法行为，特别是证券欺诈行为，坚持“追首恶”与“打帮凶”并举，形成零容忍高压态势，十分必要而迫切。但也要注意到，实践中参与财务报表的编制、内部审核、外部审计、公开发布等活动的主体众多，独立董事和承销保荐机构、会计师事务所、律师事务所等中介机构，与控制股东、执行董事、财务负责人等传统“内部人”了解真实财务情况的途径不同，对财务造假的主观过错也未必相同，在依法追究故意造假的首恶和帮凶责任、提高其违法成本的同时，也要区别情况，对因过失导致虚假陈述的当事人适用“过责相当”原则。只有这样，才能既精准打击，又避免不必要的负面效应。比如，上海法院在审理“中安消”虚假陈述案件中，在认定证券公司、会计师事务所等证券中介机构的连带赔偿责任时，对“过责相当”规则给予了充分注意，实现了“三个效果”的有机统一，可作为范例参考。

二、关于完善金融审判工作机制问题

做好新时期金融民商事审判工作，必须针对金融纠纷出现的新情况新问题新特点，不断提出真正解决问题的新理念新思路新办法。要充分发挥党总揽全局协调各方的体制优势，在党中央集中统一领导下，强化系统观念，完善系统性的工作机制，形成工作合力，以高效、便捷、透明、低成本的司法服务切实解决人民群众的急难愁盼问题。对此，全国法院金融审判工作会议已提出明确工作要求，关键是要落实到位。

一要推动建立金融司法与金融监管的常态化协同机制。2017 年，最高人民法院印发的《关于进一步加强金融审判工作的若干意见》中，明确提出要加强与金融监管机构的协调配合，探索建立人民法院与金融监管机构之间的沟通机制，实践中也进行了这方面的有益尝试。比如，最高人民法院参加由中国银保监会牵头的全国处置非法集资部际联席会议，参加由证监会牵头的清理整顿各类交易场所部际联席会议，与中国证监会建立了司法审判与证券监管会商工作机制、证券虚假陈述案件审理协同机制，参加明天系、北大方正、海航集团、清华紫光等重大风险处置协调机制等，充分发挥人民法院在以市场化、法治化原则处置风险过程中的功能作用。但一些协同机制还停留在对特定事项一事一议层面，没有形成系统化、规范化、常态化工作制度。因此，各级法院还要加大推进力度，制度先行，有章可循，规范操作，常态化运行，牵头及组成人员相对固定，实干为要，不骛于虚声，更要避免形式主义、花架子。比如，对于在金融民事审判中的司法建议，按什么程序提出，向谁提出，提出后的处置结果反馈，要有一套规则。否则，难以避免司法建议的随意性，也难以达到预期的效果。再比如，法院对一些监管政策存在专业盲点或吃不准时，要形成征求监管部门意见的规范和畅通渠道。

二要进一步完善金融纠纷多元化解机制。各级法院要加大对金融纠纷特别是消费类金融纠纷源头化解、多元化解，进一步强化“把诉前调解挺在前面”的意识，积极争取金融监管部门、行业协会、行业调解组织的大力支持和积极参与，在人民法院一站式多元纠纷解决和诉讼服务体系总体制度框架下，完善金融纠纷多元解决机制，完善诉前调解与司法确认的制度衔接，完善示范判决促进类案调解的制度功能，完善调解执行一体化的考核激励机制，短平快、低成本、实质性化解矛盾，维护社会稳定。

在多元解纷机制以及借助现代信息科技提高质效方面，许多地方法院的创新做法可资学习借鉴。比如，厦门市中级人民院、厦门市思明区人民法院和中国人民银行中心支行、厦门银保监局、厦门证监局、厦门金融监督局共同搭建全国首个实体化运行的金融司法联合平台——厦门金融司法协同中心，80 余人集中办公，一站式处理全市金融纠纷，庭外调解与法院审理衔接，调、审、执衔接。厦门模式已实施四年，实践效果明显。比如，山东法院“金融云庭智审”平台，实行“区块链+要素式审理”的智能化模式。通过一条数据传输高速路，将银行内部管理平台与法院网上办案系统直接打通，实施效果明显。

三要推动建立司法机关之间、人民法院刑事、民事、行政各专业审判庭之间的协调工作机制。在金融案件民、行、刑交叉日益突出的情况下，推进建立跨部门、跨审判庭的协调工作机制十分必要。跨部门的协调机制建设，重在协调解决民刑交叉案件的程序选择和事实查明问题，重在协调解决多头查封、重复查封、相互掣肘问题，提高司法的可预期性和公信力。跨审判庭的协调机制建设，重在协调解决民事与刑事、民事与行政交叉案件的关联性、交叉性法律适用问题，对同一法律问题形成共识，疏通堵点，破解难点。

四要进一步完善金融纠纷案件集约化审理机制。主要包括两个方面。

第一，优化集中管辖制度。近年来，在党中央坚强领导和大力支持下，专门金融法院和专门金融法庭建设取得长足发展，对一定区域的金融案件实行制度化的、相对稳定的集中管辖，取得很好的效果。各地可根据金融审判实际，推动专门金融法庭建设，形成相关金融案件制度化集中管辖。值得注意的是，实践中，为适应处置化解特定金融风险的需要，根据“压实党政属地责任”的风险处置要求，各地往往请求最高人民法院采取指定集中管辖的措施。最高人民法院自身要坚持审慎而必要原则，但一旦批复同意采取集中管辖措施，集中管辖法院必须扛起责任，该受理的要受理，该审理的要审理，该执行的要执行，切实避免把集中管辖异化为“三暂缓”；其他法院要严格执行指定管辖的要求，不得令不行、禁不止，各行其是。

第二，优化审理模式。要根据法律规定和司法改革、金融改革精神，努力改变过去“一案一立、分别审理”的局面，实现案件审理的集约化和诉讼经济。对于债券违约合同案件，应当以债券受托管理人集中起诉为原则，以债券投资者个别起诉为补充，尽量避免多头管辖和个别审理；对于上市公司财务造假等引发的证券虚假陈述民事赔偿案件，要按照证券代表人诉讼司法解释的规定，通过加强统一登记立案、强化案件甄别及程序决定、优化诉讼代表人的选定程序等诉讼改革举措，引导投资者用足、用好证券代表人诉讼制度进行“搭便车”维权，实现诉讼经济；对于依法不适用代表人诉讼的案件，也要大力适用“示范判决+委托调解+司法确认”等审判机制，力求“判决一个，解决一片”。实施金融群体性纠纷集约化审理，要大力推进配套审判考核机制改革。要建立符合金融审判实际的专门考核体系，对群体性纠纷审判绩效，实行单独考核，切实提高办案法官的积极性，保障诉讼经济原则在金融审判机制改革中真正落地生根。

三、关于金融监管规章在金融民商事审判中的适用问题

金融民商事审判中对金融监管规章的适用问题，一直富有争议，实践中把握尺度不一。对这一问题的解决要根据我国立法体例、立法法所规定的法律适用规则，结合金融监管的实际情况进行判断。

全国人大常委会在对民法典草案说明时已经明确："我国民事法律制度建设一直秉持民商合一的传统，把许多商事法律规范纳入民法之中。"据此，民法典等民事法律规范应当适用于包括金融纠纷在内的各类商事纠纷。同时，要注意到，我国又属于不完全民商合一立法体例，在民法典之外有大量的包括金融法律在内的商事法律规范。正因为如此，民法典第 11 条规定，其他法律对民事关系有特别规定的，依照其规定。结合民法典第 11 条及立法法有关法律适用规则的规定，可以认为，在民法典、金融行政法律、行政法规没有规定的情况下，人民法院审理金融民商事案件，原则上可以适用或参考金融监管规章的规定。但在适用或参照金融规章时要区别情况，精准把握。大体可以分为两种情况。

第一，金融规章一般不能作为认定金融合同无效的直接依据，但可以作为判断是否违背公序良俗的重要依据或裁判理由。我国民事法律对合同因违法而无效的规定，有一个历史演变的过程，这种演变是随着我国社会主义市场经济的日益完善而日趋审慎和严格。由经济合同法时期的无论违反什么层级、什么性质的法律规范，甚至违反指令性计划都会导致合同无效，到统一合同法限缩为只有违反法律、行政法规的强制性规定才导致合同无效，再到民法典第 153 条即使是违反法律、行政法规的强制性规定也有合同有效的例外情形，是对我国市场经济实践、民事审判实践总结与反思的立法产物。自合同法实施以来，不能以地方法规和规章作为认定合同无效的依据是基本共识，不应改弦易辙。但是，应当充分注意到，金融监管规章可以作为判断金融合同是否违背公序良俗的重要依据或裁判理由。公序良俗是一个极度抽象、弹性的条款，法官判断和适用时理应充分阐明理由，规章中关于维护金融市场基本秩序、维护金融安全、防控系统性金融风险的禁止性规定，可以用来识别是否违反公序良俗。在金融监管规章有关条款构成公序良俗的情况下，可以适用民法典第 153 条第 2 款的规定认定合同效力。应当强调的是，对公序良俗条款的应用，既要避免公序良俗条款泛化，成为滥用裁量权、司法恣意妄为的"挡箭牌"，也要避免对监管规章中有关公共利益的禁止性规定熟视无睹，甚至机械执法，以规章不能作为认定合同无效依据为由，否定对公序良俗条款的适用。实践中，对某一金融监管规章的违反是否构成违背公序良俗产生争议，应当向上级法院请示，必要时可层报最高人民法院予以指导，由最高人民法院按一定程序征求有关监管部门的意见，以形成共识。

还应当充分注意到，一些金融监管规章的强制性规定是根据上位法的授权或者是为了落实法律、行政法规的强制性规定而制定的具体规定。也就是说，金融监管规章的强制性规定有上位法的明确依据，只不过该上位法的规定较为原则，其在结合实践经验的基础上，将该原则性的规定予以具体化，使其具有可操作性。在这种情况下，合同违反的是法律、行政法规的强制性规定，人民法院可依据民法典第 153 条第 1 款认定合同效力。

第二，虽然金融监管规章不能作为认定合同效力的直接依据，但可以作为认定民事权利义务及相应民事责任的重要参考或依据。金融法律、行政法规无法完全适应金融行业日新月异的快速变化，金融监管规章可以及时补位，填补监管制度漏洞。尤为重要的是，向社会公开发布的金融监管规章，是金融交易的行为规范，交易主体应当遵守，人民法院依此裁判符合社会，特别是金融市场交易主体的预期。诸如售后返租在具备什么条件下构成融资租赁关系，信托通道业务如何定性，上市公司、金融机构关联交易及披露义务的认定，证券欺诈、中介机构责任、金融借贷利率、罚息、高风险理财产品卖方适当性义务的认定等，法院多数情况下要借助监管规章，甚至规范性意见、业务规则进行判断。

四、关于金融借款等传统金融纠纷案件的法律适用问题

从案件数量看，基层法院 85%以上的金融民商事案件集中在金融借款等传统金融纠纷领域。随着立法和司法解释的不断完善，基本解决了这些案件中的法律适用问题。但从近年来的审判工作看，有一些新的情况，需要统一认识。

（一）金融机构和地方金融组织在开展融资性金融服务过程中收取的利息和费用的认定

为保障国家普惠金融政策的落实，保护借款客户、金融消费者的合法权益，在案件审理中应当把握如下三个方面：一是对没有明示的利息不予支持。利息及利率是借款合同的核心要素，根据商业银行法第 47 条规定和中国人民银行〔2021〕第 3 号公告要求，所有从事贷款业务的机构均应向借款人明示年化利率，贷款年化利率应以对借款人收取的所有贷款成本与其实际占用的贷款本金的比例计算。贷款人或其代理人与客户签订融资性服务合同时，未以明显的方式向客户提示贷款的年化利率，致使客户没有理解和注意到应支付的实际贷款成本负担，客户主张以合同约定的名义利率支付款项，超出部分不成为合同内容的，应当予以支持。这里所说的贷款年化利率，是一个实际成本的概念，以向借款人收取的所有贷款成本与其实际占用的贷款本金的比例计算，其中，贷款成本包括利息及与贷款直接相关的服务费、保证保险费、融资担保费等各类费用。二是依法否定违反监管政策的利息约定效力。金融机构违反国务院金融管理部门及国务院相关部门发布的政策规定，超出国家金融监管政策规定收取利息的，应当认定超过部

分无效；违规向中小微企业收取贷款承诺费、法人账户透支业务承诺费、银行承兑汇票敞口管理费、资金管理费、财务顾问费、咨询费等禁止或限制收取的费用，或者在发放贷款时强制搭售保险收取高额服务费用等变相增加企业隐性融资成本的，应当认定无效。三是违规收取的利息和费用的处理。对金融机构和地方金融组织违规收取的利息和费用，借款人主张依照民法典第 561 条、第 670 条的规定冲抵本金和利息的，人民法院应当予以支持。

（二）委托借款纠纷中的名义借款人和实际用款人的责任

这就是通常所说的“甲贷乙用”。近年来，实际用款人因为贷款集中度、贷款投向等监管政策限制，或为了利用支农支小等财政贴息贷款优惠政策进行制度套利，委托他人或利用他人名义向商业银行贷款，在实际用款人无力归还贷款时，名义借款人应当承担何种责任，实践中认识不一。笔者认为，这种情况与“冒名贷款”不同，名义借款人与实际用款人之间存在着委托借款的合意，应当根据商业银行在订立合同时是否知道实际用款人的存在分别适用民法典第 925 条、第 926 条规定的间接代理制度。一是商业银行在签订借款合同时知道实际用款人和名义借款人之间的代理关系的，该借款合同直接约束商业银行和实际用款人，名义借款人不承担还本付息的合同责任，实践中简单适用民法典第 146 条规定的做法，将名义借款人签订的合同认定为虚伪表示、将实际用款人签订的合同认定为隐匿行为，并判令名义借款人承担缔约过失责任，既不符合法理，社会效果也差。二是商业银行在订立合同时不知道委托借款关系，名义借款人在诉讼中以应当由实际用款人承担责任作为抗辩事由的，人民法院应当追加实际用款人参加诉讼，并向商业银行释明其有权选择相对人，商业银行选定实际用款人作为合同相对人的，人民法院不得判令名义借款人承担还款责任；商业银行选定名义借款人作为合同相对人的，人民法院应当释明名义借款人在本案中向实际用款人提出权利主张，在判令名义借款人承担责任的同时，判令实际用款人向名义借款人承担责任，实现纠纷的一次性解决。

（三）关于委托贷款合同的性质认定和费率标准

根据金融行业通常的理解，委托贷款包括商业银行依法开展的委托代理业务，以及信托公司依法开展的资金信托业务。二者的相同之处在于商业银行和信托公司收取约定的服务费用，不承担贷款资金的信用风险，具有为委托人提供“贷款通道”的特点。应当注意的是，《全国法院民商事审判工作会议纪要》和《中国人民银行、中国银行保险监督管理委员会、中国证券监督管理委员会、国家外汇管理局关于规范金融机构资产管理业务的指导意见》关于通道业务的规范，仅指金融机构之间互相借用“通道”的行为，审判实践中将委托贷款“穿透”认定为民间借贷的做法，是对相关监管政策的误读误用。委托贷款是纳入监管的一项金融业务，应当与金融借款合同作相同的处理。

五、关于融资担保纠纷案件的法律适用问题

民法典在进一步完善典型担保制度的同时，扩大了担保合同的范围，增加规定了所有权保留、融资租赁、保理等具有担保功能的合同，为优化营商环境尤其是为中小微企业获得信贷提供了制度基础。民法典担保制度解释就典型担保和非典型担保在司法实践中可能出现的问题规定了相应的解决方案，与民法典拓宽企业融资渠道、提高企业融资能力的立法目的高度契合。审判实践中出现了一些新的担保问题，有必要统一认识。

（一）关于应收账款的多重保理与多重质押

按照民法典第 768 条规定，在多重保理的情况下，已登记的优先于未登记的。但在实践中，登记在先的未必通知债务人在先，应收账款债务人按照债权转让通知向保理人履行义务后，登记在先的债权人能否向债务人主张权利？这实际是两个层面的问题。一个层面是债务人履行效力问题。债务人按最先到达的有效通知中指明的保理人履行了债务，发生债务消灭的效果，对其他保理人享有拒绝履行的抗辩权。另一个层面的问题是其他保理人的权利保障问题。依据民法典第 768 条规定的权利顺位规则，登记在先者享有优先权，据此，先办理登记的保理人有权请求已接受债务履行的保理人将所得款项返还给自己。在应收账款多重质押，或者当事人以同一应收账款设定质押又进行保理的场合，根据《最高人民法院关于〈中华人民共和国民法典〉有关担保制度的解释》第 66 条第 1 款的规定，也应按照上述思路处理。

此外，在保理与应收账款质押中，都可能存在应收账款债权人与债务人虚构应收账款的现象。对此，民法典第 763 条和《最高人民法院关于〈中华人民共和国民法典〉有关担保制度的解释》第 61 条已作出规定。依照民法典第 763 条规定，如果保理人对应收账款的虚构不构成明知，则在无追索权保理中，保理人有权向应收账款债务人主张应收账款债权；在有追索权保理中，保理人还有权向应收账款债权人主张解除合同，并要求其承担违约责任。但是如果保理人明知应收账款虚假，则保理人与应收账款债权人之间构成借款法律关系，保理人无权请求

应收账款债务人承担应收账款债务。

（二）关于融资租赁的担保功能

民法典担保制度解释明确了租赁物所有权登记的对抗效力范围及担保方式的实现路径，为人民法院审理案件中正确适用法律提供了明确的指引。但随着市场主体不断拓展租赁物范围和交易方式，需要对融资租赁的担保功能有更加全面的认识。其一，融资租赁是以“融物”的方式提供“融资”，没有租赁物不构成融资租赁。出租人仅以承租人已经签收为由主张租赁物已经交付的，人民法院不予支持，应当结合买卖合同、付款凭证、发运单证、发票、租赁物的交接手续等相关证据，进行综合判断。对于融资租赁公司明知租赁物虚构仍然提供融资的“名租实贷”合同，人民法院尽管可根据通谋虚伪意思表示无效的规定，认定表面形成的融资租赁合同无效，但如无其他法定无效情形，人民法院应当认定该合同隐藏的借款法律关系有效，以避免债权“脱保”；根据“过责相当”规则，可根据债务人的抗辩对合同约定的过高利率依法予以调整。其二，关于“售后回租”是否构成融资租赁的判断。重点不在于出卖人与承租人是否系同一人，而在于是否具备“融物”的本质属性。租赁物要具备可流通性、特定化、可使用性的基本要素，且以租赁物所有权转移给出租人为要。也就是说，租赁物是不动产的，以办理过户登记为要，租赁物是动产的，以包括占有改定在内的所有权变动规则进行判断。其三，关于特殊动产的“自物抵押”问题。以船舶、航空器和机动车等特殊动产进行“售后回租”的案件中，当事人在办理了融资租赁登记后，为防止承租人将租赁物转让给他人，又在有关行政管理部门办理了“自物抵押”，以租赁物为出租人设定抵押权。实践中最典型的是车辆，当事人出于车辆年检、营运手续等行政管理的考量，在车管所把汽车登记在实际使用车辆的承租人名下，由于查阅车辆权属习惯上还是要到车管部门，为防止承租人擅自转让或为他人设定抵押，出租人在办理融资租赁登记后，往往要求承租人到车管部门办理抵押手续，将车辆抵押给出租人。此时就不能仅以所有权和抵押权为同一人为由认定抵押无效，当事人可以选择行使抵押权或保留的所有权以实现其担保权利。

（三）关于保证保险的法律适用

保险公司开展的融资性保证保险业务，为中小微企业开展生产经营活动、城乡居民购车购房及其他消费支出增加了获得贷款的可能性。保证保险合同是保险法明确规定的具有担保功能的一类财产保险合同，原则上应适用保险法及合同法的规定，主要以合同约定内容作为确定当事人权利义务的依据。但保证保险有其特殊性，既不能简单套用保险利益、最大诚信、故意制造保险事故等保险法上的制度，也不应简单套用从属性、保证期间等担保相关制度。从案件审理情况看，强制搭售和借款综合成本过高是主要问题。关于强制搭售的认定，原则上应当以保险保障是否必要和合理作为判断标准。如果借款人已经以不动产或易于变现的动产或应收账款等提供了足额担保，再要求购买保证保险就是违背借款人真实意愿。关于借款人综合借款成本的裁量，虽然保证保险的费率没有刚性监管标准，但把具有合作关系的贷款人、保险公司及担保公司向借款人收取的费用作为一个整体来计算借款人的综合融资成本，是一个较为可行的办法。此外，保险人在理赔后向投保人追偿垫付的主债权本息时，能否再请求投保人支付资金占用费或者合同约定的违约金，也值得研究。从逻辑上看，保险人赔付后，要求投保人按照同期 LPR（贷款市场报价利率）支付资金占用损失，属于合理的诉求，而违约金的重要功能也是弥补损失。所以，保险人同时主张投保人支付违约金的，应当承担证明资金占用损失仍然不能弥补其实际损失的举证责任。

六、关于有效治理“逃废债”的法律适用问题

“逃废债”区别于客观无力清偿，主要表现为有钱不还或者人为制造无力清偿的假象，严重背离契约精神，严重损害债权人合法利益和市场秩序，甚至可能引发金融风险。作为司法审判机关，人民法院要综合运用民法典、公司法和破产法上的相关制度工具，依法审理因“逃废债”行为引发的相关案件，切实维护市场信用环境。

（一）用好民法典债的保全制度

民法典相对于合同法，进一步强化了债的保全制度。就债权人代位权制度而言，一是民法典吸收了合同法司法解释的规定，原则上不采入库规则，即债权人有权请求债务人的相对人直接向自己清偿债务；二是民法典将代位权的行使范围扩张到“与该债权有关的从权利”，主要是指担保权利；三是增加规定了债权人的保存行为，即债权人的债权到期前，如果债务人的债权或者与该债权有关的从权利存在诉讼时效期间即将届满或者未及时申报破产债权等情形，从而影响债权人的债权实现，则债权人可以代位向债务人的相对人请求其向债务人履行、向破产管理人申报或者做出其他必要的行为。显然，“其他必要的行为”在特殊情形下也应包括提起诉讼或者申请仲裁，例如，在从权利为一般保证的情况下，如果

债权人不对债务人的相对人提起诉讼或者申请仲裁，保证期间就可能届满，提起诉讼或仲裁即为“必要的行为”。从审判实践看，还有一些问题需要解决：其一，债权人行使代位权是否需以债权人与债务人之间的债权债务关系已经生效法律文书确认为前提？不需要。代位权诉讼旨在保障债权的实现，只要存在民法典第535条规定的情形，人民法院就应受理债权人提起的代位权诉讼，债权人与债务人之间的债权债务关系应当在代位权诉讼中合并审理。实践中以债权人与债务人的债权未经生效判决确认为由驳回代位权起诉是不妥当的。其二，代位权诉讼期间，债务人的相对人向债务人履行，因与代位诉讼的非入库规则相悖且有违诉讼诚信，故不应因此免除债务人的相对人向债权人履行的责任。其三，在债务人与债务人的相对人仅达成以物抵债协议但未实际履行的情况下，一些法院认定债务人没有怠于行使债权，进而驳回债权人代位诉讼的诉讼请求是不妥当的。这种情况，债权人可以依据民法典第535条选择请求债务人的相对人履行原债务或履行以物抵债协议。其四，因民法典没有规定代位仲裁制度，在债务人与相对人之间约定了仲裁协议的情况下，如果不允许债权人代位诉讼，将架空代位权制度，而如果允许债权人代位权诉讼，则与债务人相对人以仲裁解决争议的意愿相背离。故可考虑折中方案，即允许债权人提起代位诉讼，如果债务人相对人有异议，可申请仲裁解决其与债务人之间的纠纷，代位权诉讼中止审理。

就债权人撤销权而言，民法典对于可撤销的行为，除了债务人无偿处分财产权益的行为以及债务人以明显不合理的低价转让财产、以明显不合理的高价受让他人财产的行为之外，还增加规定了债务人“为他人的债务提供担保”的行为，这对于债权的保全无疑具有重大意义。但是，实践中要特别注意的是，对担保的撤销必须严格把握适用条件，避免担保权人的审查义务过重，影响担保制度功能。此外实践中还有几个问题需要解决：其一，由于民法典对于撤销权采取的是入库规则，如果仅撤销债务人与相对人之间的转让行为，而对被转让的财产不进行处置或者仅要求相对人向债务人返还财产，就可能出现债权人虽然获得胜诉判决但债权仍没有实现。为此，有必要明确在债权人撤销权诉讼中，债权人可依据胜诉生效法律文书申请对相对人仍然占有的财产采取强制执行措施。其二，相对人以无偿或明显不合理低价取得财产后，又将财产以无偿或明显不合理低价向第三人转让的处理。对此，实践中有债权人诉请撤销连环转让行为。撤销连环转让的主张有利于债权的实现，也有利于纠纷的一次性解决，但因民法典将撤销的对象限于“债务人的行为”，这一主张存在法律理解上的分歧。但在人民法院已经作出撤销债务人无偿或低价转让财产行为的生效判决后，债权人以相对人无权处分，第三人不符合善意取得条件为由，请求该第三人向债务人返还财产的，人民法院应当予以支持。其三,《最高人民法院关于适用〈中华人民共和国合同法〉若干问题的解释(二)》第19条将转让价格未达到正常价格70%作为认定为明显不合理低价的标准,将受让价格高于正常价格30%作为认定为明显不合理高价的标准,仍有参考适用之价值。但在实践中,有些交易涉及标的额巨大,即使超过70%或者未高于30%,金额也很大,而债务人与次债务人却利用亲属关系或者关联关系逃避债务,恶意诈害债权人。为防止此类“逃废债”情况的发生,有必要对上述标准设置例外规定,即在上述情形下,不应受70%、30%的限制。

(二)用好公司法的股东出资责任、法人人格否认等制度

其一,明确股东的出资责任。在认缴资本制情况下,公司丧失清偿能力时,已到期债权的债权人要求已认缴出资但未届缴资期限的股东提前缴纳出资,依法认定认缴出资的股东丧失出资期限利益;对于股东转让已认缴出资但未届缴资期限股权的,首先应由受让人承担缴纳出资义务,受让人未按期足额缴纳出资的,出让人承担补充责任。其二,依法追究滥用法人独立人格的民事责任。控制股东、实际控制人利用其控制地位,侵占或挪用公司资产,或者利用关联交易等方式掏空公司资产,损害债权人利益,构成滥用法人人格逃避债务的,要依法适用法人人格否认制度:在纵向层面,控制股东、实际控制人构成滥用法人独立地位逃避债务,严重损害债权人利益的,应当对公司债务承担连带责任;在横向层面,股东利用其控制的多个公司,没有合法原因随意调拨资产、划拨资金,使得相关公司人格“躯壳化”“工具化”的,各公司应对任一公司债务承担连带责任,股东同样承担连带责任。此外,对尚不构成滥用法人独立人格的资产无偿或低价划转、侵占、挪用等损害公司法人财产的行为,债权人以请求撤销关联交易等方式追回法人财产的,人民法院应予支持,以切实保护债权人的合法权益,有效遏制逃废债务的现象。

(三)用好破产法的相关制度

破产法对“逃废债”的规制主要包括撤销、无效、破产责任等内容,在适用中应当注意以下几点:其一,准确理解破产法上撤销制度和无效制度。破产法上的撤销制度是为公平清偿的需要,依法否定债务人恶意实施的不当减损破产财产行为效力,是破产法上打击“逃废债”的最直接手段。在办案过程中,应当注意督促管理人对债务人的隐匿财产、虚构债务等行为及时行使权利,依法追回债务人财产,尽可能提高债权清偿率。其二,要进一步规范破产案件的受理和审理。案件受理阶段要依法严格审查破产申请,发现债务人资产负债情况与其公开

披露的信息存在重大差异的，应当要求债务人作出合理解释，避免债务人申请破产前后财务状况“大变脸”，无法作出合理解释的，应当驳回破产申请。审理过程中，要加强对破产企业的财产调查和财产、债权清收工作，在审查管理人提交的债务人财产管理方案、变价方案、分配方案和重整计划草案时，要充分听取各类别债权人意见，对债权人提出的异议，要依法进行实质审查，避免出现显失公平、拉低债权保护底线的方案。尤其是控股股东、实际控制人对债务人破产有过错的，破产重整中原则上应当相应调整其股权以满足债权人利益。股东等关联人不当利用关联关系形成的债权，应当作为劣后债权处理。重整中债转股的，应当从设定债权替代清偿方案、担保利益维护等方面严格审查，防止债权人利益受损。其三，要加大对相关主体的责任追究。对于管理人恶意确认虚假债权、故意不行使破产撤销权、不予清收破产企业对外债权等损害债权人的行为，要依法追究管理人的责任。债务人的董事、监事或者高级管理人员违反忠实义务、勤勉义务，致使债务人破产的，债权人可以依据企业破产法第 125 条要求其承担相应赔偿责任。债务人的控股股东、实际控制人存在过错的，应当共同承担责任。债务人实施企业破产法第 31 条、第 32 条、第 33 条规定的行为，经管理人主张行为无效或者行使撤销权后仍无法弥补的，债权人有权依据企业破产法第 128 条要求债务人的法定代表人和其他直接责任人员承担相应赔偿责任。构成虚假破产犯罪的，还应承担相应刑事责任。

七、关于金融民刑交叉案件审理问题

当前，金融市场涉众型金融犯罪多发，个案风险跨市场跨区域传染，金融审判领域刑民交叉法律问题突出。对于民刑程序衔接、金融犯罪对合同效力影响等问题，有必要进一步统一裁判规则。

（一）关于金融民刑交叉案件的程序选择标准

根据民事诉讼法和有关司法解释的规定，人民法院审理民刑交叉案件，主要采用刑事程序吸收民事程序、“刑民并行”和“先刑后民”三种审理方式。这三种审理方式的基本划分标准是：刑事案件与民事案件涉及“同一事实”的，原则上应通过刑事诉讼方式解决，刑事程序吸收民事程序；不属“同一事实”的，刑事和民事案件分别审理，“刑民并行”；在“刑民并行”的案件中，如民事案件必须以相关刑事案件的审理结果为依据，民事案件中止审理，“先刑后民”。

民刑案件是否构成“同一事实”，是选择刑事程序吸收民事程序还是“刑民并行”程序的核心标准。总体上看，民事案件与刑事案件的主体相同，且案件基本事实存在竞合或者基本竞合的，可以认定民事案件与刑事案件构成“同一事实”。例如，非法集资、P2P等涉众型刑事犯罪引发的民事案件要坚持“刑事先行”的工作策略，刑事吸收民事程序，全力维护社会稳定，充分发挥刑事退赔制度的民事赔偿功能，发挥公安机关刑事追赃挽损的优势，更有利于最大化地追缴赃款赃物，最大化地补救受害人的损失。在实践中，有许多处理非法集资类案件的典型案例可资参考。通过追赃发还受害人的方式，不仅有利于更好地保护受害人，也一并处理了犯罪分子的民事责任追究问题，更有利于公平清理债务。民事案件当事人双方与刑事案件的主体不一致的，不能认定为“同一事实”。例如，银行柜员将储户交付的存款私吞，涉嫌构成吸收客户资金不入账罪的，储户为犯罪被害人，因银行并非刑事案件的犯罪嫌疑人，储户以储蓄存款合同起诉银行的，人民法院应予受理。定罪量刑的事实与民事案件的基本事实无关的，即使主体相同，也不构成“同一事实”。例如，行为人以非法占有为目的，在正常订立贷款合同后采取欺诈手段拒不还贷，涉嫌贷款诈骗罪的，因金融借款合同的逾期还款违约事实的认定，不受合同履行过程中诈骗犯罪的影响，人民法院对金融借款纠纷可继续审理。

在“刑民并行”过程中，如果发现民事案件构成必须以刑事案件的裁判结果为依据，民事案件应当裁定中止审理，采“先刑后民”模式。主要包括：一是民事案件的事实认定或者民事责任承担，需要以行为人所涉刑事案件处理结果为依据的，例如，保险人以被保险人故意犯罪导致其伤残或者死亡而拒赔的，在刑事案件审理结果作出前，民事案件应当中止审理。二是民事基本事实明显依赖于刑事诉讼查证的，例如，存款人所持存单与银行记账不符，且存在额外获取高息行为，存款人是否与涉嫌违规出具金融票证罪的银行工作人员存在共谋这一事实，民事案件难以查清的，应当中止审理。

（二）关于民刑交叉案件的合同效力认定

在以往的审判实践中，有一种观点认为只要合同当事人构成犯罪，就必然导致合同无效。近年来，理论界和实务界开始对这一问题进行反思，认为一概认定合同无效，可能既不利于实现打击犯罪和保护被害人的刑法目的，还可能会给被害人造成“二次伤害”。因此，人民法院对合同效力的认定，无论合同是否涉及犯罪，都应当以民法典及其他民事法律关于民事法律行为效力的规定作为裁判依据。根据民法典及其他民事法律关于合同效力的规定，犯罪行为对合同效力的影响，主要可分为三类。

其一，意思表示不真实。尽管民法典第143条将意思表示真实作为民事法律行为有效的条件之一，但不能对此作反对解释，认为只要意思表示不真实，合同就无效。当事人意思表示不真实订立的合同，也可能是可撤销的合同。合同一方当事人在刑法上构成金融诈骗犯罪，该犯罪行为在民法上同时构成民事欺诈。民法典之所以未把欺诈等情形规定为当然无效，是站在被欺诈人立场上，给受害人一个选择权，由其在法定期限内衡量维护合同效力是否对自己更有利，有利则诉请继续履行，不利则行使撤销权，合同自始不发生效力。如果仅因民事欺诈构成了诈骗犯罪，就断然认定合同无效，对被欺诈方的保护将无法周全。以骗取贷款罪为例，一旦认定合同无效，且不论担保将随之无效，就连追究犯罪分子违约责任的可能都没有了，显然有悖常理，更有悖法理。因此，在合同一方主体构成金融诈骗犯罪的情况下，受欺诈一方不行使撤销权的，如无其他法定合同无效情形，人民法院应依法认定该合同有效。

当然，如果是双方以虚假意思表示订立合同，则应依据民法典第146条第1款认定该合同无效。但是，根据民法典第146条第2款的规定，如果当事人双方以虚假意思表示隐藏真实意思表示，则该真实意思表示订立合同的效力，应根据民法典及其他民事法律关于合同效力的规定进行认定，不能再根据合同法第52条关于“以合法形式掩盖非法目的”订立的合同无效之规定认定真实意思表示订立的合同当然无效。实践中，有的当事人为规避金融监管部门的监管，订立所谓“阴阳合同”或者“抽屉协议”，无论当事人的行为是否构成犯罪，都应将民法典第146条作为认定合同效力的依据。

其二，恶意串通损害他人合法权益。当事人恶意串通损害他人合法权益订立的合同，即使双方当事人都构成犯罪，也应依据民法典第154条认定合同无效。在恶意串通无效的适用规则上，要严格审查合同主体与犯罪主体的一致性，并将适用情形严格限定在合同订立阶段。首先，在合同订立时，如果只是合同一方的法定代表人或者职务代理人构成犯罪而单位未构成犯罪，就不应认定单位与合同相对方构成恶意串通而宣告合同无效。比如，银行工作人员构成违法发放贷款罪且借款人构成行贿罪，人民法院自应根据民法典第164条的规定，认定该代理人与借款人恶意串通损害银行合法权益，判令银行工作人员与借款人向银行承担连带还款责任。但是，该条未就合同效力作出规定。实践中，一种意见认为，应当依据民法典第154条认定该合同无效。笔者认为，在贷款已经发放的情况下，认定合同无效可能更加不利于保护银行的利益，因为合同一旦被认定无效，则相应的担保也将被认定无效，贷款收回的可能性更小。此外，由于合同是以单位的名义而非法定代表人或者代理人个人的名义签订，也难言损害“他人”合法权益，所以，上述观点值得商榷。事实上，法定代表人或者代理人与相对人恶意串通损害单位的合法利益，是代表权或者代理权滥用的典型表现，其订立合同的行为自应构成越权代表或者无权代理，因而应根据民法典关于越权代表或者无权代理的规定认定合同效力。如此处理的好处是，如果银行认为对该行为进行追认更有利于自己，就可以对合同进行追认，进而向担保人主张权利。反之，则不予追认，使合同不发生效力。不过，需要注意的是，银行向担保人主张担保权利，应以担保合同本身合法有效为前提，如果银行工作人员与相对人恶意串通，向担保人转嫁风险，损害担保人利益，这是两个合同主体之间恶意串通损害他人利益的典型形态，而应依据民法典第 154 条的规定认定担保合同无效。其次，恶意串通无效规则不适用于合同一方构成过失犯罪的情形。以骗取贷款罪为例，如果在判处借款人骗取贷款罪的同时，判处出借人的工作人员违法发放贷款罪，就不能适用民法典第 154 条认定合同无效，因为一旦合同被认定无效，则担保也将被认定无效，就会对银行很不公平。所以，将该合同认定为可撤销合同更加合理。但问题是，如果担保人也被骗了怎么办？笔者认为，如果借款人同时欺骗了出借人和担保人，担保人可依据民法典第 149 条的规定，在出借人对此知道或者应当知道的情况下，请求撤销其与出借人之间订立的担保合同。最后，需要注意的是，在合同履行阶段，合同各方恶意串通构成犯罪的，不影响之前订立的合同效力。比如，在金融借款合同订立后，借款人通过行贿与银行工作人员恶意串通，形成虚假不良贷款，该犯罪行为不影响金融借款合同效力。

其三，违反法律或者公序良俗。民法典第 153 条第 1 款规定，违反法律、行政法规的强制性规定的民事法律行为无效，但该强制性规定不导致该民事法律行为无效的除外。虽然任何犯罪都违反了法律、行政法规的强制性规定，但在金融审判中，既不能一概认定合同因犯罪而无效，也不能一概认定合同有效，而应该根据量变到质变的原理，从违法性程度和保护刑事被害人两个维度，具体情况具体分析。一般认为，合同内容本身约定的就是犯罪行为的，如为掩饰、隐瞒犯罪所得实施洗钱犯罪签订的协议，应认定合同无效；合同相对方知道或者应当知道对方系为实施犯罪筹集资金、买卖、借用物资等的，如明知为集中资金优势实施操作证券市场犯罪签订的委托理财合同，应认定合同无效；合同标的物属于法律、行政法规禁止或者限制流通物的，如买卖假币的，应认定合同无效。此外，合同主体违反法律、行政法规关于国家限制经营、特许经营以及禁止经营等强制性规定，当事人的交易方式违反法律、行政法规关于应当采用公开竞价方式缔约等强制性规定以及当事人的交易场所违反法律、行政法规关于应当集中交易等强制性规定，无论是否构成犯罪，也都应当认定合同无效。除以上情形外，一般不应以合同当事人构成犯罪而根据民法典第 153 条第 1 款规定宣告合同无效。需进一步强调的是，民法对合同效力的评价主要是在合同订立阶段，合同履行中一方或双方违法犯罪不应作为合同无效的事由，履行中的违法犯罪问题应由其他制度解决。比如，借款人在金融借款合同订立后为促使银行尽快放款而行贿构成犯罪的，不应认定借款合同无效。

此外，关于民法典第 153 条第 2 款违背公序良俗无效规则的适用，要认识到，公序良俗引致的是更为抽象的法律原则乃至法外道德，较之于违法无效规则更加抽象和具有不确定性。在审理民刑交叉案件时，不能把合同主体构成犯罪与合同违反公序良俗画等号，而要根据犯罪所侵害的法益、所构成罪名的立法目的以及犯罪与合同的关系，审慎加以认定。

党的二十大擘画了以中国式现代化全面推进中华民族伟大复兴的宏伟蓝图。如何让蓝图变方案、让方案变行动，是人民法院金融民商事审判工作的光荣使命。各级人民法院要更加紧密团结在以习近平同志为核心的党中央周围，坚持以习近平新时代中国特色社会主义思想为指导，金融司法主动融入国家治理和社会治理，不忘初心、牢记使命，锐意进取、埋头苦干，为走出中国特色金融发展之路、推进中国式现代化提供有力司法服务和保障！

以系统观念开展金融审判工作的初步思考

周伦军*

党的二十大报告中指出，要深化金融体制改革，建设现代中央银行制度，加强和完善现代金融监管，强化金融稳定保障体系，依法将各类金融活动全部纳入监管，守住不发生系统性风险底线。必须更好发挥法治固根本、稳预期、利长远的保障作用，在法治轨道上全面建设社会主义现代化国家。党的二十大胜利闭幕后，如何将党的二十大报告中的要求转化为金融审判工作的具体实践，是每一个从事具体工作的同志都在思考的问题。可以从多个角度进行思考，从多个方面进行努力。就笔者现阶段的认识，金融审判工作必须贯彻落实党中央关于全面依法治国和金融工作的总体要求，立足司法职能，遵循金融发展规律，紧紧围绕“努力让人民群众在每一个司法案件中感受到公平正义”的目标，与金融监管部门相向而行，切实保护金融消费者、中小投资者、金融机构客户以及金融机构的合法权益，维护公平有序的金融市场法治环境，坚决守住维护社会公平正义的最后一道防线，以公正、高效、权威的司法活动维护金融安全和金融稳定，服务党和国家工作大局。为此，在具体工作中首先要把握好习近平新时代中国特色社会主义思想的世界观和方法论，坚持好、运用好其中的立场观点方法，继续推进实践基础上的理论创新，做好金融审判工作。本文笔者主要从运用系统观念和系统思维的角度，讨论金融审判工作如何处理好一般与特殊、全局与局部、当前与长远之间的关系。

一、在执法办案方面，要处理好一般与特殊的关系，正确适用法律

执法办案是人民法院的看家本领，法律效果是政治效果和社会效果的前提。

* 最高人民法院民二庭副庭长。

中国特色社会主义法律体系已经形成，民法典是普通法，金融法是特别法。从法律制度发展史的角度，公司法等商事法律是在民法基础上发展出来的，对传统的民法制度作了一些例外规定，形成商法部门。而银行法、保险法、证券法等金融法部门，又根据各自特点，对公司制度作出了特别规定。在民法典施行后，如何体系化地理解法律制度，如何融贯性地解释法律，尤其考验实务部门的做法。当前我们正处于重要金融立法的修订周期之中，可以说，实务部门工作人员，对银行法、信托法、证券法、基金法、保险法等重要金融立法与民法典和传统商法的重要制度之间的不同特点，需要有一个总体的认识。

一是金融法对市场主体的营业施加了更多的规制。传统的民商法强调营业自由原则，通过对商事主体的营业进入与退出自由、营业选择自由、经营决策等方面提供保护，为市场主体平等参与商业活动提供了法律依据。公司法对一般公司的设立采取了准则主义的立法原则，民法典第505条进一步规定，对当事人超越经营范围订立的合同，不得仅以超越经营范围确认合同无效。这些制度安排，都体现了商主体的营业自由原则。但在金融法中，基于金融产品和金融服务的准公共性考量，立法采取了特许经营的规范方式，要求所有金融机构持牌经营，对金融机构的准入与退出、资本充足率、业务规则、客户保障等作出了不同于通常商事主体的严格要求，确保金融机构的稳健经营。特别是考虑到金融机构高杠杆负债经营的内生属性，其以自身财产承担责任的能力不足，金融法对金融机构的内部治理机构提出了更高的要求，在股东资格准入、关联交易等方面规定了更为严格的条件。近年来，所有金融机构必须持牌经营，所有金融业务都要纳入监管已经成为共识。这就意味着在实质上从事金融业务的其他市场主体不能以创新为名为所欲为，人民法院在判断相关民商事法律行为效力时，不能按照一般的营业自由原则进行处理。

二是金融法对市场主体的意思自治划定了行为边界。传统民商法强调契约自由、意思自治，契约自由原则以完备的自由竞争市场为其制度适用前提。这一假设并不适用于金融市场，金融活动的“负外部性”、市场主体的有限理性和市场主体之间的信息不对称使得“市场失灵”难以避免，金融法遵从契约正义原则，对金融产品和金融服务的内容施加了更多的限制，格式合同在事实上划定了金融机构契约自由的行为边界。与此同时，为更好地保护金融消费者和中小投资者利益，金融法普遍确立了投资者适当性制度，要求金融机构必须承担提示和说明义务，以保证金融消费者和中小投资者能够在充分理解的基础上作出自主决定。为更好地贯彻契约正义原则，金融法还通过对先合同义务和后合同义务的规定，以矫正因信息不对称所带来的逆向选择和道德风险问题，保护金融机构和投资者的合法权益。例如，针对信息不对称的问题，商业银行法规定了信贷审查的原则，证券法规定了发行审核的强制信息披露制度和中介机构审核把关的“看门人”制度，保险法确立了投保人的最大诚信原则；针对缔约后的道德风险的问题，赋予金融机构对其客户在缔约后的检查、监督权利。这些特殊的制度安排，与传统商法中将信息获得作为一方当事人必须自行承担的经营成本存在着显著的差别。

三是金融法在意外风险的承担方面更强调契约严守原则。在传统的民商法领域，为追求当事人之间的权利义务公平，普遍承认情势变更作为合同履行障碍的法定事由，赋予法院以裁判变更或者解除合同的方式衡平当事人之间的利益，实现矫正正义。但金融市场本身就是风险定价、交易和分与的场所，金融产品特别是金融衍生产品出现的原动力就是风险管理。金融风险具有不确定性的特征，交易结果是否符合当事人的商业预期，不仅取决于其自己的行为，也取决于未来经济社会可能发生的状态，或者其他市场主体的行为，这些因素的交互影响，共同决定了当事人的资产收益。金融产品将利率、汇率、股票指数、石油等重要资产价格或价格指数等不确定的风险和收益在不同偏好的市场主体之间重新分配，并不能消除风险。因此，无论是难以预见的“黑天鹅”事件，还是可以预见的“灰犀牛”事件，在金融法中都不能成为当事人拒绝履行合同义务的正当理由。

四是金融法所保护的交易安全更侧重于整体的国家金融安全。在传统民商法中，对交易安全的保护主要考虑善意相对人和善意第三人。金融法除了关注这一微观层面的交易安全之外，更为关注金融体系的整体安全和稳定。金融风险具有隐蔽性强、杠杆程度高、传播速度快、覆盖面宽等特点，为防范和化解金融风险，我国已经建立了由微观审慎监管、存款保险及信托业、证券业保障基金、央行最后贷款人、行为监管和宏观审慎监管等五大支柱组成的金融安全网，在抵御风险冲击和防范化解金融风险方面发挥了积极作用。但无论监管制度和技术手段如何完善，都不能在根本上改变金融机构本身的脆弱性和资本的逐利本能，所以在微观审慎监管和行为监管政策和措施方面，“上有政策、下有对策”的规避监管现象时有发生。如果仅局限在传统民商法领域，很难准确理解金融机构同业业务规模限制、不良资产洁净出表等具体监管政策的内在逻辑。这就要求我们必须站在国家整体金融安全观的角度，准确理解并恰当赋予这些强制性监管标准的法律地位。

五是金融法更强调民事责任制度的震慑违法功能。损失赔偿和震慑违法是民事责任制度的基本功能。在传统民商法中，更重视民事责任的损失赔偿功能。破产制度和股东有限责任的确立，事实上是由债权人承担了商事主体的经营失败风险，将个体失败的风险限定在有限范围。但近年来的实践证明，传统公司法上的股东有限责任和高级管理人员职务行为等制度设计，已经异化为金融市场道德风险的催化剂。借助金融产品的杠杆效应，股东可以数倍、数十倍地放大经营风险而只须承担有限责任，高级管理人员致力于设计和推销复杂的金融产品以赚取营销费用和高额的个人薪酬，对公司失败的后果却无须承担个人责任。由于金融机构的资金主要来自大量的债权人和投资者，一旦经营失败，其有限的自有资金并不足以履行其对投资者、存款人和保单持有人的义务，将引发社会稳定风险和局部金融风险，带来极大的社会成本。因此，金融机构或金融控股集团中对经营失败负有责任的股东、背信失职的高级管理人员，以及在违法活动中未能勤勉尽责的中介机构，都应依法承担责任，应通过依法提高违法违规犯罪行为的成本，震慑和吓阻违法行为。

正是由于金融法具有上述不同特点，要求我们在金融审判中，必须确立相应的司法理念、审判原则、工作机制和方法，依法服务国家金融改革发展大局。

二、在服务大局方面，必须处理好全局和局部的关系

服务大局是人民法院的使命。但在服务大局方面，必须认清什么是大局。司法权是中央事权，金融管理主要是中央事权，金融基本制度是法律保留事项，金融监管由中央制定统一规则，金融法的统一适用事关国家法治统一。近十年来，我国已经基本形成了双层制金融统一监管模式，特别是第五次金融工作会议之后，中央下放了部分金融监管事权，地方政府承担着发展金融业态支持实体经济的地方事权，还承担着金融风险化解的属地监管责任。金融发展和创新日新月异的实际情况，使金融立法不可避免地存在迟滞现象。在中央监管规则方面，金融稳定法、地方金融监督管理条例等一些重要的法律正在起草之中，银行业监管法、商业银行法等重要法律正在修改之中，金融法律定期修法工作机制刚成立不久，金融治理的法律规则中部门规章占比极大，很多重要的监管政策都是通过规范性文件的形式下发。在地方事权方面，为推动辖区内金融业发展，不少地区都制定了金融业发展规划，招揽金融机构总部落户的奖补措施力度不同，个别拿不出高额奖补的地方甚至出现了把宽松监管作为招商政策的做法，导致不同辖区内金融业态各具特色。从各地已经出台的地方金融组织立法内容看，监管标准宽严不一，规范内容详略不同。金融审判就是金融法律的统一实施和中央重要监管政策的落实，时刻牢记“社会要稳定、国家不受损失、违法违规行为人要付出代价”的法律评价目标，以维护国家法治统一，保护人民群众利益，守护社会公平正义作为金融审判工作的校验准绳。金融审判服务大局，是服务国家大局，必须

要处理好全局和局部的关系，特别是中央和地方、本地和外地之间的关系。在服务地方金融发展大局时，要注意研究地方政府的利益诉求与中央监管政策是否一致，注意研究金融机构创新业务的经济本质，金融审判不能成为地方政府“监管竞次，朝底竞争”的助力，也不能成为地方利益保护的工具，更不能成为违法违规经营者的帮手。在这个方面，人民法院有不少成功的经验做法。例如，成都金融法庭针对潘某美容分期付款与保理公司之间形成的保理合同纠纷开展调研，认为案件争点是“美容保理”是否确实构成保理合同关系，保理融资业务应否限制针对个人消费展开。在充分听取金融主管部门、行业协会和专家学者意见的基础上，法院认为不能因“美容保理”业务外观形式符合保理融资模式就肯定其保理法律关系，这种交易模式没有发挥民法典赋予保理的盘活中小企业债权、缓解企业融资压力等功能，反而成为主张过度借贷与诱导消费的不当工具，名为保理，实为消费贷。在作出了示范判决之后，成都地区大量的“美容保理”合同纠纷案件原告主动撤诉。

三、在调查研究和经验总结方面，要处理好当前和长远的关系

对于金融法院，中央关于高标准高起点建设金融法院的要求，已经表达出中央对金融审判工作的厚望。金融法院作为司法改革的重要成果，也承载着社会各界的期待。在上海、北京、成渝金融法院相继成立后，金融法院和其他承担金融审判的部门之间客观上有了竞争和比较，每个单位都希望能出一些引领方向的调研成果，提炼了具有指导意义的裁判规则。这种良性竞争是人民司法事业科学发展的内生动力。但为了金融审判的科学发展，这种竞争一定要处理好当下和长远的关系。当下最为重要的是练好内功，开展扎实有效的人才培养工作。必须认识到的现实是，在法学院校本科教育阶段，金融法的主要学科，如银行法、证券法、信托法、保险法都是选修课，票据法课程大部分学校都不再开设。这意味着我们的法官在金融法方面的训练可能先天不足；而且，对复杂金融实践的理解，也需要经验的累积。为了帮助法官迅速成长，基本上每个法院都非常重视借助“外脑”，希望通过邀请学界和实务部门的专家前来授课的方法帮助法官快速成长，但人才的自我培养方面，还没有看到让人眼前一亮的举措。可以这么说，金融法上的每一项重要制度都有来历，但大多没有得到很好的交代。如果没有艰苦的阅读训练，很难建立正确的知识体系。“纸上得来终觉浅”，如果没有对金融活动的深刻理解，也难以正确理解法律制度的精髓和要义。这是当前一些司法调研提出的解决方案难以被广泛接受的主要原因。在当下，重要的是以良好的评价

机制和管理导向激励年轻法官群体自我培养，自我提高，只要培养出一批学养深厚的年轻法官队伍，则金融审判未来可期。

按照中央深改委第一次会议的要求，金融审判的主要任务是，围绕金融工作服务实体经济、防控金融风险、深化金融改革，发挥人民法院的审判职能作用，推进金融审判体制机制改革，提高金融审判专业化水平，建立公正、高效、权威的金融审判体系。这是党中央对我们的期待，让我们一起为之奋斗。

保险公司股权违规的表现形式与监管实践探索

刘 昇[*] 雷雨果[**] 王福凌[***]

公司治理监管实践中，保险公司股权违规问题的监管是核心与关键，历来备受关注。大股东违规入股后，利用其优势地位，“架空”公司治理机制，持续操纵和掠夺保险公司，形成全方位的危害：在资本端，“虚假注资”“循环注资”严重扭曲偿付能力；在资产端，“利益输送”“侵占挪用”严重影响资产质量；在负债端，“资产驱动型”“反哺实业型”负债策略严重损害资产负债匹配。监管部门作为行业“守夜人”，必须强化监管工作的政治性和人民性，践行监管为民理念，杜绝资本无序扩张，守住系统性风险底线。本文分析了近年来保险公司股权违规的表现形态，总结了识别股权违规的主要方法，针对性地提出建议。

一、保险公司股权违规的四种表现形态

（一）违规代持

代持的根本目的是规避政策法规对被代持人持有保险公司股权的身份限制。一是规避自然人持股限制。如机构高管人员为规避《保险公司股权管理办法》对自然人投资入股保险公司的限制，与企业签订代持协议，通过企业间接持有保险公司股权，成为“隐形股东”。此类代持协议往往通过“股权认购权”等远期协议方式执行。二是规避法人持股限制。部分企业为规避监管政策对保险公司股东所有制性质、财务和经营状况等方面的限制，委托满足资质企业代持保险公司

---

* 中国银保监会人身险部副主任。
** 贵州银保监局财险处副处长。
*** 广西银保监局人身险处四级调研员。

股权，甚至个别地方国企代民企持有保险公司股权。这类代持协议形式上较为严谨，一般规定了股东权利义务的代履行、重要文件和印信的保管方式、股权纠纷的处理方式等。

（二）违规超比例持股

为突破政策对持股比例的限制，保险公司的实际控制人暗中指使多家企业分散持有保险公司股权，其特点在于持股公司间隐蔽的关联关系，主要有以下表现：一是形式上的非正式性，相比代持，超比例持股往往是非正式的，并不签署代持协议、一致行动协议等法律文书，有时以借款协议或股权收购承诺等形式出现。二是控制上的私密性，实控人通过亲属、亲信来实现对持股公司的掌控。三是持股链条的复杂性，为逃避监督检查，持股链条一般复杂隐蔽，层级较多，甚至涉及境外实体。四是管理上的集中性，各持股公司的证、照、账、人、章并不独立，而是由实控人安排团队统一管理。五是业务上的空心化，持股公司往往没有主营业务，日常运作经费以“信息服务费”等关联方收入为主。六是财务上的附庸化，持股公司投资入股保险公司的资金完全由实控人及其一致行动人和关联方等提供。

（三）非自有资金投资入股

保险公司是经营杠杆的行业，其资本用于吸收风险，事关广大群众的“治病钱”“养老钱”。从 1999 年的《向保险公司投资入股暂行规定》（现已失效）开始，入股资金“自有性”就是监管的一贯要求，加强资本管控对风险防范具有决定性的意义。2018 年的《保险公司股权管理办法》规定，投资人取得保险公司股权，应当使用来源合法的自有资金。但是，相关法规和会计制度对自有资金并未提出统一而明确的定义。从银保监会规定看，自有资金应有两重特征：财务上，应以净资产为限；属性上，应强调来源合法。

为逃避监管打击，当事人使用非自有资金投资保险公司时往往在资金流转上极力掩饰，构建“体外”和“体内”两大循环，隐匿违规事项，在操作手段上体现出“体外”和“体内”相互交织的多元化特点。

“体外”循环的手段包括：一是使用借贷资金，如使用银行贷款、集合资金信托计划筹集入股资金。二是收购保险公司股权时，付款方式采用非货币交易、债务重组、远期协议等，逃避出资能力审查。三是依靠“地下钱庄”洗钱，隐瞒入股资金来源，隐蔽保险资金投向。四是注册大量空壳公司，虚构经济事项，人为打造资金池，混淆资金实质。五是指使供应商、合作单位调节账期，采用

“垫付”等手段，无限复杂化交易，隐匿资金流转。六是利用“同业互投”，即不同保险公司互相通过复杂交易安排为对方股东单位提供资金，用于入股保险公司或购买保险公司发行的资本补充工具。七是内幕交易，关联方与保险公司互相配合参与资本市场活动，利用保险资金“抬轿”获得超额收益，资金的财务归属没有问题，但来源合法性上存在缺陷。八是利用合伙企业、PE 基金“自主管理”的特殊性逃避资金监控。

“体内”循环的手段包括：一是使用关联交易款，如股东将自持物业、未上市股权等通过显性、隐性关联交易出售给保险公司，交易款项用于投资入股。二是使用保险资金自我循环，或是操纵保险公司虚构投资项目，或是要求保险公司交易对手提供“过桥”服务，将投资款以增资、收购股权、购买资本补充债等形式自我循环为保险公司资本金。三是指使保险公司签发信用保证保险为关联方融资提供变相兜底。四是为保险公司提供信息咨询、物流运输、物资采购、物业管理、劳务服务等所谓的“服务”套取资金，一般无实际经济行为的发生，或者定价远超市场水平。五是将保险公司资金管理权集中上收，账户、U 盾、印鉴等在集团统一管理，并在决策机制设定、关键岗位人员安排等方面把控资金出口。六是践踏内外部约束机制，保险资金故意不托管，不按规定划分资金账户，随意更换负责资金运用、偿付能力审计的会计师事务所等。

（四）虚假报告骗取行政许可

违规股东通常采取以股权代持、混淆资金性质、隐瞒一致行动关系和关联关系等方式，辅以保险公司主动或被动配合，向监管部门提供虚假承诺、不实声明或证明材料，骗取行政许可。从本质上讲，提供虚假报告是前三种违规形态在行政许可申请过程中的体现。近年来，监管部门出台《关于完善监管公开质询制度有关事项的通知》《关于进一步加强银行保险机构股东承诺管理有关事项的通知》，利用质询、股东承诺等手段加重申报人的责任。同时，制定《保险公司股东权利义务手册》，常态化开展重大违法违规股东通报，不断强化股东责任警示教育，其目的都是持续发挥震慑惩戒作用，督促股东积极配合落实监管要求。

二、保险公司股权违规的识别

股权问题是公司治理的核心问题，司法、纪检监察、监管、审计、内审、评估机构等各方面都较为关注保险公司的股权违规情况，但囿于手段限制，识别工作一般都面临证据的适当性问题。实践中，对实体问题分析需结合具体行为开展专业判断，结合违规的不同表现形式，提前考虑证据标准，有针对性地进行识别。

（一）违规代持的识别

代持通常以抽屉协议的形式隐蔽操作，一般很难发现。首要任务是厘清委托方、受托方的法律关系和地位。通常来说，在双方的法律关系中，委托方处于有利地位：当保险公司股权价格上升或分配利润时，委托方倾向于长期隐匿代持关系，并向受托方主张权益；当保险公司股权价格下跌或发生风险时，委托方向法院主张代持合同无效，要求受托方返还股权款项，且容易得到法院支持。在策略上，对通过举报或者其他方式发现有代持线索的，可以充分利用委托方和受托方在股权收益上的不对等，让受托方了解自己所处的劣势地位，从而形成受托方主动清理的态势。特别是受托代持保险公司股权的企业一般实力较强，财务和经营状况较好，较为重视信誉，一般不会“一条路走到黑”，或是利用公开质询，或是通过正式渠道对其开展调查，往往具有较好的效果。在方法上，要充分重视询问，尽可能扩大接受询问的人员范围，促使其主动说明。在路径上，股权代持涉及的入股资金通常伴随具体交易事项，利用资金流穿透形成围合性佐证后，受托方的配合程度一般会提高。

（二）违规超比例持股的识别

超比例持股通常涉及隐性关联方，识别的关键在于查证保险公司股东间的关联关系。由于实控人对关联关系蓄意隐瞒，保险公司配合规避，各股东形成攻守同盟，保险公司自行建立的关联方档案、关联交易对手库、公开披露的关联交易信息等风控工具已经失效。因此，要以重建关联方档案为第一要务，一方面，利用询问、质询和分析等手段掌握相关线索，并以此为基础倒逼公司自查，补充关联方信息；另一方面，要以我为主，根据实质重于形式原则，大胆发挥专业判断，全面构建标准，深入挖掘关联关系。

构建相关标准时，应注重把握上位法本意，综合参考公司法、税法、会计准则及各项监管规定，将“控制和重大影响，帮助转移利益”作为判断依据，并不拘泥具体的表现形式。以我为主“求证”实质时，应坚持穿透原则，将法人股权穿透至自然人股权，将法人关系穿透至自然人董事、监事、高级管理人员及各类业务的经办人员与实控人的关系，以此为基础，将持股链、资金链和业务链还原为人物关系链。选取突破口时，要注重从外向内。通过广泛开展调查走访，寻求从外围收集相关证据。社保、税务、工商、电信等外部信息都有助于形成佐证，对穿透工作具有较大帮助。收集资料时，应高度重视原始档案，不过分依赖等商业尽调网站，相关交易协议要从甲乙双方分别调取副本比对，防止造假。

（三）非自有资金投资入股的识别

在投资入股环节，业务活动依托于资金流转，应当牢牢抓住资金穿透这个“牛鼻子”，既要用好用活资金流转信息，又要“跳出资金看业务”，提前建立资金“串联”“定性”的相关标准，资金流、业务流有机结合有序推进，还原隐藏在资金流之后的业务本质。

开展资金追溯之前，应摸清保险公司的账户保管、印鉴管控、网银管控、资金作业管控、银企直连等重要信息。账户信息应以人民银行底账为准，特别关注历史销户信息，防止公司隐匿。另外，由于保险公司账户规模一般较庞大，可从“流水”和“头寸”两个维度对账户进行前期画像，适当分类锁定重点后再进行追溯。

核查违规资金入股时，可从资金入口的股权端和资金出口的资产端分别着手，“上溯下行”有效串并，做到资产端与股权端“两对照、两协调”。锁定可疑交易后，应重视银行、电信等企业的外调，收集佐证，确定交易实质。针对资金池等难点，可加强专业判断，提前制定标准，按“时间就近、头寸覆盖、公司关联、操作集中”等原则，对资金流进行串并，确保追溯不断链。资金流核查应避免进入“为追溯而追溯”的误区。涉及保险公司资产的，应与资产排查有机结合，同步对底层资产质量进行判断。涉及其他金融机构协助参与违规的，应串并或移交相关线索，打击违规通道业务，形成工作合力。

资金流核查的目的是要形成非自有资金出资的支持性证据，这就需要将资金流证据与其他证据结合起来，对资金的性质进行最终认定。鉴于相关政策对自有资金认定标准较为宽泛，应建立一定的“证据竞合”标准，如资产负债表左侧应考虑难以变现的长期股权投资和可供出售金融资产权益类的金额，右侧应考虑资金是否需要偿还和是否具有经济实质，进行相应扣除后，以股东的经营状况等分析性证据为辅助，确定非自有资金的具体金额。实践中，可按出资能力、资金来源、交易背景、公司类型和资金流动真实性等方面对证据进行分类竞合，确认自有、非自有的资金性质。

（四）虚假报告骗取行政许可的识别

在违规代持、违规超比例持股、非自有资金入股等事实基本锁定后，应进一步对前期的股权行政许可程序进行“复盘”，对骗取行政许可的违规事实进行确认，彻底动摇违规股东和实控人在公司治理中的地位，为后续处置打下坚实基础。首先，应对行政许可申请材料的关键性描述进行比对，重点关注股东声明、承诺情况。同时，应将财务、法律、信评等中介机构出具的尽调报告、信评报告、法律意见书等进行比对。厘清各方的责任。其次，《保险公司股权管理办法》明确规定，行政许可等股权事务由保险公司负责办理。因此，应同步确认保险公司在行政许可事项中的责任。通过保险公司决策层会议记录等原始档案，以及公文系统文件流转档案，能够了解保险公司是否就股东对保险公司经营决策影响进行判断，并进一步确认保险公司相关人员的责任。最后，虚假报告是结果不是原因，识别过程要注意同步揭示公司治理存在的“内部人控制”“外部人操纵”等深层次问题，尤其要揭示股东违规入股后，利用其优势地位，贯彻自身意志，规避公司治理约束，排挤中小股东，架空“三会”的行为，实现正本清源。

在股权涉及的巨大利益面前，股权违规的手法也更加趋于隐蔽复杂，部分民营股东的实际控制人由于存在远亲或同乡关系，易于形成一致行动人。总体来讲，识别这些隐蔽的股权违规不仅依赖专业判断，更要把握实质重于形式原则和穿透原则，发挥求证的精神，既可以“顺证”，由条件（证据）导出结论（事实），又可以“逆推”，从结论出发搜集和排除条件。以实事求是的态度在大量证据之间构建逻辑链条，做到具体问题具体分析。

三、保险公司违规股权处置的初步思考

与一般的违规事项不同，股权违规涉及保险公司的控制权，关系相关方的重大利益，风险处置既要坚决果断，又要有一定的灵活性。在处置层面，应坚持分类施策的原则，根据违规情形和后果严重程度采取有针对性的措施。

（一）股权违规问题未对保险公司形成重大风险的

首先，应充分宣导法律后果，形成鼓励自我纠错的法治环境。监管部门加强行政许可、非现场监管、检查调查的有效衔接，形成各环节相互配合的良好运行机制，强化机构的主体责任，督促机构开展整改。对主动消除或者减轻违法行为危害后果的，可根据行政处罚法减轻或者不予行政处罚。其次，应坚持一案一策的思路，充分利用股东承诺、恢复与处置计划等手段，并对承诺书、恢复计划、处置建议等提出有差异化的要求，为可能的恢复处置打下基础。最后，应用好偿付能力综合评级（IRR）、风险管理能力评估（SARMRA）、公司治理评估等监管工具，倒逼公司清退违规股权，加重股东的违规责任。

（二）股权违规已经对公司及其他方合法权益造成一定危害的

首先，监管部门可根据行政许可法，依法撤销相关行政许可，彻底动摇违规股东在公司治理中的权利基础，并对被许可人的违法行为，依法给予行政处罚。其次，在不断加强惩处力度的同时，当案件事实或者法律关系难以通过调查程序明确，或是取证存在困难时，为减少争议，可积极探索相关手段，与当事人就改正违法行为，消除不良后果，缴纳行政和解金补偿投保人损失等进行协商，并据此终止执法程序。最后，建议司法部门充分考虑保险公司的公众性和外部性及股权问题的特殊性，在审理违规股权处置行政案件时，适当向原告转移部分特定事实的证明责任，并明确相关证据的采纳标准。

（三）股权违规已经对保险公司形成重大风险的

如果股权违规已经对保险公司形成重大风险，应根据风险处置的安排统筹违规股东股权的处置，坚持“三个同步”，即惩治金融领域腐败和处置金融风险同步推进、严肃追责和追赃挽损同步推进、建立制度和强化制度执行同步推进。监管、司法、纪检监察等部门应通力合作，运用司法强制手段保障行政决定落地执行，联合法院以强制执行方式清退违法股东股权，没收拍卖溢价款，阻止违法股东非法获利，强化追赃挽损实效。对涉嫌违法犯罪的，坚决移送司法机关，逐步实现从个案到类案执法思路的转变，对股权违规形成强有力的震慑作用。

康美药业首单证券集体诉讼案相关重点难点法律问题述评

焦津洪[*] 吴伟央[**] 李非凡[***] 赵 蓉[****]

2019年12月修订出台的证券法第95条确立了具有中国特色的证券集体诉讼基础制度。[①] 2020年7月，最高人民法院发布了《关于证券纠纷代表人诉讼若干问题的规定》（法释〔2020〕5号，以下简称《证券纠纷代表人诉讼规定》），证监会和中证中小投资者服务中心（以下简称投服中心）同步发布了配套规则。

2021年11月，康美药业作为首单证券集体诉讼案顺利落地，被称为资本市场法治建设的里程碑，实现了政治效果、法律效果、社会效果的有机统一。本文结合康美药业首单证券集体诉讼案实践情况，从程序和实体两大方面梳理了案件相关重点及难点法律问题。程序性问题包括证券集体诉讼与破产重整、刑事案件办理之间的衔接问题，实体性问题包括虚假陈述揭露日的认定、损失计算方法、独立董事民事责任认定、境外投资者保护相关问题。

一、证券集体诉讼制度简介

我国民事诉讼法规定了“登记加入制”的代表人诉讼，只有完成登记的投

* 中国证券监督管理委员会首席律师。

** 中国证券监督管理委员会法律部法规处处长。

*** 中国证券监督管理委员会法律部法规处副处长。

**** 中国金融期货交易所法律事务部高级经理。

① 证券法第95条第3款规定：“投资者保护机构受五十名以上投资者委托，可以作为代表人参加诉讼，并为经证券登记结算机构确认的权利人依照前款规定向人民法院登记，但投资者明确表示不愿意参加该诉讼的除外。”

资者才能成为代表人诉讼原告。[①] 从国际上看，境外运行成熟有效的集团诉讼（class-action）的核心要素为“申明退出制”（opt-out），即未明确表示退出的受害投资者视为集团成员，受既判力约束。该制度在成立条件、诉讼代表人职权、通知公告、判决效力等方面与我国民事诉讼法确立的代表人诉讼机制明显不同。当民事诉讼法学界普遍认为代表人诉讼已不会在司法实务中再得到实施时，2019年证券法的修订却让这一制度重新焕发活力。[②]

在证券法修订过程中，立法机关经过综合权衡，尤其是立足中国资本市场及司法审判实际，就证券集体诉讼制度作出了以下主要安排：一是充分发挥投资者保护机构作用。由投资者保护机构在接受 50 名以上投资者委托，作为诉讼代表人参加诉讼。二是充分利用证券登记结算机构的数据优势。在司法机关认定了侵权行为的关键要素后，能够根据相关交易数据整理出受害投资者范围及受损失情况。三是借鉴境外集团诉讼“申明退出制”原理。投资者不明确表示退出诉讼的，都默认参与到诉讼中，这是我国民事诉讼制度的一个突破。[③]

二、康美药业相关案件基本案情

康美药业于 2001 年 3 月在上海证券交易所主板上市。2017 年 4 月至 2018 年 8 月，康美药业先后披露了 2016 年年度报告、2017 年年度报告、2018 年半年度报告。2018 年 10 月 15 日晚开始，网上陆续出现文章质疑康美药业货币资金真实性，指出可能存在财务造假等问题。2018 年 10 月 16 日，微信公众号“市值相对论”发布标题为《千亿康美药业闪崩！大存大贷大现金大质押哪个是坑?》的文章。前述文章被多家影响范围较大的媒体广泛转载，引起激烈反响。康美药业股票 2018 年 10 月 16 日盘中一度触及跌停，此后连续三日以跌停价收盘。2018 年 12 月，证监会对康美药业立案调查。经查，康美药业 2016 年年度报告、2017 年

① 民事诉讼法第 57 条规定：“诉讼标的是同一种类、当事人一方人数众多在起诉时人数尚未确定的，人民法院可以发出公告，说明案件情况和诉讼请求，通知权利人在一定期间向人民法院登记。向人民法院登记的权利人可以推选代表人进行诉讼；推选不出代表人的，人民法院可以与参加登记的权利人商定代表人。代表人的诉讼行为对其所代表的当事人发生效力，但代表人变更、放弃诉讼请求或者承认对方当事人的诉讼请求，进行和解，必须经被代表的当事人同意。人民法院作出的判决、裁定，对参加登记的全体权利人发生效力。未参加登记的权利人在诉讼时效期间提起诉讼的，适用该判决、裁定。”

② 参见刘哲玮：《证券代表人诉讼中权利人范围确定程序的检讨与展望——从康美药业案展开》，载《中国法律评论》2022 年第 1 期。

③ 参见程合红主编：《〈证券法〉修订要义》，人民出版社 2020 年版，第 203~204 页。

年度报告、2018年半年度报告、2018年年度报告中存在虚假记载和重大遗漏等。2020年5月，证监会对康美药业及相关责任人员作出行政处罚及市场禁入决定。

2020年12月31日，顾某骏等11名投资者就康美药业虚假陈述案向广州市中级人民法院提起普通代表人诉讼，请求判令被告赔偿其投资差额损失及相应的佣金、印花税和利息损失合计412228.20元。2021年2月10日，广州市中级人民法院裁定本案权利人范围。2021年3月26日，广州市中级人民法院发布普通代表人诉讼权利登记公告。4月8日，投服中心根据50名以上投资者的特别授权，向广州市中级人民法院申请作为代表人参加诉讼。4月16日，广州市中级人民法院发布案件转为特别代表人诉讼的公告。2021年6月4日，揭阳市中级人民法院裁定受理康美药业破产重整。7月27日，广州市中级人民法院开庭审理康美药业集体诉讼案。2021年8月10日，揭阳市中级人民法院组织召开康美药业破产重整案第一次债权人会议。2021年10月27日，佛山市人民检察院向佛山市中级人民法院指控马某田违规披露、不披露重要信息罪、挪用资金罪和操纵证券市场罪，佛山市中级人民法院当日立案受理。2021年11月12日，广州市中级人民法院就康美药业集体诉讼案作出一审判决，确认5万余名投资者获赔24.59亿元，各方均未上诉。2021年11月15日，揭阳市中级人民法院组织召开康美药业破产重整案第二次债权人会议，表决通过了重整计划草案。2021年11月17日，佛山市中级人民法院作出一审刑事判决，马某田因数罪并罚被判处有期徒刑十二年，并处罚金120万元。2021年11月26日，康美药业发布《关于法院裁定批准公司重整计划的公告》，公司进入重整计划执行阶段。2021年12月21日，康美药业集体诉讼案开始执行。2021年12月29日，康美药业重整计划执行完毕。康美药业全部债务通过现金、股份、信托受益权等方式实现100%清偿。①

三、首单证券集体诉讼案重点难点法律问题分析

康美药业案涉案范围之广，赔偿金额之高，创下国内A股市场同类案件之最。该案充分践行了司法为民理念，对促进我国资本市场深化改革和健康发展、切实维护投资者合法权益具有深远意义，获评"新时代推动法治进程2021年度十大案件"。一审宣判后，该案引发了学术界与实务界对刑民破程序衔接、权利人范围、独立董事相关制度等问题的高度关注，也推动了证券虚假陈述民事侵权赔偿领域司法解释的修正出台。现从程序和实体两大方面将有关重点难点法律问

① 具体案情参见广东省广州市中级人民法院（2020）粤01民初2171号民事判决书。

题梳理分析如下。

(一)程序方面的重点难点法律问题

1. 民破衔接相关问题

作为一种典型的大规模侵权类型，证券虚假陈述侵权赔偿债权在破产程序中的对待，涉及企业破产法、证券法、刑法和侵权责任法律制度，错综复杂。① 康美药业案中，证券集体诉讼和破产重整程序交织即一大特色，两种程序的有效衔接，从案件管辖、债权确认、程序参与、债权清偿等多角度提供了宝贵的经验。

一是关于案件管辖。康美药业财务造假引发的系列案件，包括证券虚假陈述民事诉讼、债权人提请启动破产重整、追究虚假陈述中的信息披露犯罪及其他犯罪行为的刑事诉讼，分别由广州市中级人民法院、揭阳市中级人民法院和佛山市中级人民法院处理。其中，集体诉讼案是经最高人民法院指定管辖。民刑破诉讼问题在广东省内一并解决，公共政策考量与法律考量并重。②

二是关于债权申报与确认。重整申请受理后，投服中心于2021年7月22日代表集体诉讼案5万余名受损投资者一次性“化整为零”申报债权，在提高申报效率的同时确保了相关投资者小额清偿资格，但由于当时尚未宣判，该项债权属于诉讼未决债权，有待最终确认。一般情况下，大规模侵权在破产中债权确认难度极大。不过，随着集体诉讼案一审判决作出、当事人随后陆续放弃上诉，债权额度确认得以直接完成。③

三是关于重整的参与。按照企业破产法第七章相关规定，债权人参与破产重整的方式有两种，一是参加债权人会议，二是参加债权人委员会。其中，债权人委员会行使的权利包括监督债务人财产的管理和处分、监督破产财产分配、提议召开债权人会议等。对于债权尚未确定的债权人，除法院为其行使表决权而临时确定债权额的外，不得行使表决权。在康美药业破产重整案第一次债权人会议上，投服中心被提名为9家债权人委员会候选成员之一，揭阳市中级人民法院为

---

① 陈夏红:《从康美药业重整看大规模侵权的破产法应对》，载《中国法律评论》2022年第1期。

② 冷静:《康美启示:证券集团诉讼首案的制度突破与未尽议题》，载《中国法律评论》2022年第1期。

③ 陈夏红:《从康美药业重整看大规模侵权的破产法应对》，载《中国法律评论》2022年第1期。

投服中心行使表决权而临时确定了债权金额。① 其后，投服中心当选债权人委员会委员，深度参与破产重整重大事项，最大限度保障了集体诉讼案件当事人合法权益。

四是关于偿债信托安排。信托机制在我国重整实务中广受青睐。康美药业重整计划也包含了偿债信托安排。在这种“存续型重整”下，信托底层资产为信托计划成立后通过总持股平台（康美药业设立信托平台公司）实控及管理的全部底层资产，信托收益来源于其持有的股权资产的分红、处置收益以及应收账款的变现、处置，最终来源于重整完成后底层资产的经营收入、资产处置收入和未来战略投资者的投入等。这种架构可以平衡重整参与各方的利益，强化债权人在重整程序中的监督权，充分发挥信托的灵活性和管理优势，满足重整案件的差异化需求。②

上述各项衔接协调，有效保障了证券集体诉讼投资者的合法权益。笔者同时注意到，有观点提出，在民破衔接方面还存在着破产债权申报的处置权来源问题，即由于《证券纠纷代表人诉讼规定》未明确规定投资者对代表人处置破产事项的授权，该案权利登记公告也没有明确参与破产重整程序的授权，且即便在司法解释项下，投保机构得到的授权只是证券法上的授权，因此，如要在破产法语境中代表债权人，还需要进行破产法上的授权，甚至还需要在破产法制度中确定相应的赋权规则。③

2. 刑民配合相关问题

关于民商事纠纷和涉嫌刑事犯罪的交叉程序问题，《全国法院民商事审判工作会议纪要》明确了“是否为同一事实”的处理标准，即对于涉众型基于同一事实的民刑交叉案件（主要体现在非法集资案件）与民商事必须以相关刑事案件的审理结果为依据的案件，适用“先刑后民”的程序，而对于其他非涉众型民刑交叉案件，同一当事人基于不同事实的民刑交叉案件，以及民商事不以刑事案件的审理结果为依据的案件，适用“民刑独立”的程序。康美药业案虽然涉众，但同一当事人并非基于同一事实（刑事案件涉及操纵市场，民事案件涉及虚假陈述），因而证券虚假陈述民事赔偿案与刑事案件的审理几乎是同时进行。如果加上刑事二审程序，本案也算开启了“先民后刑”的先例，但这并未影响案

---

① 参见《投服中心关于参加康美药业破产重整案第一次债权人会议的公告》，载投服中心官网站，http：//www. isc. com. cn/html/kmyya/20210810/3915. html，2022 年 4 月 18 日访问。

② 参见杨卓娜：《破产重整服务信托可委以重任》，载《证券时报》2022 年 5 月 11 日。

③ 参见冷静：《康美启示：证券集团诉讼首案的制度突破与未尽议题》，载《中国法律评论》2022 年第 1 期。

件办理的良好社会效果。①

总体上看，民、行、刑立体化追责手段齐用，让幕后实际操纵上市公司的为恶者付出沉重代价，有助于增强市场各方敬畏之心，共同营造良好市场生态。②具体而言，刑事案件的办理过程对民事案件处理起到了积极作用。如，刑事案件办理中查明，马某田伙同他人违规筹集大量资金，利用实际控制的股票交易账户自买自卖、连续交易，操纵康美药业股票价格和交易量。③ 对于操纵证券市场的行为人，根据 2003 年《最高人民法院关于审理证券市场因虚假陈述引发的民事赔偿案件的若干规定》（以下简称原《虚假陈述司法解释》）第 19 条规定，被告举证证明原告属于恶意投资、操纵证券价格的，人民法院应当认定虚假陈述与损害结果之间不存在因果关系。由于马某田等人操纵证券市场案涉案证券账户的交易与虚假陈述行为之间不具有交易因果关系，因此将其依法排除在权利人范围之外。2022 年 1 月 22 日起施行的《最高人民法院关于审理证券市场虚假陈述侵权民事赔偿案件的若干规定》（以下简称新《虚假陈述司法解释》）第 12 条延续了原司法解释的规范逻辑，规定被告能够证明原告的交易行为构成内幕交易、操纵证券市场等证券违法行为的，人民法院应当认定交易因果关系不成立。

（二）实体方面的重点难点法律问题

1. 虚假陈述揭露日的认定问题

权利人范围的确定直接涉及适格原告人数及赔偿金额等，是证券集体诉讼中的一个关键问题。④ 在康美药业案中，法院裁定权利人范围为自 2017 年 4 月 20 日（含）起至 2018 年 10 月 15 日（含）期间以公开竞价方式买入，并于 2018 年 10 月 15 日闭市后仍持有康美药业股票，且与本案具有相同种类诉讼请求的投资者，但具有原《虚假陈述司法解释》第 19 条规定的虚假陈述与损害结果之间不存在因果关系情形的除外。就本案权利人范围区间的确定而言，对虚假陈述实施

---

① 参见李曙光：《康美药业案综论》，载《法律适用》2022 年第 2 期。

② 参见《证监会有关部门负责人就康美药业特别代表人诉讼案作出判决答记者问》，载证监会网站，http：//www. csrc. gov. cn/csrc/c100028/c1556048/content. shtml，2022 年 10 月 15 日访问。

③ 参见《康美药业原董事长马兴田等人操纵证券市场案一审宣判》，载佛山法院网，https：//www. fszjfy. gov. cn/index. php？ v=show&cid=310&id=71853，2022 年 10 月 15 日访问

④ 权利人范围是指，投资者在某一时间段买入或者卖出证券，从而可向法院进行权利登记并进入诉讼的范围。

日的认定学界并无过多争议，但对揭露日的认定，引发了一些讨论。[①]

虚假陈述揭露日是虚假陈述行为首次被公开揭露并为证券市场知悉之日。原《虚假陈述司法解释》设置了行政处罚、刑事裁判作为诉讼前置条件，其第20条第2款对虚假陈述揭露日进行了简短规定，即虚假陈述在全国范围发行或者播放的报刊、电台、电视台等媒体上首次被公开揭露之日。《全国法院民商事审判工作会议纪要》第84条关于揭露日和更正日的认定，也强调是权威媒体刊载的揭露文章。所以，在以往的证券虚假陈述案件审办过程中，法院对于揭露行为及时点的认定倾向于权威主体（如证监会）作出一定行为（作出立案通知/处罚事先告知书/处罚决定），揭露媒体应具有一定权威性，进而判断该时点为揭露日。例如，五洋债案、中安科案分别以发行人发布收到行政处罚事先告知书、立案调查通知的公告之日为揭露日；鞍重股份案以发行人公告完整披露行政处罚决定书之日为揭露日。

在康美药业案中，法院突破性地采取自媒体最开始公开质疑的时间为揭露日，并提出了“一致性、警示性、广泛性”三个标准。法院认为，2018年10月16日，微信公众号“市值相对论”发布自媒体文章质疑康美药业财务造假，该报道的主要内容与证监会行政处罚认定的财务造假性质、类型基本相同，不仅传播广泛，导致康美药业的搜索指数暴增，且引发了巨大的市场反应，使康美药业股价在此后短期内急速下挫，满足揭露行为的一致性要件、广泛性要求及警示性要件，达到了揭露效果，因此认定2018年10月16日市场知悉了虚假陈述行为。这体现了弱化权威性要件而更注重警示性要件的揭露日认定取向，因为证券虚假陈述揭露的客观结果是使投资者知悉虚假陈述的存在，即市场知悉真相，起到风险警示作用，提醒投资者重新判断证券价值，进而主要对市场价格或交易量产生影响。

康美药业案后，最高人民法院总结经验进行制度完善，在新《虚假陈述司法解释》中扩大了虚假陈述揭露媒体的范围，明确列举了“行业知名的自媒体”，[②]这充分彰显了首单证券集体诉讼案的突破性、创新性和引领性。

---

① 有观点认为曝光机构是自媒体，权威性存疑，揭露日认定的期日过于提前。参见刘哲玮：《证券代表人诉讼中权利人范围确定程序的检讨与展望——从康美药业案展开》，载《中国法律评论》2022年第1期。

② 新《虚假陈述司法解释》第8条第1款规定：“虚假陈述揭露日，是指虚假陈述在具有全国性影响的报刊、电台、电视台或监管部门网站、交易场所网站、主要门户网站、行业知名的自媒体等媒体上，首次被公开揭露并为证券市场知悉之日。”

2. 损失计算方法问题

上市公司欺诈行为给投资者带来损失的界定是个难题。① 原《虚假陈述司法解释》规定的损失计算方法较为原则，不同案件中测算损失时适用的模型也不相同。相比以往单独诉讼或普通代表人诉讼，康美药业案中更是出现了投资者人数高达 5 万余名、各类交易模式夹杂等新情况、新问题。本案中，法院委托投保基金公司对投资者损失情况进行了核算，对相关问题加以认定。

关于系统风险扣除问题，本案选取医药生物（申万）指数为系统风险扣除的参考指数，采用个体相对比例法测算。② 实践中，同步指数对比法是系统性风险扣除的主流计算方式，但具体做法不同。有的是选取“3+X”组合指数体系进行对比扣除（如综合上证指数、一级行业指数、三级行业指数同期的涨幅跌幅情况）；有的则是选取相关系数最高的指数进行对比扣除（如从上证综指、沪深 300、上证 50、有关行业指数等指数中选取相关系数最高的进行对比扣除）。在康美药业案中，法院以申万行业指数编制较早且在证券市场具有较大影响力为由，认定其可以被选取作为比对指数，具有合理性。

关于是否还应当扣除非系统风险所导致的投资者损失问题，法院以原《虚假陈述司法解释》第 19 条并未明确规定可扣除非系统风险，以及部分被告虽提出诸如经营不善、实际控制人曾行贿等应当扣除非系统风险的理由，但未举证证明何种事件应当作为非系统风险为由，对部分被告扣除非系统风险的主张不予支持。③

此外，本案还面临着账户合并标准（按照一码通还是证件号作为数据合并的主体标准）、T 日多账户合并流水的顺序（按照 T 日一码通下各账户相关交易成交时间还是各账户合并后成交时间排序）、一些特殊账户和非交易变动处理、同期刑事案件中涉嫌操纵市场账户处理等各类具体问题。

最终，康美药业案损失计算中的一些经验做法在新《虚假陈述司法解释》中得以体现。例如账户合并问题，根据《虚假陈述司法解释》第 30 条规定，证券投资产品在确定因虚假陈述导致的损失时，每个产品应当单独计算。投资者及

---

① 参见李曙光：《康美药业案综论》，载《法律适用》2022 年第 2 期。

② 个体相对比例法的原理是，从投资者第一笔有效买入开始，假设投资者买卖案涉股票时，同时买入卖出相同数量的指数，每一笔交易均同步对应指数的买入卖出，指数的价格取交易当日的指数数值。揭露后卖出的或持有股票的，假设也同步卖出或持有对应的指数。被测算人可能不同程度受到证券市场系统风险影响。

③ 笔者也注意到，有观点认为，基于侵权责任法律基本原理，扣除虚假陈述行为以外的非系统风险是损失因果关系的应有之义，在其他证券虚假陈述的案件中，已有法院对非系统风险的扣除进行了有益的尝试与探索。

依法设立的证券投资产品开立多个证券账户进行投资的，应当将各证券账户合并，所有交易按照成交时间排序，以确定其实际交易及损失情况。

3. 独立董事的民事责任认定问题

在康美药业案中，法院认定5位独立董事未勤勉尽责，分别在投资者损失的10%、5%范围内承担连带赔偿责任。由于本案采用了集体诉讼方式，赔偿额迅速放大，致使这一判决创下独立董事被判承担连带责任数额历史之最，引发市场对于独立董事虚假陈述责任的热议。① 笔者认为，根据独立董事制度的目的与市场实践现状，压实独立董事责任的重点在于，严肃追究迎合造假、严重违反注意义务等重大不履职行为的民事责任，同时要打消勤勉尽责者的后顾之忧，避免“寒蝉效应”。

独立董事民事责任的认定核心在于是否存在过错以及过错的性质和大小。原《虚假陈述司法解释》第21条和证券法第85条对董事设置了过错推定的连带赔偿责任。② 董事对上市公司虚假陈述给投资人造成的损失承担连带赔偿责任，有证据证明其没有过错的除外。从诉讼实践看，判断独立董事过错的落脚点在于其是否勤勉尽责。早期，基于行政处罚前置程序，法院一般根据行政处罚决定判决承担连带责任，③ 也就是说，独立董事即使平时勤勉尽责，仍然无法避免在被公司“首恶”等欺瞒下“自愿签字”而被追责。④ 近年来，法院开始区分内部董事与独立董事在职责范围与身份地位上的不同，对独立董事担责进行充分考量。

在康美药业案中，法院结合相关主体是否参与造假、报告签署情况、被诉主体身份等方面对各董监高进行责任划分，判决实际参与造假的董事、监事、高级管理人员在100%范围内承担连带责任，未参与造假但签署虚假陈述报告的内部

---

① 业界的讨论主要集中在两个问题：一是独立董事的收入与承担的责任是否匹配，二是是否要强化独立董事的责任保险。

② 由于过错推定原则允许独立董事在自证清白后免责，独立董事侵权责任本质上仍是过错责任，而非严格责任（无过错责任），更非担保法意义上的严格保证责任（信息保真义务）。参见刘俊海：《上市公司独立董事制度的反思和重构——康美药业案中独董巨额连带赔偿责任的法律思考》，载《法学杂志》2022年第3期。

③ 在行政监管领域，独立董事的具体履职要求散见于证监会、证券交易所以及上市公司相关行业主管部门等相关法律法规和规章规范性文件中，如《上市公司独立董事规则》《上市公司信息披露管理办法》《信息披露违法行为行政责任认定规则》等。根据前述规则并结合证券监管部门执法实践，独立董事是否承担行政责任的判断标准为是否“勤勉尽责”。从证监会近年来对独立董事的行政处罚案件来看，对独立董事履职秉持了较为严厉的监管态度。参见汤欣：《谨慎对待独董的法律责任》，载《中国金融》2019年第3期。

④ 参见李有星、钱颢瑜、孟盛：《证券虚假陈述侵权赔偿案件审理制度研究——新司法解释的理解与适用高端论坛综述》，载《法律适用》2022年第3期。

董事、监事及高管在20%范围内承担连带责任，签署多份报告的独立董事在10%范围内承担连带责任，签署一份报告的独立董事在5%范围内承担连带责任，体现了精细化认定董事、监事、高级管理人员责任的审理思路。为更好地回应社会关切，新《虚假陈述司法解释》在承袭证券法和原司法解释规则逻辑的同时，创新性地区别界定了内部董事和独立董事的过错认定标准，规定了独立董事不存在过错的五大抗辩情形[①]，允许独立董事合法减责、免责。新规将董事注意义务的举证置换为勤勉尽责的举证，便于实现董事追责的公平和公正，具有一定的必要性和合理性。据此，法院对虚假陈述过错的认定不能仅就信息披露行为自身，不能寄望单一的证据或个别方面的事实，不能苛求当事人提供证据的确凿和充分，而应在对董事履职事实全面调查基础上作出公正的综合判断。[②]

4. 境外投资者保护相关问题

康美药业曾属于"沪港通"标的，有境外投资者参与交易。作为依法维护境内外投资者合法权益的一次生动实践，本案折射出，我国已进入商品和要素流动型开放向制度型开放转变的新阶段，未来将对涉外司法服务保障提出更高需求，需要妥善应对。

"沪港通"是指上海证券交易所和香港联合交易所有限公司建立技术连接，使内地和香港特别行政区投资者可以通过当地证券公司或经纪商买卖规定范围内的对方交易所上市的股票。在交易结算方面，中国证券登记结算有限责任公司、香港中央结算有限公司（以下简称香港结算）互为结算参与人，分别在对方开立证券账户，依法提供名义持有人服务。因此，香港市场投资者不登记于上交所上市公司的股东名册，而是通过香港结算享有上交所上市股票的实际权益。在康美药业案中，根据揭阳市中级人民法院裁定批准的重整计划，对于证券虚假陈述集体诉讼案投资者债权，50万元以下的债权部分，将全额现金清偿；超出部分将以现金、以股抵债、信托收益权等方式予以清偿。该重整计划并未区别对待境

---

① 新《虚假陈述司法解释》第16条强调独立董事能够证明下列情形之一的，人民法院应当认定其没有过错："（一）在签署相关信息披露文件之前，对不属于自身专业领域的相关具体问题，借助会计、法律等专门职业的帮助仍然未能发现问题的；（二）在揭露日或更正日之前，发现虚假陈述后及时向发行人提出异议并监督整改或者向证券交易场所、监管部门书面报告的；（三）在独立意见中对虚假陈述事项发表保留意见、反对意见或者无法表示意见并说明具体理由的，但在审议、审核相关文件时投赞成票的除外；（四）因发行人拒绝、阻碍其履行职责，导致无法对相关信息披露文件是否存在虚假陈述作出判断，并及时向证券交易场所、监管部门书面报告的；（五）能够证明勤勉尽责的其他情形。"

② 参见赵旭东：《论虚假陈述董事责任的过错认定——兼〈虚假陈述侵权赔偿若干规定〉评析》，载《国家检察官学院学报》2022年第2期。

内外投资者。这意味着，通过“沪港通”参与康美药业股票交易的境外受损投资者（实际权益人），与境内受损投资者一视同仁，切实得到了平等保护。

笔者同时注意到，香港结算作为名义持有人获得了相应现金、债转股股票和信托受益权份额后，需要向实际权益人分配，这涉及实际权益人的确认，以及信托受益权份额进行交易后或信托财产进行清算处理后，相关资金通过何种路径跨境流动的问题，有待进一步观察。

四、结语

康美药业案是具有中国特色的证券集体诉讼制度从法律条文走向实践的第一步，示范意义重大。随着证券纠纷代表人诉讼的常态化开展，康美药业案中有关虚假陈述揭露日的认定、损失计算方法、独立董事民事责任认定、跨境事项的处理等，对今后类似案例的处理具有很强的指导意义。同时，证券集体诉讼与破产重整程序的衔接、刑事案件与民事案件的配合办理也为司法系统今后处理各类复杂案件提供了宝贵经验。笔者建议有关司法部门进一步深入总结，可以考虑通过发布指导性案例等适当形式，更好地发挥康美药业案的标杆作用。

公募 REITs 的治理逻辑与投资者保护

郭 雳[*] 武鸿儒[**]

资产证券化（asset-based securitization，ABS）是一种基于资产信用而非商主体信用进行融资的金融创新形式。[①] 一般地，融资方将能产生稳定收入流的资产转移给专门创设的特别目的机构（special purpose vehicle，简称 SPV），SPV 以这些基础资产为支撑发行证券，并用以此筹集的资金来支付购买资产的价格。该证券即“资产支持证券”，其收益与风险仅与资产本身相关，与融资方的主体信用无关，从而为通过结构性增信方式提升资产信用提供了便利。资产证券化可以为发起人（基础资产的原始权益人）提供一种备选的低成本融资方式，[②] 并具有分散融资来源、管理公司风险、创造费用收入等多项优点。

不动产投资信托（real estate investment trusts，REITs）是投资于不动产本身或相关贷款的一类投融资方式。出于助力不动产发展、促进存量不动产流通的政策考量，比较法上多对这一投资方式提供税收政策优惠，以吸引社会资金流入。依资金募集方式不同，REITs 可以分为公募和私募两种，前者面向社会公众募资，后者则以不公开的方式面向合格投资者募资。

2005 年，我国开始资产证券化试点。之后十几年中，资产证券化在分业监管格局下依融资主体被分为四类，并受不同的监管部门监管。2019 年，证券法修订后，首次在立法层面将“资产支持证券”纳入其规制和调整的范畴。2020 年，作为资产证券化的又一次创新，公募 REITs 开始试点，试点阶段采用了“公募基金+ABS”的形式，为参与各方带来了新的挑战。

* 北京大学法学院教授，法学博士。

** 北京大学法学院经济法学博士研究生。

① 参见洪艳蓉：《资产证券化法律问题研究》，北京大学出版社 2004 年版，第 16 页。

② 参见彭冰：《资产证券化的法律解释》，北京大学出版社 2001 年版，第 18 页、第 41 页。

本文分为五个部分，第一部分整体性地回顾资产证券化在我国迄今的试点进程和学术研究情况，并指出经营资产与金融资产在证券化中的差异。第二部分考察近期公募 REITs 试点的显著制度特征。第三部分介绍对比域外制度和操作的相应情况。第四部分结合上文讨论分析现有制度的不足之处。第五部分是简单的结论。

一、资产证券化的中国实践

20 世纪末至 21 世纪初，国内学者对资产证券化进行了集中介绍和理论探讨。王开国教授从经济学的角度介绍了资产证券化的社会经济作用和在我国的可行性，就相关的制度和行业阻碍也提出了建议。① 李尚公教授等初步介绍了资产证券化的交易结构、风险控制以及在我国实施资产证券化的法律环境和立法问题，认为 SPV 的设立与破产风险隔离是资产证券化风险控制的核心问题。② 许凌艳教授也认为，真实出售和破产隔离是否能达成，是金融资产证券化中的主要风险所在。③ 但也有观点认为，资产证券化的实现并非一定要通过真实销售的形式。④ 覃天云教授等认为，资产证券化制度可以分为“资产分割”和证券化两个阶段，其中包含 SPV 的设立、资产转移、信用增强和资产支持证券的发行等四项主要制度，一切财产都可以通过证券化的形式最大程度地实现其财产价值。⑤ 郭玉军教授等讨论了基于投资者保护的立场构建 SPV 相关制度的问题，认为关键在于隔离证券化资产与发起人之间的风险。⑥ 这一阶段的文献一般性地讨论资产证券化的制度与作用，以及风险控制的机制，而并未区分不同的融资主体或基础资产类型。

2005 年，我国开展了资产证券化试点。结合当时金融监管的分业格局，资产证券化试点进程呈现出高度分割的特征。中国人民银行和原中国银监会监管信贷资产证券化，中国证监会监管企业资产证券化，原中国保监会监管保险资产支

① 参见王开国：《关于中国推行资产证券化问题的思考》，载《经济研究》1999 年第 6 期。

② 参见李尚公、沈春晖：《资产证券化的法律问题分析》，载《法学研究》2000 年第 4 期。

③ 参见许凌艳：《论金融资产证券化风险防范法律机制》，载《法学》2004 年第 9 期。

④ 参见陈裘逸、张保华：《资产证券化定义和模式的检讨——以真实出售为中心》，载《金融研究》2003 年第 10 期。

⑤ 参见覃天云、申海恩：《论资产证券化的有价证券制度基础》，载《中国法学》2005 年第 2 期。

⑥ 参见郭玉军、甘勇：《论我国资产证券化中特殊目的机构的法律构建》，载《武汉大学学报（社会科学版）》2003 年第 3 期。

持计划，而银行间交易商协会负责银行间债券市场非金融企业资产支持票据。2005年12月15日，国家开发银行、中国建设银行在全国银行间债券市场成功发行国内首批资产支持证券，是信贷资产证券化的首次尝试。2005年落地的“中国联通CDMA网络租赁费收益计划”和“莞深高速公路收费收益权专项资产管理计划”被认为是企业资产证券化的首次尝试，但由于其没有做到完全的风险隔离，而是由中国工商银行提供不可撤销的连带担保作为发行债券的信用基础，因此有观点认为这并非真正的资产证券化。①

在评价试点的制度设计时，洪艳蓉教授指出背后银行间债券市场和企业债券市场分割的隐忧。② 邹澜认为，资产证券化活动中最重要的法律问题是如何实现“风险隔离”，并建议SPV采用信托的形式。③ 楼建波教授等则指出，在现行信托法律制度和会计准则下，以信托作为SPV的形式进行资产证券化需满足较为严格的约束条件，而不能当然认为信托满足了资产证券化的破产隔离要求。④ 同时，信贷资产证券化试点方案中投资方和融资方同时与受托人之间存在信托关系，也有违信托法的基本逻辑。⑤ 在监管方面，李文泓教授等提出，应以资本监管为核心，为传统型证券化、合成型证券化和信用衍生产品建立统一的监管政策。⑥ 孙英伟教授等认为，要在风险隔离机制构造和增级评级两个环节加强对投资者权利的保护。⑦ 王志诚教授从发行监管、资产转移与风险隔离、SPV监管以及行政监督四个方面介绍了我国台湾地区资产证券化制度中的投资者保护机制。⑧ 洪艳蓉教授指出，在各方配合的信贷资产证券化试点阶段，投资者保护并非重点，但随着这一金融机制的进一步市场化，应更加重视投资者保护的问题，

---

① 参见李燕：《资产证券化立法价值体系分析》，载《中国不动产法研究》2007年第1期。

② 参见洪艳蓉：《“开元”“建元”试点：法制理想与理想法制》，载《金融法苑》2005年第11期。

③ 参见邹澜：《信贷资产证券化试点中的法律与政策问题简析》，载《金融法苑》2005年第11期。

④ 楼建波、刘燕：《信托型资产证券化中的破产隔离——真理还是幻象》，载《金融法苑》2005年第11期。

⑤ 参见楼建波、刘燕：《论信托型资产证券化的基本法律逻辑》，载《北京大学学报（哲学社会科学版）》2006年第4期。

⑥ 参见李文泓、金志培：《关于资产证券化监管问题的研究与探讨》，载《金融法苑》2005年第11期。

⑦ 参见孙英伟、宋杉岐：《论资产证券化中对投资者权利的保护》，载《商业时代》2007年第19期。

⑧ 参见王志诚：《资产证券化中的投资人保护机制》，载《金融法苑》2005年第11期。

尊重机制内部逻辑，落实参与各方责任。①

由于次贷危机的影响，在短暂的试点之后，我国资产证券化实践经历了一个暂停到重启的过程。② 重启之后的资产证券化实践仍然受到分业经营格局的形塑。2013 年国务院办公厅发布《关于金融支持经济结构调整和转型升级的指导意见》，提出要“逐步推进信贷资产证券化常规发展”，央行则据此表示，将引导优质信贷资产证券化产品在银行间市场和交易所市场跨市场发行。③ 2013 年证监会发布的《证券公司资产证券化业务管理规定》为企业资产证券化提供了制度基础，而 2014 年修订的《证券公司及基金管理公司子公司资产证券化业务管理规定》（原《企业资产证券化管理规定》）将企业资产证券化由审批制改为注册制，授权证券交易所论证，证券公司、基金子公司发起设立“资产支持专项计划”，然后在基金业协会备案即可。这一放松促进了之后企业资产证券化的蓬勃发展，也为资产证券化的形式创新提供了空间。

在之后的讨论中，陈冰提出，应确立可证券化资产的法定标准为可预见的稳定现金流与可转让的资产，并讨论了各类组织形式的 SPV 在当下法律环境中的利弊。④ 潘紫宸等借鉴美国相关制度经验，指出资产支持证券信息披露制度应确保投资者及时、准确、完整获得重大信息，应实行不同资产证券化产品的差异化信息披露，并在信息披露成本与收益之间寻求平衡。⑤ 丁丁等学者指出了分业监管格局下资产证券化进程中存在的规则不统一、规则层级不够高、监管权责不清、用于资产证券化的 SPV 的法律属性不清晰等问题。⑥ 在企业资产证券化方面，有观点认为，这一分业格局使得证监会主导的企业资产证券化系统在搭建 SPV 以实现破产隔离时缺少信托制度和信托公司的支持，又在现行制度下难以以

---

① 参见洪艳蓉：《信贷资产证券化投资者保护机制探讨》，载《证券市场导报》2007 年第 6 期。

② 受到次贷危机的影响，资产证券化实践在域外主要资本市场中也中止了一段时间，并在 2009 年底以后陆续重启，相应的金融监管制度也得到改革。参见洪艳蓉：《重启资产证券化市场与金融监管——兼谈我国的制度改革》，载《证券法苑》2012 年第 1 期。

③ 《稳步扩大信贷资产证券化试点 引导优质产品跨市场发行——人行》，载路透社网，https://www.reuters.com/article/pboc-abs-idCNCNE97S02E20130829，2022 年 4 月 14 日访问。

④ 参见陈冰：《资产证券化法律问题研究》，载《武汉大学学报（哲学社会科学版）》2011 年第 6 期。

⑤ 参见潘紫宸、杨勤宇：《美国资产支持证券信息披露制度研究》，载《金融市场研究》2015 年第 10 期。

⑥ 参见丁丁、侯凤坤：《资产证券化法律制度：问题与完善建议》，载《证券法苑》2014 年第 4 期。

公司的形式搭建 SPV，只好借助民法的委托代理制度设立资产支持专项计划，而这一结构具有脆弱性，且无法真正实现证券化所要求的破产隔离。[①] 而在信贷资产证券化的监管方面，许多奇教授认为，信贷资产证券化监管仍应以信息监管为路径，保障信息披露的真实、准确，同时证券化中的各方都应披露更为细节的信息。[②] 张春丽教授也提出，针对信贷资产证券化的功能与特点，要建立量化、敏感和全面的信息披露规则。[③]

《企业资产证券化管理规定》规定只要是"合法、独立、产生现金流可预测"的财产权利或财产均可以作为资产证券化的基础资产。根据统计，直至 2017 年，企业资产证券化的底层资产仍为各类权益，包括合同债权、收益权和信托受益权。[④] 哪些财产权利可以作为资产，这些权利是否独立，又如何实现资产证券化所要求的"真实出售"和风险隔离，是这一类基础资产在证券化过程中面临的普遍问题。[⑤] 面对作为基础资产的财产权难以独立界定并转让、现金流不够稳定等问题，实践中又发展出了"双层 SPV"模式，即在基础资产上设立信托，将信托受益权证券化。通过这一方式，相应资产的证券化在形式上符合了现行制度要求，但有观点认为这一构造使投资者的收益有赖于融资主体对信托贷款的还本付息，从而丢失了资产证券化过程中资产信用代替商主体信用进行融资的本意。[⑥]

在过去十几年内，我国分业监管格局形塑了资产证券化的制度和实践，也深刻影响着学界的认识和讨论。随着证券法在立法层面规定资产支持证券，现有格局有望得到突破，实现依功能对不同的资产证券化业务进行统一监管。在这一背景下，按照证券化的基础资产类型而非融资人的主体类型对资产证券化业务进行规制则更具有正当性。

作为基础资产的银行信贷资产与企业的应收账款、收益权等权益在证券化的过程中有高度共通之处：其最终收益的实现来自第三方，而不依赖证券化过程中

---

① 参见沈朝晖：《企业资产证券化法律结构的脆弱性》，载《清华法学》2017 年第 6 期。

② 参见许多奇：《信息监管：我国信贷资产证券化监管之最优选择》，载《法学家》2011 年第 1 期。

③ 参见张春丽：《信贷资产证券化信息披露的法律进路》，载《法学》2015 年第 2 期。

④ 参见雷昀：《中国资产证券化基础资产类型与典型案例表》，载《金融法苑》2017 年第 2 期。

⑤ 参见程清：《PPP 项目资产证券化亟待解决的法律问题研究》，载《上海金融》2017 年第 9 期。

⑥ 参见洪艳蓉：《双层 SPV 资产证券化的法律逻辑与风险规制》，载《法学评论》2019 年第 2 期。

SPV 管理人对这一资产的主动经营；收入来源分散，可依靠大数定律对资产池的整体价值作出比较稳定的估计；性质简单，通过差额担保、结构化等增信机制可以有效管理和再分配其中的风险，从而为不同类型的投资者提供不同风险收益等级的现金流和总收益。[①]

与之相比，基础设施、商业地产等实体资产在证券化过程中遇到的挑战则正好相反：投资者收益的实现有赖于基础资产的积极管理运营；收入来源较为集中，从而不够稳定，同时该基础资产的运营者也分润了相当部分的利益；由于前述特征，实体资产在证券化后的风险是外部性的，难以通过内部的结构化机制保障投资者的利益。因此，在这类资产的证券化过程中，SPV 不仅担负着界定基础资产、隔绝破产风险的一般性职责，还需保障基础资产得到有效的运营管理，因而在治理与投资者保护方面具有独特性，相应对管理人的职责和权限也提出了要求。

二、公募 REITs 试点的制度特征

一般认为，REITs 的诞生以 20 世纪 60 年代美国 REITs 法案的通过为标志。[②]也有观点认为 REITs 可以上溯至 19 世纪。[③] 在国外诞生之初，REITs 即承载着吸引社会资本进入不动产投资领域的期望。我国学者也认为，在我国推出 REITs，特别是公募 REITs，有助于金融服务供给侧改革，为基础设施投资提供可行的金融战略，并增加税收收入。

可作为 REITs 投资对象的不动产一般分为商业地产和基础设施两种。REITs 依其投资的基础资产类型也分为权益型、抵押型和混合型。其中，权益型 REITs 拥有并经营收益型不动产，并为其提供物业管理服务，投资者的收益则来自租金和不动产本身的增值；抵押型 REITs 以向不动产所有者或开发商直接提供信贷或购买抵押贷款的方式进行投资，尽管也投资于不动产行业，但主要收入来源为贷款利息；混合型则两者兼具。[④]

---

① 有观点认为，在不良资产证券化与信贷资产证券化之间仍存在差异。参见洪艳蓉：《不良资产证券化的制度原理与中国实践检讨》，载《证券法苑》2019 年第 1 期。

② 参见［美］拉尔夫 L. 布洛克：《房地产投资信托基金》，宋光辉等译，机械工业出版社 2014 年版，第 24 页。

③ 参见高旭华等：《REITs：颠覆传统地产的金融模式》，中信出版社 2021 年版，第 56 页。

④ 参见北京大学光华管理学院“光华思想力”新金融研究系列报告之一，《中国公募 REITs 发展白皮书》，载北京大学光华管理学院网，https://www.gsm.pku.edu.cn/1.pdf，2022 年 4 月 18 日访问。

2014年，在缺乏相关业务规范的情况下，业内以“类REITs”的形式率先开展了不动产证券化的尝试。“类REITs”是在当时已有的资产证券化与私募基金制度基础上组合而成的结构化融资形式。“类REITs”通常构建出“专项资产支持计划+私募基金”的结构，由私募基金购入原始权益人提供的不动产项目，而专项计划再持有私募基金的份额，并负责对外募集资金。与下文要讨论的公募REITs相比，“类REITs”大多向投资者提供固定收益回报，在内部构造不同的权益分级，并通常由原始权益人持有劣后级的份额，从而一方面为外部投资者提供还款保障，另一方面借此可获取不动产项目的升值收益。

2020年4月，《中国证监会、国家发展改革委关于推进基础设施领域不动产投资信托基金（REITs）试点相关工作的通知》发布，标志着境内基础设施公募REITs试点正式开始。公募REITs以证券投资基金法为依据，结合资产证券化的制度规则，采用“公募基金+ABS”的形式，以规避公募基金不能直接投资不动产资产的限制。从下文的分析可以看出，试点公募REITs的经营治理同时还具备了公司的部分特征。

立法机关认为，REITs单行立法的条件尚不成熟。[①] 因此，这一新型的投融资模式只能依托于已有的制度展开试点，通过额外的规定来实现兼容。整体而言，“公募基金+ABS”的模式产生了两层运营管理机构，二者既紧密相连，又各自分工，有些职责还有重叠之处。这一叠床架屋的模式层层嵌套，既不清晰，也容易产生过高的监管成本。以下围绕公募REITs的经营治理，对现行试点制度的重要特征试作分析。

（一）紧密相连的公募REITs基金与底层资产

试点公募REITs的第一项特征，是公募基金与底层的基础资产紧密相连，一一对应。[②] 作为中间层的资产支持专项计划在经营治理中的意义较为有限，基金

---

① 参见全国人大财政经济委员会2015年10月30日发布的《全国人民代表大会财政经济委员会关于第十二届全国人民代表大会第三次会议主席团交付审议的代表提出的议案审议结果的报告》。

② 根据《公开募集基础设施证券投资基金指引（试行）》第2条，基础设施基金80%以上的资产需投资于基础设施资产支持证券，并持有后者的全部份额，取得基础设施项目完全所有权或经营权利。

管理人而非资产支持专项计划的管理人负有主动运营管理基础资产的职责。① 公募基金与底层资产紧密相连的另外一个表现是，如果公募基金在存续期间购入新的基础设施项目，则需要变更注册。②

公募基金的管理机构和资产支持专项计划的相应机构同样紧密相连。《公开募集基础设施证券投资基金指引（试行）》第6条要求公募基金的托管人与资产支持证券的托管人为同一人。尽管第7条要求公募基金管理人与资产支持证券管理人协商确定设立、发行相关事宜，第10条允许基金管理人和资产支持证券管理人联合开展尽职调查，看似两个管理人之间相互独立，但第25条要求基金管理人将80%以上的基金资产投资于“与其存在实际控制关系或受同一控制人控制的管理人设立发行的基础设施资产支持证券全部份额”，实际上要求了公募基金的管理人与资产支持证券的管理人之间必须存在控制关系。相应地，深交所和上交所均明确要求基金管理人和资产支持证券管理人属于同一控制关系。③

在公募基金—资产支持专项计划—基础资产这一分层结构中，中间层的管理机构与上层属于同一控制关系，上层的公募基金又直接负有管理运营底层基础资产的职责，因而与后者紧密相连。这一紧密关系体现在多个方面：首先，公募基金管理人突破中间层直接运营管理基础资产、决定新购入基础资产项目；其次，公募基金绝大部分资产需用于购入特定资产支持专项计划的全部资产支持证券，形成了一对一的关系；再次，公募基金和资产支持证券共用托管人，二者的管理人也属于同一控制关系；最后，新购入基础设施项目时，公募基金需要变更注册。

---

① 《公开募集基础设施证券投资基金指引（试行）》第2条明确，基础设施基金取得基础设施的完全所有权或经营权利，且基金管理人主动运营管理基础设施项目。据此，《深交所基础设施基金业务办法》第46条第2款，《上交所基础设施基金业务办法》第39条第2款均规定了基金管理人的基础设施项目运营管理职责。更进一步，《公开募集基础设施证券投资基金指引（试行）》第38条要求基金管理人负责制定及落实基础设施项目运营策略，签署并执行基础设施项目运营的相关协议，收取基础设施项目租赁、运营等产生的收益，执行日常运营服务，并实施基础设施项目维修、改造。

② 《公开募集基础设施证券投资基金指引（试行）》第33条。

③ 《深圳证券交易所公开募集基础设施证券投资基金业务指引第1号——审核关注事项（试行）》第7条规定：拟任资产支持证券管理人应当符合《资产证券化业务管理规定》规定的相关条件，且与拟任基金管理人存在实际控制关系或受同一控制人控制。

《上海证券交易所公开募集基础设施证券投资基金（REITs）规则适用指引第1号——审核关注事项（试行）》第7条：拟任资产支持证券管理人应当符合《资产证券化业务管理规定》规定的相关条件，且与拟任基金管理人存在实际控制关系或受同一控制人控制。

（二）类 IPO 的发行与交易机制

试点公募 REITs 的第二项特征，是其在发售、上市、交易、收购、信息披露和退市等方面均比照公开发行证券制度，而有别于传统的公募证券投资基金。[①]这一特征也是在决定试点之初就作出的安排。[②]

1. 发售机制

考虑到底层基础资产估值的困难，基础设施基金的发售类似于实业公司的 IPO，分为战略配售、网下询价并定价、网下配售、公众投资者认购等步骤：首先向原始权益人和机构投资者战略配售，其中原始权益人配售比例不低于总发售数量的 20%；[③] 其次向网下投资者询价，并将扣除战略配售份额后的不低于 70% 的部分向网下投资者发售；[④] 最后以第二步询价确定的价格向公众投资者发行剩余部分。

2. 收购机制

除发售外，基础设施基金的收购及份额权益变动也类似于上市公司收购。《公开募集基础设施证券投资基金指引（试行）》要求，当投资者及其一致行动人在通过交易等方式取得基础设施基金份额超过一定限度时，其需进行披露并暂停收购，在持有超过 50%份额后继续增持的还需采用要约收购的方式。[⑤] 未作特别规定的，还应参照《上市公司收购管理办法》的其他规定，并在参照适用时将基础设施基金份额理解为上市公司股份，份额持有人相应被理解为股东，而基金管理人被理解为董事会。[⑥]

---

① 《公开募集基础设施证券投资基金指引（试行）》第 46 条。

② 《中国证监会、国家发展改革委关于推进基础设施领域不动产投资信托基金（REITs）试点相关工作的通知》（证监发〔2020〕40 号）第四条第（三）项提出："参照公开发行证券相关要求强化对基础设施资产支持证券发行等环节相关参与主体的监督管理，压实中介机构责任，落实各项监管要求。"

③ 参见《公开募集基础设施证券投资基金指引（试行）》第 18 条。

④ 参见《公开募集基础设施证券投资基金指引（试行）》第 19 条要求向网下投资者发售比例不低于公开发售数量的 70%。

⑤ 参见《深圳证券交易所公开募集基础设施证券投资基金业务办法（试行）》第 61 条至 65 条、《上海证券交易所公开募集基础设施证券投资基金（REITs）业务办法（试行）》第 54 条至 58 条。

⑥ 参见《深圳证券交易所公开募集基础设施证券投资基金业务办法（试行）》第 70 条、《上海证券交易所公开募集基础设施证券投资基金（REITs）业务办法（试行）》第 64 条。

（三）原始权益人的利益绑定

试点公募 REITs 的第三项特征，是在发行和运营过程中公募基金与基础资产原始权益人的深度利益绑定。一方面，在发行中，原始权益人作为战略投资者在战略配售阶段购入不低于 20%的公募基金份额，其未按规定参与战略配售还会导致发行失败；① 另一方面，虽然在公募 REITs 试点之初，即有观点提出，产品的运作管理“必须发挥原始权益人的行业经验及资源优势”②，但试点制度中明确规定的原始权益人角色实际上较为有限，仅负有提供文件、配合信息披露和项目转移等义务。③

（四）小结

以证监会发布的《公开募集基础设施证券投资基金指引（试行）》为主干的公募 REITs 试点制度既富于创新，又体现出监管的审慎态度。创新之处在于，虽然在形式上体现为“公募基金+ABS”，以证券法和证券投资基金法为主要的上位法，但实质的经营治理制度与现行实践中的契约型公募基金相去甚远，而更接近于一家基于特定资产申请上市的实业公司。这一差异与基础设施基金对底层实体资产的管理职能相适配，监管也提出，在制定相关规则时注重 REITs 的“资产上市平台特性”。④ 同理，类 IPO 的发行机制体现了作为实体资产而非标准化证券的基础资产在估值和最终确定价格过程中遇到的困难。

审慎之处在于，面对这一新型投融资模式与现有制度结合的困难，为了保障平稳运营，保护投资者利益，防止管理机构推卸责任，试点制度对各方参与者都提出了较高的要求。对管理人和托管人而言，一方面就任职资格提出了高于域外制度的专业化要求，⑤ 另一方面二者的职责都有所扩张，而在借贷、扩募和购入投资资产等方面的权限则受到更多限制。对公募基金和资产支持专项计划而言，通过要求二者托管人为同一人且管理人处于同一控制关系，尽可能压缩层级，减

① 参见《公开募集基础设施证券投资基金指引（试行）》第 24 条。

② 《优化公募 REITs 制度：市场为先 保护并重》，载《中国证券报》2021 年 4 月 21 日。

③ 参见《公开募集基础设施证券投资基金指引（试行）》第 43 条。

④ 参见 2022 年 5 月 31 日深圳证券交易所发布的《公开募集基础设施证券投资基金业务指引第 3 号——新购入基础设施项目（试行）》和上海证券交易所发布的《公开募集基础设施证券投资基金（REITs）规则适用指引第 3 号——新购入基础设施项目（试行）》及其起草说明。

⑤ 参见高旭华等：《REITs：颠覆传统地产的金融模式》，中信出版社 2021 年版，第 134 页。

少代理成本，控制运营风险。对原始权益人而言，战略配售份额和较长的持有期限要求实现了双方的利益绑定，有利于减少利益冲突，保障基础资产的价值。

三、REITs 经营治理的域外比较

域外 REITs 的经营治理模式主要分为另外聘请管理人负责所有的资产运营、投融资和物业管理的外部管理模式，和由 REITs 的内部管理部门负责所有管理职责的内部管理模式。以 SPV 的组织形式区分，美国市场上公司型 REITs 占主导，而亚洲市场上信托型 REITs 更为常见。[①]

值得注意的是，域外 REITs 的普遍实践并非公募基金和底层资产一一对应的模式。例如，美国、新加坡和日本等尽管规定 REITs 投资于不动产的比例不得低于 75%，但并非投资于单一物业。[②]

（一）公司型 REITs 的治理：以美国为代表

在美国，REITs 最早由 1960 年的不动产投资信托法案定义并授权，第一个现代意义上的 REITs 也在当年产生。这一立法试图为中小投资者提供投资于商业不动产的机会，并扩大商业不动产的融资来源。[③] 1986 年的税收改革法案放松了对 REITs 业务的管制，允许 REITs 通过内部组织来实施物业出租和管理服务，从而在制度上允许 REITs 内部管理其资产。[④] 美国法下，REITs 并非一种单独的商业组织形式，而是一种与税收优惠待遇绑定的组织结构、投资策略和分红安排，符合这些要求的商主体均可取得 REITs 的身份，[⑤] 但实践中往往以公司的形态出现。

马里兰州是美国最早通过 REITs 法律的几个州之一，以其宽松的成立条件和治理模式要求对 REITs 的发起人富于吸引力，时至今日，全美有 80%的 REITs 在

---

① 参见高旭华等：《REITs：颠覆传统地产的金融模式》，中信出版社 2021 年版，第 134 页。

② 参见北京大学光华管理学院“光华思想力”新金融研究系列报告之一《中国公募 REITs 发展白皮书》，载光华管理学院网，https://www.gsm.pku.edu.cn/1.pdf，2022 年 4 月 18 日访问。

③ 参见［美］拉尔夫 L. 布洛克：《房地产投资信托基金》，宋光辉等译，机械工业出版社 2014 年版，第 24 页。

④ 参见［美］拉尔夫 L. 布洛克：《房地产投资信托基金》，宋光辉等译，机械工业出版社 2014 年版，第 25 页。

⑤ 26 U.S. Code § 856-Definition of real estate investment trust.

该州注册。[①] 在马里兰州法律中，关于 REITs 的规定位于马里兰州公司与协会法第八编，并准用其公司法一般规定中关于董事会对证券发行的决策权、股份拆分、年度报告、决定股东会召开方式的规定与董事的勤勉义务标准，以及股东提名董事或其他提案的提前通知要求。[②]

基于对董事行为标准的援引，以及马里兰州在尊重公司董事决策方面所受到特拉华州的影响，[③] 马里兰州 REITs 的董事也同样受到商业判断规则（business judgement rule）的保护。[④] 由于公司治理准用公司注册州的州法，在州外的判例中，当马里兰州成立的 REITs 及其管理层作为被告时，法庭对董事行为的审查也准用马里兰州公司法。[⑤]

但也有观点认为，基于 REITs 和 UPREITs[⑥] 治理结构产生的利益冲突风险，特别是在 UPREITs 中，原始权益人持有负责管理资产的公募 REITs 的较大份额，又对不动产的并购和管理富于经验，很可能将参与到 UPREITs 的治理中，但其利益与公募 REITs 的其他投资者并不完全一致，例如在面临收购时可能出于税收优惠的考虑而选择接受股份置换而非现金作为对价，因此司法在审查受托人的决定时应当采用更为严格的标准。[⑦]

---

① Spencer C. Ebach, A Reputation to Uphold: Maryland Courts and the Continued Development of REIT Law, 80 Maryland Law Review Online 73(2021).

② MD. Corporations and Associations Code Ann. § 8-601.1(2020).

③ Shenker v. Laureate Educ., Inc., 411 Md. 317, 349-50, 983 A. 2d 408, 427.

④ Oliveira v. Sugarman, 451 Md. 208, 152 A. 3d 728(2017).

⑤ 例如，参见 Becker v. Inland Am. Real Est. Tr., Inc., No. 13 C 3128, 2013 WL 6068793(N. D. Ill. Nov. 18, 2013)和 Allyn v. CNL Lifestyle Properties, Inc., No. 6: 13-CV-132-ORL-36, 2013 WL 6439383(M. D. Fla. Nov. 27, 2013)。这两个案件事实极为相似，一方主体都是依据美国马里兰州公司法成立的 REITs，另一方是该 REITs 的投资者。在投资者起诉质疑 REIT 的董事违反信义义务，未能公平对待投资者并以合理价格回购其份额时，法庭援引了马里兰州公司法对董事信义义务的一般要求，认为投资者应当承担举证责任，以证明董事的定价行为未能满足马里兰州公司法第 2-405.1 条规定的董事的勤勉义务标准。

⑥ Umbrella Partnership Real Estate Investment Trusts（UPREITs），也称伞形 REITs，通常是由符合税法要求的公司型公募 REITs 担任普通合伙人、原始权益人担任有限合伙人的一种组织形式，因为可以为原始权益人提供基于合伙身份的优惠待遇并绕开税法要求的分散持股限制而被广泛使用。

⑦ Chadwick M. Cornell, Reits and Upreits: Pushing the Corporate Law Envelope, 145 University of Pennsylvania Law Review 1565(1997).

（二）契约型 REITs 的治理

1. 澳大利亚的“合订”内部管理模式

在澳大利亚，信托这一组织形式被广为使用，包括 REITs 在内的各类集合投资计划也采用了这一形式。[①] 1988 年，澳大利亚诞生了第一个采用“合订”（stapled）结构的 REIT，至今这一结构为绝大多数 REITs 采用。这一结构为不同的地产运营模式提供了一种通用的所有权结构，将 REITs 份额和其管理公司的股票“合订”在一起，从而调和了管理公司和 REITs 之间的利益冲突，同时允许 REITs 利用它们的专业知识和资本来运营一个整合的商业平台，从事多样化的投资运营策略，而保留其税收优势，最终实现投资者利益最大化。[②]

通过将投资信托的份额和管理公司的股份结合在一起，要求投资者同时投资于二者，这一结构减轻了投资信托和管理公司之间的利益冲突，减少了向管理公司支付的费用，实质上实现了内部管理。[③] 此时，投资信托的投资者同时也是管理公司的股东，因而管理公司在经营管理所投资不动产时受到自身股东的约束。

2. 新加坡的外部管理模式

新加坡不动产基金（property fund）同样采用外部管理模式，由经理（manager）和受托人（trustee）共同管理基金所持有的资产，并对经理的薪酬作出了特别规定。[④] 不动产基金的受托人则一般性地负有勤勉尽责的职责，并需确保基金持有资产的法律归属明确，基金签订的重大合同合法有效并符合基金契约的约定，以及经理为基金持有的不动产安排了充足的保险。[⑤] 另外，对于不动产基金的关联交易，新加坡法律提出了信息披露、受托人书面同意并与市场费率相一致

---

① Graeme S Cooper, Reforming the Taxation of Trusts: Piecing Together the Mosaic, 35 Sydney Law Review 187(2013).

② 参见 Property Council of Australia 于 2017 年发布的 Stapled Structures Consultation Paper: Implications for property，载澳大利亚财政部官方网站，https: //treasury. gov. au/sites/default/files/2019-03/c2017-t240634-Property-Council. pdf. ，2022 年 4 月 20 日访问。

③ 北京大学光华管理学院“光华思想力”新金融研究系列报告之五，《中国公募 REITs 管理模式研究》，载光华管理学院网，https: //www. gsm. pku. edu. cn/pdf/7890. pdf，2022 年 4 月 19 日访问。

④ 参见新加坡《集合投资计划法典（2022 年 3 月修正）》（Collective Investment Scheme Code）附件六：不动产基金投资（Appendix 6，Investment：Property Funds）第 2. 2 条。

⑤ 参见新加坡《集合投资计划法典（2022 年 3 月修正）》（Collective Investment Scheme Code）附件六：不动产基金投资（Appendix 6，Investment：Property Funds）第 3. 2 条。

等要求。[①] 最后，新加坡法律允许不动产基金的份额在上市后与同一行业的实业公司或服务于基金持有的资产的实业公司的证券“合订”。[②]

（三）小结

外部管理模式和内部管理模式均在全球市场上广泛存在，难以断言某一模式的优劣，也并不与公司型或者契约型一一对应。从比较法上纷繁的实践形态可以看出，公募 REITs 的治理性质并不明确。事实上，公募 REITs 的出发点是鼓励社会资本投向不动产建设领域，从而助力基础设施建设、盘活不动产存量。基于这一原则性的目标，公募 REITs 具有实业和金融双重性质，在实践中往往以偏向一方的形态存在。例如，美国基于税收优惠政策和相应的投资分红要求确立的 REITs 制度借用了已有的实业公司制度，因而在衡量 REITs 管理层对投资者的义务标准时准用一般公司法的内容。而存在于大多数法域的契约型公募 REITs 则由金融机构主导，此时由于金融机构经营管理不动产的能力有所不足，通常采用外部管理模式，由主导 REITs 的金融机构监督外部管理机构经营管理不动产。

出于鼓励社会资本投资不动产的目标，不论是采取实业公司的形态，还是由金融机构主导，公募 REITs 都应当是投资导向的，而非主要为融资方提供便利。因此，公募 REITs 的治理也应当以投资者保护为基本原则，并结合具体形态作出相应安排。实业公司形态的 REITs 与一般的实业公司较为相似，二者都投资于实体产业，只不过 REITs 主要投资于不动产领域，因而在投资者保护方面也可以准用一般公司法中对股东权利的保护和对管理层的信义义务要求。相比之下，契约基金形态 REITs 的治理与投资者保护更多受到其投资资产独特性的影响，与一般的公募基金存在较大差异。正因为此，契约基金形态 REITs 并未援用相应法域下对公募基金管理人的一般要求，而是在相关法律中列明了受托人和实际承担运营管理责任的主体各自的义务和监督责任。

通过准用现有行为标准或另行规定的方式，相关法律为 REITs 管理人的治理权责提供了比较清晰的预期。这有利于 REITs 中的各方明确自己的权责，从而保障 REITs 的规范稳定运行，保护投资者的正当权益。

---

① 参见新加坡《集合投资计划法典（2022 年 3 月修正）》（Collective Investment Scheme Code）附件六：不动产基金投资（Appendix 6，Investment：Property Funds）第 5 节。

② 参见新加坡《集合投资计划法典（2022 年 3 月修正）》（Collective Investment Scheme Code）附件六：不动产基金投资（Appendix 6，Investment：Property Funds）第 13 节。

四、试点公募 REITs 的治理结构

权益型公募 REITs 具有融资与投资双重属性，横跨实业和金融，因而有别于其他金融产品。[①] 通过前述对公募 REITs 试点制度特征的分析，可以看出，主要有两点与比较法上的主流实践相比有所创新：一是在现有的契约型公募的基础上，在 REITs 上市发行和收购领域引入了部分上市公司的特征；二是公募基金层级和资产支持专项计划层级之间的关系压缩，形成了公募基金、资产支持专项计划和底层资产一一对应的局面。这些创新既契合我国当下的社会经济实践，也为经营治理和投资者保护带来了新的挑战。

（一）压缩结构下的公募基金管理

试点制度下，公募基金管理人对底层资产的运营管理和公募基金的融资负有完全职责。尽管基金管理人可以委托外部管理机构运营管理实体资产，但仍就此负最终责任。[②] 因此，相比传统的公募基金，公募 REITs 管理人的投资端义务从传统的分散投资、风险管理变成了经营实业，[③] 对管理人也提出了具备“不动产研究经验”的要求。[④]

压缩结构有利于保障公募基金管理人对底层资产的控制力，但可能造成监管成本的重复承担，有赖监管部门未来就这一问题作出特别规定。[⑤] 同时，也有观

---

① 参见肖钢：《制约我国公募 REITs 的五大因素和破解路径》，载《清华金融评论》2019 年第 2 期。

② 参见《公开募集基础设施证券投资基金指引（试行）》第 39 条。

③ 对证券投资基金管理人注意义务的一般讨论可参见王苏生：《证券投资基金管理人的责任》，北京大学出版社 2001 年版，第 142~150 页。

④ 参见《公开募集基础设施证券投资基金指引（试行）》第 5 条。

⑤ 例如，《公开募集基础设施证券投资基金指引（试行）》第 9 条要求基金管理人对基础设施项目开展尽职调查，《证券公司及基金管理子公司资产证券化业务管理规定》第 13 条要求资产支持专项计划管理人对相关交易主体和基础资产进行尽职调查；《公开募集证券投资基金信息披露管理办法》第 2 条规定基金管理人、基金托管人均为基金信息披露义务人，《证券公司及基金管理公司子公司资产证券化业务管理规定》第 41 条规定资产支持专项计划管理人为信息披露义务人；《公开募集基础设施证券投资基金指引（试行）》第 12 条要求基金管理人在申请注册基础设施基金前聘请律师事务所出具法律意见书，《证券公司及基金管理公司子公司资产证券化业务信息披露指引》第 6 条要求资产支持专项计划管理人在资产支持证券发行前向合格投资者披露法律意见书。

点提出，针对投资标的的特殊性，要加强公募 REITs 基金管理人的自律管理机制。[①]

另外，公募 REITs 托管人的职责相比传统公募基金而言也有所扩张，不仅需安全保管财产、文件和监督账户，还需监督管理人为基础资产购买保险并使用借入款项。[②] 对比前文对域外 REITs 治理结构的介绍可以看出，试点制度中公募 REITs 托管人的职责更接近新加坡契约型公募 REITs 中的受托人。但与后者相比，试点公募 REITs 托管人的职责缺少一般的勤勉尽责要求，仅包括几项具体的职责，即便这些职责针对 REITs 投资资产的特殊性有所扩张，也难以认为试点公募 REITs 的托管人成了实质上的受托人。

（二）部分公司化特征导致预期不明

试点制度为公募 REITs 的经营治理引入了部分的公司特征，但整体仍采用专项资产计划和管理人外部管理的方式，其 SPV 为契约型的信托，而没有上市公司作为载体。因此，管理人的权责无法直接适用证券法中与上市公司董事、监事、高级管理人员职责义务相关的条款，需专门作出规定。[③]

现行对公募 REITs 治理经营的规定中，只有个别方面提出了参照上市公司的要求，而没有准用公司法中的一般规定，这将为判断管理人的行为标准带来困难。以公募 REITs 的收购为例，试点制度要求公募 REITs 的收购参照适用《上市公司收购管理办法》的规定，并将管理人视为董事会。尽管内涵有待进一步明确，上市公司的董事会在面临收购时对股东负有信义义务，[④] 而证券投资基金法中基金管理人的职责则更多是事务性的，[⑤] 最多只有一条“基金份额持有人利益优先”的原则性要求。[⑥]

如前所述，比较法上，采取公司作为投资载体时，管理人的行为标准准用公司法上对董事信义义务的要求，而采取信托作为投资载体时，管理人的行为标准被明确规定于相关法律中，为管理人和外部管理公司提供了明确的预期。这一预期既有助于管理人在事前明确自己的权责范畴，也有助于在发生争议时定分止争。

---

① 参见陈春艳：《推进公募 REITs 自律机制建设》，载《中国金融》2021 年第 9 期。

② 参见《公开募集基础设施证券投资基金指引（试行）》第 44 条。

③ 参见张立、郭杰群：《基础设施 REITs 的发展路径》，载《中国金融》2021 年第 9 期。

④ 参见史欣媛：《目标公司董事信义义务判定标准的路径建构——以美国和英国实践为视角》，载《甘肃政法大学学报》2021 年第 4 期。

⑤ 参见证券投资基金法第 19 条。

⑥ 参见证券投资基金法第 21 条第 3 款。

（三）原始权益人定位不清

现行试点制度下，公募 REITs 底层资产的原始权益人地位较为含混。以资产证券化的一般理论而言，在向 SPV 转让底层资产的所有权后，原始权益人不再干预资产的经营管理，SPV 也无须原始权益人的财务支持和增信机制，从而实现“真实销售”，隔绝各方风险。然而，尽管试点制度并未为原始权益人安排实质性的治理权责，“战略配售”和长期持有要求暗示了原始权益人在 REITs 治理中的特殊地位。①

学者王娴认为，外部管理型 REITs 作为一种集合投资计划，存在一般性的利益冲突风险，而关联交易的问题更加突出，甚至公募 REITs 容易被原始权益人“俘获”，侵害其他投资者的利益。② 张峥等也提出，必须建立适当的治理结构，防范 REITs 运营过程中的两类代理问题，且两类代理成本是此消彼长的，尽管管理人与投资者之间的代理问题通过分红要求和杠杆率限制得到相当程度的缓解，但大股东和小股东之间的代理问题尚未得到充分防范，还需更加关注关联交易，发挥公募基金持有人大会的治理作用，避免原始权益人的过度主导。③

与原始权益人利益绑定的发行策略可能来自之前类 REITs 的试点经验。在这类试点实践中，用于证券化的 SPV 设计了分级机制，劣后级份额多为原始权益人持有，既为优先级份额的持有人提供了风险缓冲，保障其取得约定的固定收益，也有利于原始权益人取得权益属性的收益。但与之前的试点经验不同，公募 REITs 具有权益属性，所投资的资产支持证券又是单一不分级的，运营管理中也无须原始权益人的参与，此时原始权益人的利益绑定机制的正当性有待进一步厘清。

（四）投资者治理失位

为了防止管理机构滥用权力、损害投资者利益，现行试点制度要求公募 REITs 经营中的特定事项需要份额持有人大会表决通过，包括购入或出售基础设施项目、基金扩募、关联交易和调整投资策略等。④ 除此之外，就关联交易而言，

---

① 现行监管制度下，战略投资者是具有战略性资源、与公司谋求双方协调互补、长期持有较大比例股份并通过委派董事实际参与公司治理的投资者。参见证监会《发行监管问答——关于上市公司非公开发行股票引入战略投资者有关事项的监管要求》。

② 参见王娴：《外部管理型 REITs 的利益冲突》，载《中国金融》2021 年第 9 期。

③ 参见张峥、李尚宸：《公募 REITs 的治理结构》，载《中国金融》2021 年第 9 期。

④ 参见《公开募集基础设施证券投资基金指引（试行）》第 32 条。

管理人还需建立机制防范利益冲突，① 并在定期报告中披露相应的信息。②

值得注意的是，尽管对特定事项提出了持有人以二分之一或三分之二表决通过的要求，③ 但这一要求仍然难以实现保护投资者的目的。按照前述公募 REITs 的发行机制，向原始权益人战略配售的比例不低于全部公募基金份额的 20%，剩余部分在网下发售时由网下投资者发售不低于 70%，④ 最后向公众投资者发售，因此公募部分不超过基金全部份额的 24%［（1-20%）×（1-70%）］，远不足全部份额的三分之一。这意味着，如果一项决议符合原始权益人和网下投资者的利益，而不符合公众投资者的利益，公众投资者无法通过表决来维护自身的利益。⑤ 即使不考虑这一极端情形，由于现行制度要求的表决权比例基于参加大会的持有人所持表决权计算，而非基于全部表决权，也没有分类表决机制，且公众投资者面临的理性冷漠的治理困境仍然存在，原始权益人以其不低于 20%的表决权很有可能以一己之力获得表决的优势。⑥

---

① 参见《公开募集基础设施证券投资基金指引（试行）》第 29 条、第 38 条。

② 参见《公开募集基础设施证券投资基金指引（试行）》第 36 条。

③ 参见《公开募集基础设施证券投资基金指引（试行）》第 32 条。

④ 网下投资者指参与首发股票询价和网下申购业务的投资者，其概念内涵目前尚无统一的法律定义，但通常以机构投资者为主。例如，中国证券业协会发布的《首次公开发行股票网下投资者管理细则》（2018 年修订）第 4 条至第 6 条规定了机构投资者和个人投资者注册成为网下投资者的基本条件，其中六类机构投资者可以自行注册为网下投资者，而其他投资者则需由具有证券承销业务资格的证券公司推荐注册；《科创板首次公开发行股票注册管理办法（试行）》第 50 条中列举的网下投资者则仅包括七类专业机构投资者。

根据中国证券业协会协会发布的《公开募集基础设施证券投资基金网下投资者管理细则》（中证协发〔2021〕15 号）第 4 条，可以注册为基础设施基金网下投资者的主体包括证券公司、基金管理公司、信托公司、财务公司、保险公司、合格境外机构投资者、商业银行及其理财子公司、符合规定的私募基金管理人以及政策性银行、保险资产管理公司等其他中国证监会认可的专业机构投资者；另外全国社会保障基金、基本养老保险基金、年金基金等可根据有关规定参与基础设施基金网下询价。

⑤ 实践中，原始权益人认购比例一般高于最低的 20%要求，而公募投资者持有的份额比例则相应更低。以 180202 华夏越秀高速 REITs 为例，原始权益人或其同一控制下的关联方认购了 30%的 REITs 份额，而向公众投资者发售的份额仅有 9%。参见《华夏越秀高速公路封闭式基础设施证券投资基金基金份额发售公告》，载上交所 REITs 信息披露平台，https://reits.szse.cn/disclosure/notice/index.html?ee5e47b8-ac1d-4098-80e9-f5e659f87090，2022 年 5 月 11 日访问。

⑥ 同样以 180202 华夏越秀高速 REITs 为例，其基金合同约定，基金份额持有人持有的每一基金份额拥有平等的投票权。不仅如此，该基金合同尽管约定了份额持有人与表决事项存在关联关系的应当回避表决，但同时约定“与外部管理机构存在关联关系的基金份额持有人就解聘、更换外部管理机构事项无须回避表决”。参见《华夏越秀高速公路封闭式基础设施证券投资基金基金合同》，载上交所 REITs 信息披露平台，https://reits.szse.cn/disclosure/notice/index.html?6ba07d26-3322-4663-9511-13980b839025，2022 年 5 月 11 日访问。

有鉴于此，吴云飞等学者认为，REITs 的逻辑有两类，即“传递工具”和“集合投资”，我国的试点制度属于后一类型，应设置持有人大会的日常机构以持续评估基金管理人和基础资产管理人的业绩，在涉及投资者重大权益的事项上不仅要考虑投票权比例的要求，还要审核对中小投资者的影响。[①] 金永军认为，契约型的治理机制下受托人和委托人之间信息不对称更为显著，管理人受到的约束也较弱，同样建议增设份额持有人大会日常机构，保留基础设施项目公司的决策权，考虑由发起人单独或与基金管理人共同管理 REITs。[②]

五、结论

目前，基础设施领域不动产投资信托基金（REITs）的试点申报与选择体现出鲜明的宏观调控特色。[③] 这既显示出监管的审慎态度，也表现出 REITs 对实体经济的重要作用。基于资管的基础设施公募 REITs 是试点的第一步，接下来管理主体和资产的类型均有可能进一步放开。管理主体方面，域外的 REITs 通常由不动产企业主导，而非资产管理行业，不动产企业一方面具备相应的人员和经验，另一方面以自身的不动产为基础资产进行证券化，便于融资之后扩大再生产，而其他行业的企业以自持的少量不动产为基础融资时，则可能出现行业风险难以对冲的情况。[④] 事实上，在我国的政策中，未来 REITs 管理主体的扩张也已经初露端倪。[⑤] 底层资产类型方面，目前的试点制度仅围绕仓储物流、收费公路等基础设施展开，而不包含商业地产和住宅。[⑥] 未来以商业地产为基础资产进行证券化

---

① 参见中信建投证券课题组、吴云飞：《基础设施 REITs 发展的国际经验及借鉴》，载《证券市场导报》2021 年第 1 期。

② 参见金永军：《构建契约型 REITs 治理机制》，载《中国金融》2021 年第 9 期。

③ 参见《关于做好基础设施领域不动产投资信托基金（REITs）试点项目申报工作的通知》（发改办投资〔2020〕586 号）。

④ 一个例子是 2014 年中信证券主导的中信启航专项资产管理计划。在 2016 年时，中信证券以较低的对价向员工回购后者持有的计划份额，引发极大争议。有观点认为，这一强制回购是因为中信证券只持有少量劣后级份额，难以分享被证券化的两栋办公大楼价格上涨的收益，还需支付较高的租金。参见《上海证券报》2016 年 6 月 1 日报道，《跨大类资产风险敞口暴露 中信证券 REITs “为他人做嫁衣”?》，载中国证券网，https://news.cnstock.com/news,yw-201606-3806992.htm，2022 年 4 月 14 日访问。

⑤ 2016 年 10 月 10 日，国务院发布《关于积极稳妥降低企业杠杆率的意见》（国发〔2016〕54 号），第 11 条提出：“支持房地产企业通过发展房地产信托投资基金向轻资产经营模式转型。”

⑥ 参见《公开募集基础设施证券投资基金指引（试行）》第 50 条。

发行 REITs 份额时，必将对管理人经营管理基础资产提出更高的要求。因此，在当下的试点阶段，有必要评判现行制度得失，为接下来公募 REITs 的制度扩张提供宝贵的经验。

从公募 REITs 的制度逻辑出发，厘清 REITs 的治理结构、明确各方的权利与责任，有利于保护其中的每一方参与者，促进这一新模式的繁荣发展。有鉴于公募 REITs 鼓励社会资本投向不动产建设领域的制度初衷，公募 REITs 应当与证券市场联系更为紧密，而非与原始权益人；亦即这一形式应当主要是投资主导的，而非原始权益人的融资方式。公募 REITs 的管理人是现有的独立资管机构，而非原始权益人的关联方；管理人决定 REITs 扩募和购入新项目的权责也体现了这一点。

公募 REITs 监管和治理的逻辑类似于传统公募基金，但因二者投资资产的差异也有所不同：传统公募基金基于其声明的投资策略购入标准化的证券，所购入的投资资产既符合投资者认可的投资策略，又实现了分散投资和风险管理，且无须对投资资产进行经营管理；公募 REITs 则通过资产支持证券投资于不动产，相比标准化证券而言，公募 REITs 的投资资产数量较少，异质化程度高，买入决策影响显著，且投资资产的价值实现有赖管理人的持续经营管理。目前的试点制度中，重大决策的表决比例要求难以真正实现保护公众投资者的目的，因为公众投资者持有表决权比例较低，而管理人对投资资产的经营管理行为也缺乏代表投资者利益的持有人大会日常机构进行监督。

公募 REITs 管理机构的职责有待进一步明确。一方面，契约型基金管理人的职责内涵与公司董事会并不完全相同；在公募 REITs 经营的过程中引入部分上市公司监管要求，将使管理人的权责超出预期，但在试点阶段也可以由基金合同细化约定，以探索适当的治理模式。另一方面，公募基金管理人和资产支持专项计划管理人之间的权责结构尚不完全清晰：如果要求二者处于同一实际控制关系是为了加强沟通，提高管理效率，也许更为恰当的方法是直接规定以基金管理人决策为主。通过实际控制关系来促进管理机构之间的沟通和协作，并非一种有效率的制度设计。

公募 REITs 原始权益人的角色同样有待进一步明确。取决于原始权益人对物业的控制权、回购权和分享收益的能力，资产证券化过程可能会受到原始权益人的深刻影响，从而损害其他各方的利益。试点制度中，原始权益人的角色虽然模糊，但已然显示了其重要性。深圳证券交易所和上海证券交易所最新发布的公募 REITs 新购入基础设施项目业务指引并未对公募 REITs 购入新的底层资产设置太多实质性障碍，这也再次体现了公募 REITs 的投资性质，但该业务指引要求公募 REITs 的基金管理人和“持有份额不低于 20%的第一大基础设施基金持有人”必须符合相应的行为标准，不得有未履行公开承诺的情形，也不得存在损害基金和投资者利益的违法行为。[①] 由于前述战略配售机制的存在，公募 REITs 的原始权益人需在 5 年的锁定期内持有不低于 20% 的份额，因此“持有份额不低于 20% 的第一大基础设施基金持有人”在通常情况下就是公募 REITs 的原始权益人。与此同时，对遵守公开承诺和不得损害投资者利益的要求使原始权益人的监管内涵近似于上市公司的控股股东、实际控制人。[②] 但上市公司与其实际控制人是一一对应的关系，而在允许公募 REITs 购入新底层项目的情况下，将出现同一个公募 REITs 持有并管理多个底层项目、因而存在多个原始权益人的情形。原始权益人对公募 REITs 是否具有类似于上市公司实际控制人的影响力，监管事前介入的正当性何在，关键需明确原始权益人在 REITs 经营管理中的地位，以及其作为战略投资者的含义，然后才可以在相应制度中进一步确立原始权益人的主体责任。

公募 REITs 兼具金融和实业双重属性而其经营模式介乎上市公司和公募基金之间。是兼具两者之利，还是进退失据，还有待制度的进一步完善。在探索的过程中，应从引导投资的原则出发，厘清公募 REITs 的治理逻辑，完善治理和责任机制，保护投资者正当权益，发挥社会资本积极作用，促进不动产建设领域的有序、繁荣发展。

---

① 参见《上海证券交易所公开募集基础设施证券投资基金（REITs）规则适用指引第 3 号——新购入基础设施项目（试行）》第 7 条；《深圳证券交易所公开募集基础设施证券投资基金业务指引第 3 号——新购入基础设施项目（试行）》第 7 条。

② 在现行制度中，多见要求控股股东、实际控制人履行其向投资者作出的公开承诺，且不得存在损害公司利益、投资者合法权益的要求，并以此作为允许上市公司发行注册股份的前提条件。例如《科创板上市公司证券发行注册管理办法（试行）》第 10 条、《创业板上市公司证券发行注册管理办法（试行）》第 10 条、《优先股试点管理办法（2021 修正）》第 31 条。

数字平台反垄断领域“猎杀式收购”理论的应用

——以 Visa 收购 Plaid 案为视角

黄 震[*] 李芝欣[**]

一、问题的提出

2020 年 1 月 13 日，美国信用卡巨头 Visa 宣布其将斥资 53 亿美元收购金融科技公司 Plaid。被收购的这家公司 Plaid 的主要业务模式为通过开发 API 接口，协助广大消费者将自己的银行账户直接连接至各种金融服务，以此提高金融服务的效率，同时优化消费者进行金融投资的体验。事实上，在一般情况下，由于 API 接口不对外开放，美国众多的银行客户端不允许其他程序的访问，个人投资者若想获取金融服务或进行金融投资，必须将其银行账户中的存款预先转入提供金融服务的机构，使得整个程序既显烦琐又效率低下。而 Plaid 的主营业务则搭建了一座消费者、银行、金融服务机构之间的桥梁，使这一问题迎刃而解，其面世使美国的个人投资者在保障个人财务、隐私信息安全的情况下，无须预先办理转账、存取资金等业务就可以直接获取金融服务、进行金融投资。这使其用户量在问世后短时间内迅速增长，数以百计的银行加入了 Plaid，超过 4000 家公司使用 Plaid 作为支持其业务发展的基础设施，超过四分之一的美国个人投资者成为 Plaid 的用户，且上述数字均呈不断攀升态势。

Visa 收购 Plaid 的决定引起了业界的极大关注和讨论，并被普遍认为是一笔对于 Visa 而言收益颇丰的交易。然而，这一收购事项受到了来自美国司法部的

* 中央财经大学法学院教授、金融法研究所所长。

** 中央财经大学法学院 2020 级硕士研究生。

强大阻力。2020 年 11 月，美国司法部正式就 Visa 收购 Plaid 案发起了反垄断调查。美国司法部认为，Visa 作为在线借记服务的垄断者，其在在线支付业务方面的营业额已然极为可观，而 Plaid 则正在开发一种更低成本的在线借记支付方式，若这项收购最终完成，将进一步强化 Visa 在互联网借记服务领域的垄断地位，增加其他支付领域创新者的进入壁垒，也令广大消费者无法获取在线借记服务的更低价格与更好服务。2021 年 1 月，面对美国司法部的反垄断调查，Visa 宣布终止对于 Plaid 的收购事宜，本案也就此落幕。

尽管该案已然因为 Visa 的放弃收购而宣告中止，对于在该案件中 Visa 所可能涉及的“猎杀式收购”（killer acquisition）却引起学界了广泛讨论。事实上，尽管对于“猎杀式收购”不乏学术研究，但是将其应用于平台反垄断实践中作为审查的理由却极为少见。由于该案已随着 Visa 的中止收购而落幕，其是否成立“猎杀式收购”，限制“猎杀式收购”是否应被视为反垄断的举措均尚未得出最终定论。因此，笔者将通过结合“猎杀式收购”的特征对于案件进行分析，以期为上述问题的答案提供可能的思路。

二、“猎杀式收购”的理论概述

“猎杀式收购”的基本模型表现为一家居于市场支配地位的公司，出于稳固其市场支配地位的目的，试图通过取得另一家具有创新技术的初创公司的控制权，终止该技术发展，减少该初创公司对于其市场地位的威胁，或者减轻对其盈利状况的威胁。“猎杀式收购”主要存在两种类型，一种类型为防御性收购，即占市场支配地位的企业通过收购避免初创企业进入其占主导地位的市场领域，另一种为类型进攻性收购，即通过收购，将其主导地位拓展到其他市场。因此，该战略被认为是一种通过抑制潜在创新力量来巩固支配地位的反竞争举措。①

对“猎杀式收购”最早的实证研究开始于欧美商学院。伦敦商学院、耶鲁商学院的 Cunningham Colleen、Florian Ederer 和 Song Ma 在其于《政治经济学》联合发表的论文《猎杀式收购》中对于生物制药行业进行了分析，该文章指出，为了压制竞争并维护其市场支配地位，众多药企在对于创新公司进行并购之后，会中断该创新公司的研发，目的在于稳固市场地位，消除潜在的竞争对手。该论文通过实证研究最后得出结论：美国的制药行业中，高达 6% 的收购属于“猎杀

---

① 参见韩伟：《欧盟 2019 年数字时代竞争政策报告》，高雅洁译，载《竞争政策研究》2019 年第 4 期。

式收购”。①

区别于其他收购，“猎杀式收购”主要存在如下特征：第一，就收购主客体而言，实施收购的主体通常是在市场中占有支配地位的公司，而被收购的客体而言，其主要为成立时间不长，但具有核心技术的初创企业；第二，就收购的目的而言，“猎杀式收购”区别于一般收购，占市场支配地位的公司实施收购的主要目的并非以效益为首要考虑，而是以稳固市场地位为基点；第三，就并购形式而言，除了通过传统的收购目标公司股份的方式，由于其目的仅为消灭潜在竞争，“猎杀式收购”还可能通过诸如购买技术团队的方式得以实现，尽管从形式上看，其并不能成立并购，亦不会触发并购审查，但其同样实现了“猎杀”的效果；第四，就并购过程而言，在“猎杀式收购”中，收购方通常会采用更为强硬的态度，为了实现收购目的，其甚至会通过开发与目标公司产品功能相类似的竞品使其面临被挤出市场的风险，以此迫使目标公司接受收购要约；第五，就收购结果而言，由于“猎杀式收购”的侧重点在于消灭潜在竞争，而非增强企业自身的实力，为防止创新业务与现有业务发生冲突，收购方大多会在收购之后中断被收购公司的原有创新项目。②

就其直接损害后果而言，主要体现在两个方面：一方面，“猎杀式收购”导致了该收购主体市场主导地位的强化，使其对市场价格和所供应的服务拥有绝对的话语权，进而可能会损害消费者的利益；另一方面，占市场支配地位的企业或通过收购实现了纵向集中，扩大了业务范围，或通过收购消除了潜在的同业竞争者，将对创新的发展和正当的市场竞争产生不利影响。

对于“猎杀式收购”妨害市场竞争的讨论可以追溯到2000年美国司法局对于微软的诉讼。在该起诉书中，美国司法局指出：“当该收购行为针对的是初创的技术公司……我们可以推断该行为于排除竞争之间的因果关系。尽管在前一种情况下存在很大不确定性，因为该初创企业的威胁是潜在的。”③ 潜在竞争威胁论使得市场监管部门对于“猎杀式收购”的判断有了更大的不确定性，因为提前对于经营者集中效应的预计是极其困难的，在这一过程中，需要执法者在对于对方利益进行权衡，结合多种因素进行考量，稍有不慎就有从执法不足滑向执法过当的风险。

---

① See Cunningham, Colleen, Florian Ederer, and Song Ma. Killer Acquisitions, Political Economy Journal 129, no. 3(2018).

② 参见陈永伟：《扼杀式并购：争议和对策》，载《东北财经大学学报》2022年第1期。

③ United States v. Microsoft Corp., 253 F. 3d 34, 79(D. C. Cir. 2001).

三、“猎杀式收购”在 Visa 收购 Plaid 案中的表现

由于 Visa 对于 Plaid 的收购已宣告终止，其是否真正触及“猎杀式收购”也未可知，但是根据美国司法局的诉讼，笔者认为，可以从以下三个维度对该收购所具有的“猎杀式收购”的特征进行分析：Visa 的市场地位及收购动机、Plaid 对于 Visa 所构成的竞争威胁、以及竞争对手收购的可能影响。

（一）Visa 的市场地位分析

美国司法部指出，Visa 在通过借记卡进行网上购物的市场中处于非常主导的地位：“Visa 实际上控制了美国在线借记卡支付市场的 70%（2019 年这一领域的营业额估计为 20 亿美元）。它的首要竞争对手万事达（Mastercard）的市场份额只有它的三分之一（25%），考虑其业务模式和长期合同的签订，这个比例已经高到没有增长的空间。”① 显而易见，Visa 在该市场的主导地位是无可争辩的。在这一支配地位下，尽管其利益相关者对其过高的服务费颇有微词，但这并未能削弱其市场份额。

在其现有市场份额之下，多重因素的作用使 Visa 的市场支配地位进一步稳固：首先，Visa 所处的数字平台领域是一个双边市场，其具有明显的网络外部性与用户黏性，业务的多方合作性抬高了市场进入门槛，进而对其市场地位也起到了保护作用。其次，由于这是一个需要开展多方合作的市场，Visa 还通过与银行签订长期合同来控制自己的竞争地位。在起诉书中，美国司法部提到“它与美国许多最大的金融机构签订了长期合同，从而巩固了其垄断地位。这些合同限制了这些金融机构，使其无法从万事达卡发行借记卡”。最后，Visa 还通过其他的积极战略巩固其主导地位，美国司法局依据 2010 年的《杜尔宾修正案》，要求 Visa 允许商家选择基于 PIN 的支付机制，允许商家以更低的成本使用如 Accel、Star 和 Pluse 竞争对手的网络，但是 Visa 公司却通过开发标记化系统对这一要求进行规避。除此之外，Visa 还通过与个别运营商签订合同的方式，对于替代方法的研发进行限制。例如，在 2016 年，PayPal 希望建立一个清算机制（ACH），这一机制也正是 Plaid 之后所研发的主营业务方向。然而，在感受到威胁后，Visa 诱使

① The FINAL Visa Plaid Complaint submitted by United States Department of Justice, Antitrust Division, at https://arizent.brightspotcdn.com/f3/a6/1d92315441dc8f40af64a9be9bec/visa-plaid-n.D.Cal._3_20-cv-07810_1_0.pdf, last visit ed on Jan 12, 2022.

PayPal 停止推广其他支付方式，转而推广 Visa 借记卡，以换取巨大的经济利益。

在其现有市场份额、行业优势及其积极稳固市场地位的各项举措共同作用之下，毫无疑问，Visa 在在线借记卡交易市场中处于支配地位，且日趋稳固。

（二）Plaid 对于 Visa 市场地位的威胁

作为一家金融科技公司，Plaid 于 2012 年在美国旧金山成立。2015 年其产品 Auth 首次公开上线，这一产品可以让普通用户更加便捷安全地将自己的银行账户与其想使用的金融 App 相连接，借助该 API 接口，金融公司也可以更加全面地了解用户的账户情况，帮助用户进行费用管理，提供更加优质的金融服务。同时，Plaid 的创新技术也为金融科技应用研发提供了动力，使得金融科技公司在获得消费者许可的情况下，接入消费者的各种金融账户，汇总消费数据，并验证其他个人金融信息。在目前，Plaid 已经与 11000 家美国金融机构和 2 亿多个美国消费者银行账户建立了联系，这些已建立的联系使 Plaid 能够克服其他同业公司所面临的市场进入障碍。

美国司法部在起诉书中指出，Plaid 可以获取超过 11000 家美国金融机构的重要金融数据，已成为美国银行机构网络中的重要一员，将成为 Visa 在线借记卡服务的替代品，对于 Visa 的垄断地位构成了威胁。正如美国司法部所言，Plaid 有潜力成为在线借记卡支付市场的中心，与 Visa 和万事达竞争，其在技术层面具有颠覆性的优势，同时更加经济，因而将对于市场中的其他参与者更具吸引力。

虽然现在 Plaid 的现有技术并不直接与 Visa 形成竞争关系，但 Plaid 正计划利用这项技术，进一步推进其与金融机构和金融消费者的交易。Plaid 的 pay-by-bank 的在线借记卡服务将与 Visa 的在线借记卡服务展开竞争。Plaid 研发的系统能够使 Plaid 和其他金融科技公司进行无缝的 pay-by-bank 借记卡交易，通过提供交易欺诈风险评估服务、银行转账服务、直接连接消费者的端口使得消费者很容易从 Visa 的在线借记卡服务转向 Plaid 提供的 pay-by-bank 业务。由此，其与 Visa 在不久之后的竞争关系是可以预见的。

当然，就目前的经营情况而言，Visa 和 Plaid 的规模悬殊。Visa 在 2019 年的销售额为 230 亿美元，而 Plaid 在 2019 年的营业额仅为 1 亿美元。不过，尽管 Plaid 规模较小，其创新技术已融入银行生态系统中，技术的助力使其具有可预计的良好发展前景。同时，Plaid 已经在美国银行业市场中占据了不可或缺的地位，它的技术存在于金融科技开发的近 2600 个应用程序中，与 2 亿个账户相互连接，无论对于消费者还是金融机构而言，都是至关重要的一环。因此，正如美国司法局所述，Plaid 在一个可能与 Visa 竞争的市场中逐渐占据了关键地位，并且在预防交易欺诈等方面比 Visa 更具优势，而这在线支付经济中至关重要。

（三）Visa 对 Plaid 的收购对于市场竞争的损害

就收购目的而言，Visa 的首席执行官曾明确表明“很明显，收购 Plaid 将是保护我们在美国的借记卡业务的保险政策”。Visa 的一名高管也曾在内部文件中提到“此次收购在一定程度上是防御性的……管理这些支付形式的演变，可以保护我们通过借记卡业务实现的共同商业成果”。以上言论验证了美国司法部对于该收购性质的认定，即由于 Plaid 能够连接不同的利益相关体，其在金融科技市场中的地位对 Visa 构成了重大威胁，因而该收购目的在于消除其潜在竞争对手，或防止其他竞争者抢先收购。

因此，美国司法部根据谢尔曼法第 2 条和克莱顿法第 7 条对 Visa 公司的该项收购提起了诉讼。谢尔曼法第 2 条认定了垄断行为的有罪性，克莱顿法第 7 条明确禁止任何公司通过收购严重削弱竞争或形成垄断。美国司法部认为，Visa 对于 Plaid 的该项收购，将严重有损竞争。美国司法部所强调的竞争损害理论包括三个方面：导致过高的市场价、破坏创新和提高市场进入壁垒。

首先，该收购很可能会导致过高的市场价格。阻止具有颠覆性且成本较低的技术的竞争对手进入市场，会对价格产生重大影响，使得价格保持在高位。这一问题涉及垄断租金（monopoly rents）的概念，对于垄断企业而言，由于处于优势地位，他们可以获得机会成本和技术创新之外带来的收益，由于这种收益不需要其付出额外的成本，而是凭借垄断地位而获得的，因此被称为垄断租金。Plaid 研发的技术本可以为 Visa 和万事达的市场提供一个成本更低的交易方案，进而对市场价格产生影响，然而，如果收购顺利完成，Visa 通过该收购将技术私有化，Plaid 的技术对于拉低市场价格的利好也必将不复存在。因此，“猎杀式收购”在保持市场支配地位者“垄断租金”收益中显得尤为重要。

其次，该收购很可能会起到压制创新的作用。在“猎杀式收购”之下，占市场支配地位的企业在初创型企业进入市场之前就将其压制，阻止其向客户提供创新产品，并阻止其将技术延伸扩张至其他领域。就 Visa 收购 Plaid 案而言，Plaid 已在银行和金融应用程序开发商的连接中发挥了关键作用，实现了两个端口的连接和互补。而美国司法部在起诉书的第 19 页直接提出了该收购旨在压制创新的想法：“事实上，Visa 的首席执行官已经承认，Visa 无意向美国的商家推出 Plaid 之前向消费者提供的直接使用银行借记卡支付的服务。”

最后，该收购可能会提高市场进入壁垒。正如前文所述，借记卡的在线支付市场的特点是高进入壁垒。该市场的进入需要具有技术实力、金融资本以及一定规模的稳定客户。而 Plaid 满足了上述所有条件，其拥有技术实力，且已经成为银行和金融科技公司之间重要的连接点，拥有庞大的客户群，它的发展可能有助于推动该高进入壁垒的市场中的竞争。

（四）Visa 收购 Plaid 案的双重属性：防御性和攻击性

“猎杀式收购”通常存在两种类型——防御性和攻击性，而在 Visa 对于 Plaid 的收购案中，两种属性兼而有之。

就防御性收购而言，其往往以对于自身业务的保护为出发点，因而在收购中获利对于收购者而言显得无足轻重。美国司法委员会的反垄断小组委员会在其 2020 年 10 月的报告中曾提到，在担忧威胁的情况下，企业实施收购的特点是不以效率为出发点——其既不需要利用公司之间的技术互补性，亦未致力于创造经济效益。在这一情况下，美国司法部认为该收购对于收购双方而言都可能意味着破坏。[①] 在 Visa 对于 Plaid 的收购案中 Visa 承认，这笔交易产生的成本协同效应很少，事实上，它存在收益与成本失调的问题。此外，Visa 的首席执行官此前还提到，Visa 没有计划推出 Plaid 之前计划面向消费者的 pay-by-bank 借记卡服务。以上信息均说明了该项收购出自 Visa 对于自身市场地位的防御，而非出自对于效益的考量。

该收购同时也具有进攻属性，即收购者希望通过该项交易，将其主导地位拓展到其他市场。在 Visa 收购 Plaid 案中，由于 Plaid 在多个金融科技领域的涉足，通过该收购，Visa 将切实了解当前金融科技的发展方向，了解哪些金融科技公司更有可能开发出具有竞争力的替代支付方式，进而通过与这些有潜力的竞争对手合作、收购或以其他方式稳固自己的地位，同时拓展自己的商业版图。正如美国司法部在指控中提到：“通过投资，Visa 不仅可以巩固其在市场中的地位，还可以获得信息流，使其能够在非常早期的阶段识别出对其市场地位潜在的威胁因素，从而实现其长期市场地位的保持。收购 Plaid 还将使 Visa 获得 Plaid 的大量客户数据，包括商户和 Visa 竞争对手的实时信息。这也使 Visa 有可能通过在两个市场中建立互补关系来锁定在其他市场领域的重要份额。”

美国司法部所提到的这种双重保护引出了“猎杀式收购”的另一后果，即

① House of Representatives, Judiciary Committee, Investigation of Competition in Digital Markets, October, 2020, p. 394, at https: //judiciary. house. gov/uploadedfiles/competition_in_digital_markets. pdf, last visit ed on Jan 12, 2022.

收购的公司能从该收购带来的纵向整合的优势中获益，而该类收购对被收购公司同业者的创新能力和创新动力却将受到显著影响。一方面，其竞争对手对于占市场支配地位的公司的削弱力量显得更为薄弱；另一方面，他们也更难获得融资，由于获得有利可图的市场准入机会更小，未来被收购的可能性也更低。

四、数字平台领域的“猎杀式收购”的反垄断研究

（一）数字平台领域“猎杀式收购”的识别

对于“猎杀式收购”的研究最早源于生物制药业，由于在生物制药领域，创新的赛道相对明晰，专利和研发进程都具有相关数据记载，对该类收购的研究也较易于开展。当这一概念延伸至数字平台领域，由于经营模式和技术革新都存在较大差异，迄今尚未得出共识性结论。尽管这一概念在当前的数字平台反垄断领域并未得到广泛应用，数字平台公司过去 20 年的收购数量和收购速度，也早已引发了监管部门的警惕和重视。然而，在美国的司法实践中，以“猎杀式收购”为由对收购进行限制，在 Visa 案之前却迟迟未有先例。

在 2020 年，美国司法委员会反垄断小组委员会对于占市场主导地位的数字平台公司的收购对竞争造成的影响曾展开研究。在报告中，反垄断小组对脸书、苹果、亚马逊和谷歌的收购进行了详细的审查说明，其结果显示，自 1998 年以来，谷歌、脸书、亚马逊和苹果进行的 500 次收购中，没有一次因未通过司法审查而中断，只有一次被采取了纠正措施。然而，在他们看来，这些收购中的几起，的确使占主导地位的平台阻碍了新兴竞争对手的发展，并且削弱了竞争。

“猎杀式收购”在数字平台领域难以认定的重要的原因之一在于，对于类似情形，其很可能被认定为另一种收购，即“整合式收购”（consolidating acquisition）。“整合式收购”主要目的在于对于稀缺资源优先购买权的争夺，或能使被收购公司具有更好的发展前景——通过整合式收购，可以将之前需要由外部资源提供的服务直接整合到一家企业，由于有更好的技术、更多的财政资源、更大的规模和更有利的网络效应，可能会使得企业获得更好的发展，使得技术有更好的表现。①

---

① The Autorité de la concurrence's contribution to the debate on competition policy and digital challenges, at https://www.autoritedelaconcurrence.fr/sites/default/files/2020-03/2020.03.02_contribution_adlc_enjeux_numeriques_vf_en_0.pdf, last visit ed on Jan 12, 2022.

"猎杀式收购"与"整合式收购"的确具有高度的相似性，然而其最大的区别就在于收购的目的。在"整合式收购"中，该收购带来的效益必然成为收购主体的首要考量因素，然而在"猎杀式收购"中，出于稳固自身市场地位的自我防御才是该交易的重中之重，因此，该收购行为的反竞争性显得尤为突出。而对于收购目的的认定，可以先从收购者的相关言论入手。在 Visa 收购 Plaid 案中，美国司法部曾指出，Visa 的首席执行官将此次对 Plaid 的高价收购解释为"战略而非财务"举措，"因为我们在美国的借记卡业务至关重要，我们必须尽一切努力保护这项业务"。

除了通过收购者的言论和其出具的相关文件对收购目的进行分析，收购的报价与被收购公司的营业额的差额也可作为印证"猎杀式收购"的一个重要考量要素。当收购的价格高于被收购对象可能创造的合理利润时，对于该收购的"猎杀性"应当成为合理怀疑，因此在这一情况下，收购方应当举证说明该收购在阻碍竞争之外的作用。在 Visa 对于 Plaid 的收购案中，其提供了大约 53 亿美元的报价，这是超过 Plaid 营业额的 50 倍的价格。这显然不是一个经济的报价，这也印证了 Visa 的首席执行官对于该收购并不是出于财务方面的考虑的言论。

（二）数字平台领域"猎杀式收购"的控制举措

欧盟委员会曾在其 2019 年发布的《数字时代竞争政策报告》中提到，"猎杀式收购"的风险要么无须控制，因为它们会低于阈值，要么会在不久触发进而引发系统性风险。事实上，这一问题亦引发了各个国家和地区监管部门的重视。

美国司法委员会在 2020 年 10 月发布的报告提出，对于收购的事前控制和审查程序的不足是导致数字市场缺乏竞争的原因之一，因此需要实施事后补救措施以全面恢复因这些收购而受到损害的市场竞争。该报告还提出了对潜在竞争对手、新生竞争对手和初创企业的具体保护。2021 年 7 月，美国总统拜登签署了一项行政令以促进美国经济各领域的竞争。该行政命令包括指示司法部和联邦贸易委员会更严格审视涉及科技巨头的并购案，尤其是旨在消灭竞争威胁的"猎杀式收购"。

针对竞争削弱所导致的局面，欧盟委员会于 2020 年 6 月发布了一份初期影响评估文件向公众征询意见，该文件旨在通过实施结构性补救措施或加强监管以恢复竞争环境。该文件的内容主要包括三个方面：首先，在充分利用《欧洲联盟运作条约》第 101 条和第 102 条的情况下，继续大力执行现有竞争规则，包括在适当时适用临时措施和恢复性补救措施；其次，对数字平台进行事前监管，包括对充当"看门人"角色的人员的附加要求；最后，发展新型竞争工具，用于解决跨市场的结构性竞争问题，而这些结构性竞争问题不能根据当前竞争规则以最有效的方式解决。

作为全球三大反垄断辖区之一，中国于 2020 年 11 月 10 日发布了《关于平台经济领域的反垄断指南（征求意见稿）》，该文件在第 19 条中明确提出，存在“参与集中的一方经营者为初创企业、新兴平台”“相关市场集中度较高，参与竞争者数量较少”“具有或者可能具有排除、限制竞争效果的其他情形”等各种情况，即便未达到国务院申报标准，反垄断执法机构依旧可以主动调查。该条款事实上主要针对的就是“猎杀式收购”的情形，其初衷就是更好地保持市场的良性竞争环境，更好地促进创新发展。

综合以上各项文件和举措，可以得见各国对于严控“猎杀式收购”、维护竞争环境的重视程度。就“猎杀式收购”的具体控制而言，笔者认为可以从以下几个方面进行考虑。

首先，对于“猎杀式收购”的认定，应当建立合理推定的原则。对于经营者集中的审查应对竞争效果具体事实进行调查，而不仅以集中份额为标准。另外，并非所有对于初创企业的收购都是“猎杀式收购”，虽然新生的竞争对手往往会对根深蒂固的现有企业构成独特的强有力的威胁，但考虑到快速技术变革的环境，这些威胁是否会实际发生还具有不确定性。因此，执法者可能会要求强有力的证据以证明若无该收购的发生，该初创企业会成长为成熟的竞争对手，对市场产生重大影响。

其次，采取必要措施弥补事前审查的不足。一方面，降低数字平台领域经营者集中的申报门槛，强化对于垄断行为的打击力度；另一方面，由于实施收购的主体在信息获取方面比司法部门具有显著优势，司法部门无法在事前迅速评估未来对竞争的损害，因此延长审批期限，推迟批准收购可以作为弥补信息的不足的一个选择，尽管以牺牲效率为代价，但是该审查交易的延迟的集体成本可以与减少错误的优势相平衡。同时，除了加强事前的信息收集，实施适当的事后补救措施以全面恢复因“猎杀式收购”而受到损害的市场竞争也是非常必要的。

最后，在识别“猎杀式收购”时，针对不同的收购案件，不论相关的营业额和市场份额数据如何，还需要结合实际情况进行具体分析，对于个案的影响进行评估分析。在执法司法过程中，监管部门亦应当把握好控制尺度，因为对于“猎杀式收购”的过度警惕，一方面可能会阻止有利于创新技术发展和消费者福利的收购，另一方面也可能导致公司采取替代性的战略，例如通过签订限制性竞争条款的长期合同或纵向协议，对于司法审查进行规避。

五、结语

Visa 对 Plaid 的收购案引发了对于数字平台市场中的“猎杀式收购”的识别和控制的讨论，如果美国司法部提出的限制竞争的指控得到确认，那么此案无疑将为数字平台经济领域的“猎杀式收购”提供一个典例。然而，由于该案早已终止，该案是否真正触及“猎杀式收购”，在针对数字平台市场的反垄断中，是否应当对于“猎杀式收购”进行严格控制，这一系列问题不得而知。在当前，目前仍未有充足法律依据说明“猎杀式收购”对于数字市场的伤害，但是经过此案的分析推演，对于“猎杀式收购”的控制仍旧可能从理论转向实践落地。

在该收购案中，我们不难发现，在数字平台市场中，占主导地位的经营者可以使用收购这一武器来保护他们的地位，从而防止其受到的颠覆风险。同时，他们也可能通过收购实现其进攻目的，将其主导地位拓展到更广大的市场。就“猎杀式收购”的潜在损害而言，首先，实施收购的主体对拥有重大创新技术的初创公司进行收购，将使该创新技术难以流入市场，不利于技术的深入研发和更新迭代；其次，收购就像一份具有绝对排他性的长期合同，排他性可能会使竞争对手的市场资源枯竭，成本增加，通过服务费、不平衡的合同条款的复合作用，最终将使得占市场支配地位的收购者的垄断租金提取能力大幅增加；最后，该类收购还将对竞争造成损害，其不仅可能进一步抬高市场的准入门槛，由于并购的资源整合，可能会使得并购后的公司获取有关其竞争对手上游或下游活动的商业敏感信息。这种信息优势可能会扭曲竞争，损害公平的竞争环境。事实上，正如 Hemphill、C. Scott 和 Tim Wu 在其文章中所述：“拥有新技术的新公司可以挑战甚至取代现有公司，一个潜在的创新企业可能是在一个固化的市场中引入竞争的唯一方式。”①

在当前，对于数字平台领域的“猎杀式收购”，各国已通过制定相关文件着手进行控制。而我国在平台经济高度繁荣，金融科技迅速发展的背景之下，一方面既存在以百度、阿里巴巴、腾讯为代表的大型数字平台企业，另一方面又拥有数以万计的初创技术企业。为鼓励数字平台领域的创新，创造良好的竞争环境，维护稳定的市场秩序，反垄断审查显得尤为重要。对于 Visa 收购 Plaid 案进行深入分析和审视，无疑可以在具体案件中加强对于数字平台领域“猎杀式收购”的理解，对于我国的反垄断领域执法工作的开展具有重要的启示意义。

---

① Hemphill, C. Scott and Wu, Tim, Nascent Competitors, University of Pennsylvania Law Review, Forthcoming, NYU Law and Economics Research Paper No. 20-50, Columbia Law and Economics Working Paper No. 645, 2020.

民法典语境下保理合同与基础合同的效力关系

单素华[*]　孙　倩[**]　王　倩[***]

一、问题的提出

保理合同是民法典全新设立的有名合同，这是我国第一次从法律层面肯定保理合同的法律地位。债权转让是保理合同的必备要素，由此，在保理合同法律关系中，存在着三方主体，即保理人、应收账款债权人和应收账款债务人，以及两层法律关系，即保理人与应收账款债权人之间的保理合同法律关系和应收账款债权人与债务人之间形成的基础合同关系。

保理合同产生的基础是应收账款债权人与债务人因买卖货物、提供服务形成的应收账款债权，保理人通过受让债权的方式，取得上述应收账款债权的相关权益。因此，在保理合同法律关系中，基础合同的地位尤为重要，往往也直接影响着保理合同的效力。在处理基础合同与保理合同之间的关系时，司法实践中常见的问题包括：第一，债权人与债务人虚构应收账款是否影响保理合同效力。司法实践中，有相当数量的债务人抗辩认为应收账款不存在或是在保理合同签订前已履行完毕，在债权人虚构或是与债务人共同虚构应收账款的情况下，保理人有无审查义务以及享有何种权利成为双方争议的焦点。第二，以将有的应收账款做保理的情况下，是否要对该类应收账款范围作必要的限定，适格应收账款的界定标准如何确定。尽管此前并无法律禁止以未来应收账款做保理业务，但司法裁判仍倾向对其范围作出合理限定，而以何种司法原则审查该类应收账款的适格性尚无

* 上海市高级人民法院审判委员会委员、金融审判庭庭长，二级高级法官。
** 上海金融法院综合审判一庭审判团队负责人，四级高级法官。
*** 上海金融法院综合审判一庭四级法官助理。

统一标准。第三，基础合同变动对于保理合同效力的影响，如何判断基础交易合同的当事人确有合理的理由，若基础交易合同约定了禁止转让条款，而保理人与债权人又新签订了债权转让协议，此时是否影响保理合同的有效性有待研究。因此，有必要结合保理业务的有关实践，在民法典视域下梳理存在的问题，理顺法律关系，进一步思考民法典未直接回应而司法实践迫切需要解决的问题，促进适法统一。

二、保理关系中虚构应收账款的法律后果

中国服务贸易协会商业保理专业委员会于 2021 年发布的《保理行业风险分析报告（第 4 期）》载明，虚假贸易在特殊风险项中占比达 23.3%，成为首当其冲的特殊风险。① 根据民法典第 763 条的规定，债权人与债务人虚构应收账款作为转让标的，与保理人订立保理合同的，应收账款债务人不得以应收账款不存在为由对抗保理人，但是保理人明知虚构的除外。该条规定以不得抗辩为原则，旨在保护保理人的合法权益，并将虚构应收账款的证明责任明确分配至提出抗辩的债务人一方，同时又从利益平衡的角度出发，辅以保理人“明知”的例外，对保理人进行了一定的限制。

（一）虚构应收账款对保理合同效力的影响

对于虚构基础应收账款是否影响保理融资合同的效力，司法实践中并未形成统一的裁判意见。第一种观点认为，应收账款债权人和债务人之间并未发生真实的债权债务关系，所涉保理合同关系因不存在真实、有效的应收账款而失去了成立基础，不构成保理法律关系。如果双方是以保理之名行借贷之实，则应以金融借款法律关系来确定当事人之间的权利义务。② 第二种观点认为，在债权不存在的情形下，保理合同系以合法形式掩盖非法目的，应认定为无效。③ 第三种观点认为，保理人在应收账款真实性方面受欺诈，保理合同应为可撤销合同，保理人享有撤销权。保理合同被撤销之后，自始没有法律约束力，但在撤销之前，保理

---

① 参见《保理行业风险分析报告（第 4 期）》，载商业保理专业委员会网，http://www.cfec.org.cn/ueditor/php/upload/file/20210309/1615280678729032.pdf，2022 年 3 月 1 日访问。

② 参见湖南省长沙市高级人民法院（2016）湘民终 152 号民事判决书、湖南省长沙市高级人民法院（2019）湘 10 民再 46 号民事判决书。

③ 参见江西省高级人民法院（2014）赣民二终字第 32 号民事判决书。

合同不当然无效。①

本文认为，保理人开展保理业务，应当以真实、合法、有效的应收账款转让为前提。保理人并非基础合同的当事人，虽然保理合同与基础交易合同在权利义务上具有一定牵连，但是二者是相互独立的两个合同，其效力没有必然联系，应当作独立评价。保理合同不以债权让与有效为前提，保理合同的要素是让与债权的义务（负担行为）而非债权让与（处分行为），所以基础合同无效不必然导致保理合同的无效。② 原则上，只要保理合同内容不涉及合同无效的强制性规定，就应当认定该合同有效。若涉及应收账款债权人与债务人恶意串通，即以骗取融资为目的的虚构基础贸易合同的，基础合同因双方当事人的通谋虚伪表示而无效，但保理合同并不因此绝对无效。虚伪意思表示发生在基础合同当事人之间，对于保理人的效力，应当视其是否明知该虚伪表示而不同：当保理人明知该当事人之间的虚伪表示时，虚伪表示无效可以对抗保理人；否则，该虚伪意思表示的无效不能对抗善意的保理人，债权人以骗取保理人为目的的虚构基础合同，保理人可以要求解除合同并主张损害赔偿。在有追索权的保理中，保理人还可依据合同中约定的追索权条款，向债权人追索债务人未支付的部分或全部数额。

（二）保理人“明知”的审查标准

根据民法典第763条的规定，债务人需要举证证明保理人“明知”应收账款虚构，才能以应收账款不存在为由对抗保理人。然而，对于保理人并不明知债务人和债权人虚构基础交易关系但存有重大过失的情形，未设置例外规定。民法典的这一规范立场与既往学说和司法实践存在明显不同。在民法典草案的征求意见过程中，有学者指出，将债务人的抗辩事由限定在保理人“明知”虚构这一场合，而不包括“应知”的情形，减轻了保理人尽职调查应收账款真实性的义务，给予保理人如此之强的保护有所失衡。③ 也有观点认为，在保理合同纠纷中，仍然需要对保理人“明知”作出具体判断，不能只要求保理人“善意”即可，还要求其尽到合理的注意义务，该注意义务涉及保理的审查义务与审查标准。④

根据体系解释，关于善意无过失的标准，民法典第171条、第504条在规范

① 参见（2018）最高法民终31号民事判决书、上海金融法院（2019）沪74民初75号民事判决书、上海金融法院（2018）沪74民初1374号民事判决书。

② 参见李宇：《保理合同立法论》，载《法学》2019年第12期。

③ 参见黄和新：《保理合同：混合合同的首个立法样本》，载《清华法学》2020年第3期。

④ 参见程雪雪：《外观主义视角下保理人“明知”的判定标准——兼评〈民法典〉第763条》，载《兰州财经大学学报》2021年第1期。

表见代理和表见代表时，使用的判断标准是相对人是否“知道或应当知道”。在我国此前的司法实践中，虽然各地法院对保理人“过失”的认定标准不一，但也未脱离“知道或应当知道”的范畴来判定保理人是否为善意第三人。例如，最高人民法院在珠海华润银行与江西燃料公司等保理合同纠纷[①]一案中认为，在虚伪表示的当事人与第三人之间，应视该第三人是否知道或应当知道该虚伪意思表示而发生不同的法律后果。“知道或应当知道”是认定保理人是否为善意第三人的判断标准，而非仅以“明知”为限。

本文认为，民法典第763条并不表示保理人对基础交易是否真实存在不负有任何主动审查义务，司法实践中应结合保理人对基础交易的审查予以正确理解和适用。民法典的现有规定，意在使与应收账款债权人通谋造假的债务人承担不利的后果。在案件审理中，保理人没有就应收账款的真实性进行任何尽职调查，是否仍需要给予保理人如此程度的信赖保护，并非没有讨论的空间。[②] 保理人作为专业从事并开展保理业务的机构，应当对应收账款的真实性履行合理的审查义务。在应收账款债务人出具债务确认书或在保理人的债权转让通知书上予以确认的情况下，基于外观主义原则，债务人明知应收账款不存在，不仅未予告知保理人，甚至予以书面确认，导致保理人误以为债权真实存在，从而与应收账款债权人进行保理交易，为保护保理人的信赖，这种单方债务确认对保理人也是有效的，债务人不得以基础债权不存在进行抗辩，除非能够证明保理人对此明知。例如，在中国工商银行乌鲁木齐钢城支行与中铁物资集团新疆有限公司等合同纠纷一案中，法院认为，在债权转让时，债务人对债务进行确认，并对于保理人作出放弃债权关系中抗辩的意思表示，债务人不得再就涉案债权不成立、成立时有瑕疵、无效或可撤销、债权消灭等可以对抗债权人的抗辩事由向保理人提出抗辩。

在应收账款债务人未明确确认债务的情况下，应审查保理人是否就应收账款的真实性履行了合理注意义务。在签订保理合同前，保理人应当结合历史交易情况等审核基础交易合同的签订情况、履行情况、交易背景等，以确认应收账款真实性。[③] 如保理人已尽合理审查义务，即使基础债权不真实，亦不应否定保理合同的性质及效力，但应由保理人对应收账款真实存在的事实承担举证义务。需要注意的是，保理人并非基础交易关系下的当事人，其对基础交易真实性的审查仍

① 参见（2017）最高法民再164号民事判决书。

② 参见最高人民法院民法典贯彻实施工作领导小组主编：《中华人民共和国民法典合同编理解与适用（三）》，人民法院出版社2020年版，第1776页。

③ 参见（2018）最高法民再128号民事判决书、广东省高级人民法院（2017）粤民终字第458号民事裁定书。

受到相应客观条件的限制。基于此，司法实务中，很多法院对于保理人审核不严的情形，并不轻易否定保理人对于债务人的请求权。例如，在江铜保理公司诉沈阳胜华公司等其他合同纠纷一案中，法院认为，即使存在基础合同交易双方因疏忽或故意，使债权外观与实际内容不相符，在申请保理融资时，首先应由应收账款转让人向保理人承担债权瑕疵担保义务，同时由保理人作为善意相对人履行适当审查义务。[①]

三、保理关系中将有应收账款范围的界定

（一）将有应收账款叙做保理的效力

民法典第761条明确肯定了将有应收账款作为保理合同的转让标的。该条规定和当前国际社会普遍确立的规则一致。从比较法立法例及国际公约和惯例的规定来看，国际统一私法协会制定的《国际保理公约》第5条[②]及联合国国际贸易法委员会《国际贸易中的应收账款转让公约》第8条第1款[③]均承认将来债权是可以被让与的，只要合同的相关描述能够使该账款于将来实际发生时可以被确定为让与目标，就能成为保理合同的标的，并且保理合同中关于应收账款转让的约定可以作为受让人取得该债权的直接依据，无须在债权具体发生时，另行进行让与行为。

值得注意的是，上述规定与《商业银行保理业务管理暂行办法》有显著不同。该办法第13条规定，商业银行不得基于未来应收账款而产生的付款请求权等开展保理融资业务。但是，《商业银行保理业务管理暂行办法》是对商业银行

① 参见上海金融法院（2019）沪74民初1447号民事判决书。

② 《国际保理公约》第5条规定："在保理合同双方当事人之间：(1) 保理合同关于转让已经产生或将要产生的应收账款的规定，不应由于该合同没有详细列明这些应收账款的事实而失去其效力，如果在该合同订立时或这些应收账款产生时上述应收账款可以被确定在该合同项下的话。(2) 保理合同中关于转让将来所产生应收账款的规定可以使这些应收账款在其发生时转让给保理商，而不需要任何新的转让行为。"

③ 《国际贸易中的应收账款转让公约》第8条规定："1. 应收款符合下列条件之一的，其转让对于转让人与受让人之间、对于债务人或对于竞合求偿人而言并非无效，而且也不得以这是一项以上应收款、未来应收款或应收款组成部分或其未分割权益的转让为由而否定一个受让人权利的优先权：(1) 应收款被单独列明作为与该转让相关的应收款；(2) 应收款由任何其他方式列明，但条件是在转让时，或就未来应收款而言在原始合同订立时，可被认明是与该转让相关的应收款……"

的经营行为监督管理，而民法典是对保理合同双方合同效力关系的界定，且民法典的效力层级更高、颁布时间更新。因此，现有或将有的应收账款，均可作为保理合同中债权转让的标的。

（二）将有应收账款叙做保理的适格性

目前司法实践中需要解决的问题在于“将有的应收账款”如何界定。有观点认为，被转让的应收账款必须是确定的、已经存在的债权。① 也有观点认为，将有的应收账款包括当事人之间已经形成合同关系但尚未收取的款项，以及尚未形成合同关系但基于某些资产、企业经营状况而有预期可收取的款项。② 本文认为，民法典第761条对于可转让的应收账款的表述为“现有的或者将有的应收账款”，相较于《中国（上海）自由贸易试验区商业保理业务管理暂行办法》等文件中使用的“现在或将来的应收账款”这一表述，民法典更强调应收账款的确定性。债权转让系保理法律关系成立的前提，故债权是否具备可转让性系构成保理法律关系的首要基础。判断将来债权是否具备可转让性的关键在于是否具有合理的期待利益和确定性。并非所有民事主体的期待均受法律保护，期待如缺乏合理性的，则民事主体不能因此种期待而获得相应的期待利益，其行为效力不应被法律所承认。

从体系解释的角度来看，民法典在权利质押、保理合同两处出现了“将有的应收账款”这一概念，应当在内涵、外延上保持一致。《最高人民法院关于适用〈中华人民共和国民法典〉有关担保制度的解释》第61条规定，基础设施和公用事业项目收益权、提供服务或者劳务产生的债权以及其他将有的应收账款可用以出质。由此可见，法律允许可用以出质的“将有的应收账款”应类比“基础设施和公用事业项目收益权”，具备收益相对稳定、可预期的条件，用于保理的“将有的应收账款”也应作同样解释。总而言之，民法典既在一定程度上认可未来应收账款的可转让性，同时也意涵了未来应收账款具备可转让性的前提是具有一定的可期待性和确定性，即需达到“将有”的要求。

具体到案件审理中，在认定是否属于民法典第761条规定的“将有应收账款”时，如何判断可期待性与可确定性，还需结合个案情况根据应收账款的交易对手、交易标的、合同性质、历史交易数据等要素。③ 例如，在成都天天快递公

① 参见湖北省高级人民法院（2017）鄂民终字第3301号民事判决书。

② 参见上海金融法院（2021）沪74民终451号民事判决书。

③ 参见王鑫、顾天翔：《涉上海自贸区商业保理案件的审判实践：理念、现状与路径——基于472件商业保理案件的实证分析》，载《法律适用》2020年第12期。

司与创普商业保理公司等保理合同纠纷一案中，法院认为虽然基础交易合同中没有约定确定的履行金额，但可根据收费标准、过往业务量等要素预判其经济价值，在未来应收账款具备收益相对稳定的情况下，以此作为担保物叙做保理业务并无不当。[①] 若将来债权不具有合理的可预见性和可确定性的，虽不影响当事人之间融资安排的效力，但不构成保理合同法律关系。例如，在卡得万利商业保理有限公司诉福建省佳兴农业有限公司一案中，法院认为当事人仅依据虚假记载的经营情况签订保理合同，但未提及交易对手、交易标的及所生债权性质等债之要素，不足以对将来债权产生合理期待，亦不具备将来债权转让给他人之基础，故不构成保理法律关系，依照双方之间实际权利义务确定为借款法律关系。[②]

四、基础合同具体约定对保理合同的影响

（一）基础合同条款变动对保理人发生效力的要件分析

民法典第 765 条规定，应收账款债务人接到应收账款转让通知后，应收账款债权人与债务人无正当理由协商变更或者终止基础交易合同，对保理人产生不利影响的，对保理人不发生效力。根据该条规定，应收账款转让后，基础交易合同的当事人变更基础交易合同原则上不得对保理人产生不利影响，但如果基础交易合同的当事人确有合理的理由需要变更或终止基础交易合同，即使因此对保理人有不利影响，也不影响保理合同效力。如基础合同的变更无正当理由但对保理人更有利，则可以对保理人产生法律效力。本条规定借鉴了联合国国际贸易法委员会《国际贸易中的应收账款转让公约》第 20 条[③]的规定，在这种规范方法下，一方面，赋予应收账款债权人和债务人修改基础合同的自由，以便应对不断变动的商业形势的变化；另一方面，使保理人免受应收账款债权人和债务人对基础合同的不当变更而影响其合法权利。

现实的保理交易中，时常会出现债权人和债务人在保理合同签订后，自行协议将债务人的付款期限延长或附加条件等情况。债权转让给保理人后，难言保理

---

① 参见上海金融法院（2021）沪 74 民终 451 号民事判决书。

② 参见上海市第一中级人民法院（2015）沪一中民六（商）终字第 640 号民事判决书。

③ 《国际贸易中的应收账款转让公约》第 20 条规定：“在让与通知之前，应收账款转让人与债务人间对原始契约的修改，对受让人是有效的；但是让与通知后的修改，原则上不对受让人生效，除非得到受让人之同意，或受让人尚未将应收账款的对价给付让与人之前，一个通情达理的受让人通常会同意该修改的情况。”

人完全取代债权人在基础合同中当事人的地位，保理人只是受让了基础合同项下的应收账款债权，合同的缔约权并未转让给保理人。[①] 如果绝对不允许变更基础合同，可能基础合同无法继续履行。但是，应收账款债权人与债务人对基础交易合同的变更，也可能直接影响到保理人实现应收账款债权。此时面临的是保理人、债权人、债务人三者之间的利益平衡问题，审判实践中应当从变更时点、有无正当理由以及是否对保理人产生不利影响三个方面判断基础合同变更是否会对保理人产生法律效力。

基础交易合同协商变更或者终止对保理人发生效力的前提是应收账款债务人接到应收账款转让通知，若基础合同变更发生在应收账款转让通知债务人之前，则基础合同变更对保理人具有拘束力。如果在保理合同生效后，保理人取得应收账款，但因转让通知尚未送达债务人，即便债权人与债务人协商变更或者终止基础交易合同导致保理人利益受损，但该行为也发生效力。最高人民法院在中国平煤神马集团物流有限公司与中国平煤神马能源化工集团有限责任公司金融借款合同纠纷一案中即持有此观点。[②] 保理人所取得的应收账款权利内容相应发生变动，债务人可基于基础合同变更事由向保理人抗辩，保理人若因基础合同变更而遭受损失，可以保理合同目的无法实现为由解除保理合同或者请求应收账款债权人承担违约责任。

在应收账款转让通知到达债务人之后，应收账款的转让对债务人发生效力，此时基础合同变更能否拘束保理人要依有无正当理由或是否对保理人产生不利影响来判断。在保理人对基础合同变更知情并明确同意的情况下，自然能够对保理人发生效力。发生不可抗力或者情势变更需要变更或者终止基础交易合同，亦可能会构成正当理由。

基础合同变更对保理人产生不利影响，意味着债权人和债务人通过协商使应收账款债权的价值落空或者减损，例如债权人和债务人协商一致变更基础交易合同而减少金额、延长期限、增加条件，或者协商一致解除基础交易合同而对保理人产生了不利影响。从司法审判的角度看，变更及终止的理由是否正当，需结合变更与终止的前因后果行为背景，结合具体的事实证据予以判断。至于对保理人是否产生了不利影响，则可从回款的时间与金额作出判断。如果回款的时间与金额未发生不利改变，应当认为没有产生不利影响。[③]

---

① 参见李阿侠：《保理合同原理与裁判精要》，人民法院出版社 2020 年版，第 180 页。

② 参见最高人民法院（2018）最高法民再 128 号民事判决书。

③ 参见李志刚：《〈民法典〉保理合同章的三维视角：交易实践、规范要旨与审判实务》，载《法律适用》2020 年第 15 期。

（二）禁止债权转让条款对保理合同效力的影响

在基础合同明确约定应收账款不得转让的情况下，债权人仍向保理人转让的，保理合同是否有效，能否对债务人发生约束力，在实践中存在一定的争议。一种观点认为，当事人在基础合同中明确约定应收账款不得转让的，保理人受让该应收账款的行为无效，不仅对债务人不发生法律效力，在保理人和债权人之间也不发生转让的效力。[①] 另一种观点认为，保理人与债权人签订的债权转让协议虽与基础合同约定的债权不得转让相抵触，但并不当然影响保理合同的效力。保理人明知基础合同约定了债权不得转让，仍与债权人签订债权转让协议的，保理人无权向债务人主张权利。[②]

在民法典出台前，《天津市高级人民法院关于审理保理合同纠纷案件若干问题的审判委员会纪要（二）》第 4 条[③]、《深圳前海合作区人民法院关于审理前海蛇口自贸区内保理合同纠纷案件的裁判指引（试行）》第 17 条[④]均体现出债务人与债权人关于应收账款不得转让的约定能否对抗保理人，取决于保理人是否构成善意的观点。民法典第 545 条第 2 款规定，当事人约定金钱债权不得转让的，不得对抗第三人。由此可以看出，对于金钱债权的转让，不再受当事人约定的限制，也无须考虑第三人是否善意。随着立法明确规定应收账款作为金钱债权不再属于当事人可以约定禁止转让的债权，司法审判中要注意审判思路的转变，债务人将不能以禁止转让约定对抗保理人，债务人仍需向保理人承担清偿责任，但可以在基础合同项下追究债权人的违约责任。

---

① 参见江苏省宜兴市人民法院（2015）宜官商初字第 351 号民事判决书。

② 参见西安市新城区人民法院（2018）陕 0102 民初 1433 号民事判决书。

③ 《天津市高级人民法院关于审理保理合同纠纷案件若干问题的审判委员会纪要（二）》第 4 条规定："债权人与债务人约定债权不得转让的，债权人不得将应收账款全部或者部分转让给保理商，但保理商善意取得应收账款债权的除外。债权人违反基础合同约定转让不得转让的应收账款，如果因此给保理商造成损失，保理商向其主张承担赔偿责任的，应予支持，但保理商在签订保理合同时知道或者应当知道基础合同禁止转让约定的除外。"

④ 《深圳前海合作区人民法院关于审理前海蛇口自贸区内保理合同纠纷案件的裁判指引（试行）》第 17 条规定："债权人与债务人约定债权不得转让的，保理合同又约定债权人将应收账款全部或者部分转让给保理商的，对债务人不产生应收账款转让的效力，但保理商善意取得应收账款债权的除外。"

五、余论：保理合同的体系化路径

保理合同是民法典合同编最显著的立法进展和制度增设，创下了将混合合同规定为有名合同的先例，对于保理相关纠纷的司法裁判具有重要意义。从民法典目前的规定来看，除了上述探讨的基础合同与保理合同的效力关系中存在的问题外，尚存在保理合同规则与债权让与的一般规范未完全契合的问题。

保理合同章关于保理人作出债权让与通知、重复让与顺序的认定等规定，非保理合同所独有的问题，该等规定能否适用于一般债权让与中，有待探讨。例如，资产证券化业务与保理业务均以债权转让为基础，民法典保理合同章中明确了将有的应收账款可以叙做保理业务，也确立了保理业务中的应收账款多重让与规则，而对于资产证券化业务中也存在应收账款的范围认定和应收账款转让登记认定问题，能否类推适用保理合同规则，还未有明确规定。在此情况下，即使资产证券化交易的当事人自发在登记系统中登记，因无法律的明文规定，法院亦难以根据登记顺序确定资产证券化下债权转让的受让人顺序。如此，会产生功能上相似的两类交易模式不能统一适用法律的问题。同样的，若信托公司或资产管理公司等主体签订应收账款转让合同，约定的内容与有追索权保理的结构一致，在法律无明文规定的情况下，是适用债权转让的一般规则，还是可以类推适用保理合同的规则，也会给司法裁判带来法律适用上的困境。如果可以类推适用保理合同相关规定，是否变相拓展了可以从事保理业务的主体，不无疑问。产生上述困惑的症结在于体系上尚未厘清，相较于一般债权转让，保理合同的特质到底体现在何处，民法典保理合同章中的部分规定是否包含了一般债权转让的规则。在民法典时代的司法实践中，保理纠纷裁判规则的解释论构造以及法律适用需要兼顾打通保理合同规则与债权让与的一般规范的契合问题，并有赖司法解释对有关规则进行补正，促进保理合同纠纷的法律适用统一。

金融机构适当性义务的理解与适用

——从投资者保护角度展开

王樱蕙*

金融机构适当性义务准确来说是金融机构的投资者适当性义务，是指金融机构在为作为客户的特定投资者提供购买特定金融产品的建议时应当保证该投资对该客户是适当的。可以说，适当性义务是金融机构在从事金融业务时必须要遵循的一项制度，是金融市场建设的基石，也是投资者保护的起点。① 就我国已有规范而言，从《中国人民银行、中国银行保险监督管理委员会、中国证券监督管理委员会、国家外汇管理局关于规范金融机构资产管理业务的指导意见》（以下简称《资管新规》）到《全国法院民商事审判工作会议纪要》（以下简称《九民纪要》）再到证券法，我国在行政监管、司法适用和立法构建方面，出台了一系列规范，不断重申对金融机构适当性义务的关注与重视。在这一过程中，金融机构适当性义务的逐渐显名体现了金融市场打破刚性兑付的改革决心，意在建立“卖者尽责、买者自负”的资产管理业务，标志着我国金融机构适当性义务制度的发展进入了“去杠杆、调结构、控风险”的资管新时代。② 然而，如何理解金融机构适当性义务及其在司法实践中的适用，学术界和实务界还没有达成共识。本文意在从投资者保护角度重新审视目前备受关注的金融机构适当性义务，通过正当价值分析、理论基础构建和制度内涵界定证成本文所提出的适用思路。

---

* 江苏省高级人民法院民五庭法官助理。

① 参见吴弘、吕志强：《金融机构适当性义务辨析——新〈证券法〉及〈纪要〉视角》，载《上海金融》2020 年第 6 期。

② 参见井漫：《投资者适当性制度构建：国际经验与本选择》，载《西南金融》2020 年第 4 期。

一、金融机构适当性义务的正当价值

从金融机构适当性义务的正当价值可以窥见该制度的设计理念与发展方向，为其具体适用提供价值导向。总体来说，虽然金融市场的制度建构存在不同维度，但投资者保护作为金融机构适当性义务的中心地位不可撼动。

从投资者视角来看，金融机构适当性的价值在于保护投资者。就目前我国金融市场产品交易的特点而言，中小投资者的辐射面广、参与度深，但中小投资者往往对于自身的风险承受能力缺乏准确的判断，加之金融产品的复杂性和金融机构追求利润最大化的投机惯性，投资者权益在金融产品交易过程中极易受到损害，应当赋予其知情权和交易选择权，并受到避免被误导、操纵或者欺诈的保护。因而，适当性义务要求金融机构对产品和客户达到充分了解，在产品推介时注意客户风险承担能力与产品隐含风险的匹配性，并履行贯穿交易全过程的风险提示义务。需要注意的是，金融机构适当性义务并非意在确立投资者至上的绝对地位，而是强调金融产品销售者与投资者之间的利益平衡。也就是说，要求金融机构履行适当性义务一方面是出于保护投资者的根本目标，规范金融机构的交易行为，通过规制金融机构的机会主义行为预防不当的投资风险①；另一方面也是通过对适当性义务内容的明确，限定金融机构的责任边界，防止金融机构陷入责任承担的泥沼。

从投资者保护的价值延伸出去，其效应会辐射至整个金融市场。从金融机构视角来看，金融机构适当性义务范式的构建，特别是责任承担部分，也是倒逼金融机构依法规范推介金融产品的交易行为，促进机构内部的良好治理和资本市场的健康发展。从监管者视角来看，在金融市场产品交易过程中介入监管力量是最有效且最直接的方式，金融机构适当性义务是对事前保护和事后救济措施的强化。基于金融机构与投资者的实质信赖关系，给予监管指引、弥补监管漏洞，可减轻事前保护的不当限制和事后救济的沉重负担，并有效减少系统性风险的发生。

二、金融机构适当性义务的理论基础

金融机构适当性义务滥觞于美国证券投资领域，因而其理论基础的根基也在

① 参见高俊鹏：《投资者适当性义务的责任机制检视——以〈资管新规〉出台以来相关案件实证分析为基点》，载《金融发展研究》2022 年第 8 期。

美国。域外经验的探索旨在为准确界定金融机构适当性义务的制度内涵提供理论支撑，并在制度的发展演变中淘出内容精髓，找到制度内涵的命脉所在。

根据学者研究，美国证监会在司法实践中形成了代理理论、信义义务、招牌理论等内容。[①] 代理理论强调代理人对委托人应有所了解，但不特别强调代理人必须对产品有所认知；信义义务产生的基础是受益人对受托人的信任和依赖，因此受托人应当以为受益人最大利益行事为核心；招牌理论根植于监管实践，从监管金融机构视角进行理论阐释，而未将金融交易双方作为整体探究。[②] 三者的侧重点不同，但逐渐走向统一。因信义义务标准较高，要求金融机构在任何时候都要服务于客户的最佳利益，随着该理论适用范围的逐步扩张，代理理论和招牌理论被信义义务的高标准与宽范围所吸纳，信义义务已成为适当性义务的主要理论基础。因此，经过理论历史发展的淘洗，最终筛选出信义义务理论作为金融机构适当性义务的理论根基，其体现的是对投资者保护的极致强调。

那么，我国应当将金融机构适当性义务纳入何种范畴，理论上存在争议。引进说认为应当将信义义务引入我国，而保持其理论稳定性，彻底消除理论的水土不服问题；[③] 而修正说则认为，有必要将其转化为本土语境，一是因为直接移植的法律成本过高，二是因为我国也有接受金融机构适当性义务的理论土壤。[④] 笔者认为，仅从司法适用的必要性而言，修正说更具可行性。并且，我国在接受和引入金融机构适当性义务时，应当在域外理论的基础上，结合我国的传统理论和现有制度，追求金融机构适当性义务的本土化，建立起符合我国发展情况的理论基础。

修正至何种范畴，也存在争议。一种观点认为应当纳入信赖保护理论，以满足保护弱者的制度要求；[⑤] 另一种观点则认为应在已有的法律框架下，以诚信义务理论为统摄。[⑥] 笔者更赞同以现有的诚信义务理论统筹金融机构适当性义务的

---

① 参见钱玉文、吴炯：《论商业银行适当性义务的性质及适用》，载《湖南社会科学》2019 年第 4 期。

② 参见任自力、刘佳：《论金融机构适当性义务的理论基础与规则完善》，载《中南大学学报（社会科学版）》2021 年第 5 期。

③ 参见杨东、武雨佳：《智能投顾中投资者适当性制度研究》，载《国家监察官学院学报》2019 年第 2 期；邢会强：《金融机构的信义义务与适合性原则》，载《人大法律评论》2016 年第 3 期。

④ 参见任自力：《金融机构适当性义务的规范逻辑》，载《法学论坛》2022 年第 2 期。

⑤ 参见井漫：《投资者适当性制度构建：国际经验与本选择》，载《西南金融》2020 年第 4 期。

⑥ 参见翟艳：《我国投资者适当性义务法制化研究》，载《政治与法律》2015 年第 9 期。

理论，即当投资者对金融机构产生了信赖，金融机构就应当向投资者推荐适合的金融产品。信赖保护理论更具公法色彩，虽然其更易实现保护投资者的目标，但正因如此其丢失了对金融机构利益的衡平，在私法中难以适用。即便是已有的私法适用实践，也多限于对私法自治的限制领域，与金融机构适当性义务的规范情形不符。① 在诚信义务理论范畴内，区分不同角色施加程度不同的当事人义务，金融交易的投机特点决定金融机构必须勤勉尽责，以完成符合其职业特性的诚信要求。在诚信原则的辐射圈内，适当性义务与提示说明义务、信息公开义务、注意义务、忠实义务存在交叉，但“适当性”使得金融机构适当性义务的内容从抽象转化为具象，金融机构须对特定客户作出超出程序意义的诚信行为，回归到保护投资者权益的根本目的上来。从诚信义务理论角度理解，金融机构适当性义务不囿于双方法律关系，而将所有侵犯投资者权益的主体均纳入规范范围，让投资者也参与其中，承担合理的谨慎注意义务。与此同时，通过违反诚信的条件限制、通过买者自负的观念意识防止责任主体的肆意扩张。

三、金融机构适当性义务的制度内涵

在理论层面，金融机构适当性义务有其“卖者尽责、买者自负”的制度内容；在规范层面，还需明确金融机构适当性义务的法律性质，从而判断违反该义务所需承担责任的义务性质，两者共同构成金融机构适当性义务的制度内涵，决定义务的适用情形与责任边界。

（一）制度内容

因关涉金融机构和投资者两方角色，金融机构适当性义务本身就是调和产物，其理念构成为“卖者尽责、买者自负”。而卖者尽责与买者自负本就是一个矛盾统一体，是共组整体、此消彼长的耦合关系。买者自负的逻辑基础是作为私法根基的契约自由，当事人意思自治并自我承担由此带来的后果，是一切民事法律行为的出发点。但金融市场的产品交易作为现代社会新发展的交易方式，在微观意义上，呈现出金融产品复杂性、风险隐蔽性和交易双方地位差异性的特点；在宏观意义上，具有风险传导快、扩散力量强和叠加因素不确定等特征，任何风险都有可能演化为难以控制的系统性金融风险。由于制度设计的充分理性条件与投资者实际有限理性的差距和救济兜底保障与监管实际能力和效果限制的鸿沟，

① 参见朱文新：《合同法总则研究》，中国人民大学出版社2018年版，第58页。

要保证契约的实质自由，除需要在事前通过信息披露义务的监管保证信息对称性和通过责任分担进行事后救济外，亟待寻求第三条投资者保护路径，即在卖者尽责层面构建金融机构的适当性义务。可见，卖者尽责是对买者自负缺漏时的补强，通过卖者尽责约束买者自负的风险负担，而非全盘否定作为基础的买者自负。故而，卖者尽责也存在边界，在以买者自负为主导的市场中，卖方并不必然承担全责，否则将引发逆向选择的道德风险问题。①

《资管新规》第 6 条规定了金融机构的适当性义务包含了解客户义务、了解产品义务、客户与产品匹配义务和风险揭示义务四项内容。这四项义务内容大体上是根据金融机构提供投资建议时的工作环节作出的区分，实际审视四项义务的内容及其内在关联，可以发现义务内容间并非简单的并列关系。具体而言，客户与产品是金融机构提供投资建议所依托的两个重要方面，因此要以充分了解为前提；更为重要的是，金融机构推介时应当注重客户与产品之间的匹配关系，使其之间搭建起相对平衡的“连接板”，不至于过分偏向一方；同时要持续关注“连接板”的移动趋向，即做好后续的风险提示事宜。总之，就金融机构适当性义务的制度内涵而言，了解为前提，匹配为核心，风险揭示为保障，共同串成了金融机构适当性义务语境下投资者保护的完整链条。

（二）制度性质

因现有法律没有明确认定金融机构适当性义务的法律性质，加之已有规范以合同法为依据的性质认定与具有侵权色彩的责任承担不相匹配，金融机构适当性义务的法律性质争议较大，存在多种学说。

一是法定义务说。该种观点认为，金融机构适当性义务承载着保护投资者的目标，定性为法定义务，不受合同主体相对性的限制，不限于当事人信赖利益的赔偿范围，不能因当事人约定而被排除适用。②

二是合同义务说。一种观点认为，虽然金融机构适当性义务具有一定的预约性质，其可与合同履行阶段相结合，而产生合同下的适当性义务。③ 另一种观点认为，可将合同义务作扩大解释，既包含合同履行阶段的义务，也包括缔约阶段

---

① 参见黄辉：《金融机构的投资者适当性义务：实证研究与完善建议》，载《法学评论》2021 年第 2 期。

② 参见李游：《金融机构适当性义务的履行判断和责任承担——基于 834 份裁判文书的分析》，载《政治与法律》2022 年第 11 期。

③ 参见王锐：《金融机构适当性义务司法适用的实证分析》，载《法律适用》2017 年第 20 期。

的义务，从而将金融机构适当性义务定为合同义务性质。

三是先合同义务说。该种观点认为，作为金融机构适当性义务核心内涵的风险匹配义务，主要作用于缔约阶段，因而适当性义务属于先合同义务。①

四是区分说。该种观点认为，应当区分阶段识别金融机构适当性义务的法律性质，在缔约阶段，该项义务应定性为先合同义务；在合同履行阶段，该义务属于合同附随义务。②

笔者认为将金融机构适当性义务定性为法定义务更具有合理性，理由如下：第一，证券法等法律规范已经明确规定的金融机构适当性义务，是在交易双方力量对比悬殊的情况下，基于投资者保护的目标而对私法自治作出的限制，明显不同于合同义务。第二，虽然磋商阶段的先合同义务同样基于诚信义务原则而产生，同样具有限制当事人意思自治的效果，但先合同义务受到合同相对方作为责任主体和赔偿范围以当事人信赖利益为上限的双重限制，且相同程度上施加于当事人双方，而不特别区分当事人双方的地位。相比之下，法定义务说的观点更有利于投资者保护，不仅要求金融机构在缔约磋商阶段履行诚信义务，而且延伸至合同履行全过程，更符合现有的金融机构适当性义务制度框架的设计。第三，区分说为理论体系的完满作出了努力，同时也增加了统一理解的难度，截取、拼接已有的民事制度需要付出更大的法律成本，产生更多的适用复杂性。而法定义务说以民事责任承担和民事赔偿为最终指向，违反法定义务时，金融机构应当承担侵权责任，弥补并惩罚金融机构利用优势地位给投资者利益造成的损害。

四、金融机构适当性义务的适用思路

将投资者保护从金融机构适当性义务的理解中剥离出来，置于中心地位，且把握其中所蕴含的利益平衡方法，有利于树立对金融机构适当性义务的准确判断。具体来说，了解客户义务和了解产品义务侧重于义务履行的深度，涉及多因素的综合考量；客户与产品匹配义务则是强调平衡度的掌握，关涉主客观判断的调和；而风险揭示义务则要求金融机构做好风险感知与告知义务履行的广度，有关信息披露与告知说明义务的履行。

---

① 参见鲍彩慧：《衍生品交易中买者自负向卖者有责的嬗变——以投资者适当性民事责任为视角》，载《上海金融》2017 年第 12 期；吴弘、吕志强：《金融机构适当性义务辨析——新〈证券法〉及〈纪要〉视角》，载《上海金融》2020 年第 6 期。

② 参见蔡晓倩：《适当性义务司法适用分析》，载《南方金融》2021 年第 4 期。

(一) 识别投资者

为“了解客户”，金融机构应综合多方因素识别投资者。法院在裁判过程中有必要对投资者进行类型化分析，并在此基础上实行差异化保护。

在大陆法系国家，制定法主导的立法模式将投资者类型化作为规范起点，同时注重对投资者的教育和市场信息的披露。我国目前存在多种投资者分类，如专业投资者和普通投资者①、合格投资者和不特定社会公众②、个人投资者和机构投资者③等。在金融机构适当性义务的视域内，投资者类型化的最终目的还是实现对投资者权益的有效保护，因而类型化方法应以保护目的为指引，既要根据具体场景实现更为细化的分类，也要依据市场变化作出动态调整。一方面，金融机构应根据实际情况对投资者作出细致分类，可根据投资特点和信息获取的便捷性，在普通投资者与专业投资者之间增加过渡分类，区分信息便捷投资、关联投资等情形，相应降低金融机构履行适当性义务的判断标准，以平衡投资者与金融机构的利益。另一方面，同一投资者在不同经营机构可以被划分到不同的分类。现阶段，由于金融产品设计日趋复杂，很少有国家和地区采取单一的主体性质标准，而会同时考虑投资者主体性质、财产状况和投资能力等因素，再对投资者类型作出判断。

需要特别说明的是，适当性义务履行与否的判断需要结合投资者身份、投资规模、投资经验和年龄等综合判断。尤其不可以将投资者所有资金数额代替投资能力。与此同时，适当性义务的责任轻重与金融产品的普及度也存在关联。一方面，出于惯性思维的限制，违反适当性义务相关的案件多发于银行非保本理财产品，因投资者倾向于将传统银行储蓄存款的保本付息与所有银行产品相联系，容易产生误解。另一方面，投资者已有的投资理财知识难以适应金融产品快速衍生的局面，在此种情形下需要特别了解投资者对特定金融产品的熟悉度与专业性。④

(二) 匹配产品与客户

为判断金融机构是否“适当匹配”，法院应采取实质判断路径，在关注程序

---

① 参见证券法第89条、《证券期货投资者适当性管理办法》第7条。

② 参见《资管新规》(银发〔2018〕106号)第4条。

③ 参见《上海证券交易所科创板股票交易特别规定》(上证发〔2019〕23号)第3条、第4条。

④ 参见黄辉：《金融机构的投资者适当性义务：实证研究与完善建议》，载《法学评论》2021年第2期。

性合规的基础上，增加实质合规的判断。

适当性匹配义务具有“质”的适当性和“量”的适当性两个维度。既应结合投资者的总体性和特定性，考量收益、风险和投资期限，也应从反面禁止频繁交易和不当劝诱，特别对于老年人客户，禁止向 65 岁以上的老年人推销高风险产品、禁止进行不当广告劝诱和利益承诺。[①] 根据所属领域或者群体特征的不同，匹配义务存在三个层次的分类标准。一是法律、行政法规所明确规定的识别标准；二是以一般理性人所推断的一般标准；三是特殊情况需采用特殊标准，如对专业投资者的排除适用，如对老年人和无任何投资经验的普通投资者的加强保护。近年的司法实践显示，法院不再纯粹根据金融机构符合形式要求而作出客观判断，反而更加追求投资者主观视角的个案判断。[②]

然而，在目前投资交易中，金融机构对投资者基本情况的了解多流于形式，如利用格式化的问卷调查手段，且往往将投资者的经济实力这一最易量化的因素作为投资者分类的首要考量因素。实际上，投资者账户中的资产价值是单纯的数量反映，其要转化为投入金融市场的资本还需要经过准确转化和精心经营，其中的相隔历程就需要根据投资者的风险承受能力划定特定投资者的交易底线。金融机构适当性义务的履行应以投资者保护的结果为导向，不可以表面的“程序合规”逃避“实质合规”的监管，[③] 不可以格式化问卷填写代替能力范围内的实质判断，遇到投资者填写内容与实际情况出现明显偏差时，应当提请投资者注意并进行重新确认；并做好产品和客户两方面的持续追踪，及时进行信息更新和告知，必要时重新进行风险测评。总之，业务匹配作为金融机构适当性义务的核心，给金融机构提出了更为严格的要求。一方面，要对投资者风险承受能力作出审查判断，因涉及以客观可视化方式呈现投资者投资时的主观心理，需要结合社会学、心理学、行为学、经济学等知识综合予以判定；另一方面，要对金融产品风险等级和金融产品组合理论等专业知识有所掌握。[④]

---

① 参见黄辉：《金融机构的投资者适当性义务：实证研究与完善建议》，载《法学评论》2021 年第 2 期。

② 参见中国建设银行股份有限公司北京恩济支行与王某财产损害赔偿纠纷案，北京市第一中级人民法院（2018）京民终 8761 号民事判决书。

③ 参见郑彧：《新证券法下“投资者适当性义务”的实现路径——从“规则监管”到“原则监管”的转变》，载《证券市场导报》2021 年第 3 期。

④ 参见李海龙：《资本市场投资者适当性规则的美国经验与中国探索》，载《环球法律评论》2021 年第 3 期。

（三）责任认定

谁来承担责任、承担多少责任，是金融机构适当性义务司法适用的重点。在责任认定上，法院应兼顾金融机构的利益平衡，在扩大责任主体和赔偿范围的基础上，注重关联性和过错判断。

关于责任主体的范围划定，存在代销机构和金融产品发行人两种特殊情况，法院在判断时应当注重判断金融交易主体的实质违法行为。在代销模式下，当代销机构向投资者提出不适当的专业建议，导致投资者作出错误投资决定时，法院可适用民法典第 167 条有关代理的规定，认定代销机构承担赔偿责任。而金融产品发行人在“应当知道”代销机构前述违法行为的情形下，应当与代销机构共同承担连带责任。或者金融产品发行人直接参与了销售环节，进行了不当推介，其也应成为适格责任主体。除此之外，不可宽泛扩大金融机构适当性义务的责任主体范围。

关于举证责任的分配，金融机构适当性义务的举证责任符合一般规则，不属于举证责任倒置的特殊情形。金融机构适当性义务的违反情形主要表现有：未充分了解客户或者产品，如收集、询问投资者基本信息未满足基本要求，未对投资者进行适当分类，对产品分类明显不合理；未合理匹配，如推介、销售的金融产品明显超出投资者的风险承受能力；未及时进行风险揭示，如对金融产品资金投向、杠杆水平、风险承受等信息未及时、完整告知投资者。从待证事实的角度，上述情形均属于消极事实，投资者无法举证证明不存在的事实，由作为行为者的金融机构承担积极作为的举证责任符合证据规则。与此同时，若金融机构认为投资者存在过错或者妨害情形，应当由主张该事实的金融机构承担举证责任，符合“谁主张、谁举证”的一般规则。

关于免责事由的列举，即便旨在保护投资者，金融机构适当性义务的责任承担也应当在卖者尽责和买者自负中寻得平衡，法院可以通过义务履行标准的掌握调整个案中的利益平衡，引导当事人及社会公众培育理性人精神与买者自负意识。《九民纪要》确立了投资者故意提供虚假信息和自主决定购买两种免责类型。[①] 实践中，投资者的过错情形还包括两种，一是投资者拒绝向金融机构提供相关信息；二是投资者在没有基本了解特定金融产品的前提下，轻信金融机构的建议进行投资。笔者认为，这两种情形并不构成金融机构违反适当性义务的免责

① 参见最高人民法院民事审判第二庭编著：《〈全国法院民商事审判工作会议纪要〉理解与适用》，人民法院出版社 2019 年版，第 431~433 页。

理由。针对拒绝提供信息的情况，由于证券法第 88 条已明确规定证券公司不得向拒绝提供信息的投资者提供服务，金融机构违法提供服务后，不可免责。针对轻信建议的情况，由于适当性义务本就是施加给金融机构的法定义务，应当从金融机构行为层面作出规制，投资者主观轻信并不能排除金融机构的责任承担。有学者坚定站在投资者保护的一边，基于金融机构适当性义务的法定地位，认为投资者无论是否听取金融机构建议，只要金融机构作出了不适当的推介行为，金融机构违反适当性义务的事实已经存在。[①] 笔者认为这观点似乎走向了投资者保护的极端方向，而忽视了金融机构的利益衡平。即便是法定义务也可存在法定免责事由，特别对于侵权责任来说，区分不同情形认定当事人过错，将影响法定责任的承担。

五、结语

建立投资者保护的中心目标，使金融机构适当性义务的理论与适用具有了贯穿始终的主线。在理解方面，诚信义务理论作为我国金融机构适当性义务的理论基础，有利于赋予适当性义务法定的保护强度，且受到“适当性”的特定限制；“卖者尽责、买者自负”作为金融机构适当性义务的基本理念，以了解产品与客户为前提，以风险披露与告知为保障，突出客户与产品的匹配义务。在适用方面，责任主体的范围划定应当谨慎，在特定情形下应将代销机构和金融产品发行人纳入责任主体范围；举证责任分配应符合证据法一般规则，由金融机构对自己已经履行适当性义务承担举证责任；仅在投资者故意提供虚假信息和自主决定购买两种情形下，金融机构的赔偿责任得以豁免。法院应结合利益平衡的判断方法，运用多因素考量、类型化分析和主客观相结合的判断思路，促进金融机构适当性义务在具体适用中落地生根。

---

① 参见冯辉：《实质法治理念下金融机构适当性义务的法律构造》，载《法学》2022 年第 7 期。

操纵市场行政处罚案件中违法所得认定的困境与规范

——以认定存在矛盾的处罚案件为视角

杨晓琼*

一、引言

2021年初，全国人大常委会第二十五次会议通过了新修订的行政处罚法，修改后的行政处罚法于2021年7月15日起施行。本次修改仍然保留了将没收违法所得作为行政处罚的一种类型，同时新法中对违法所得进行了定义，确定违法所得是指实施违法行为所取得的款项。但该定义并未对违法所得是否需要扣除成本这一问题起到定分止争的作用。同时，新法还规定了法律、行政法规、部门规章对违法所得的计算另有规定的，从其规定。故对于证券违法行政处罚案件，证券监管部门是有权通过以上方式作出特别规定的。违法所得的认定，是判令证券违法行为是否构成犯罪以及应当判处怎样刑罚的重要依据和基础，也是衡量当事人的违法行为对证券市场危害程度的重要证据。① 同时，证券行政处罚中，罚款与没收违法所得一般伴随出现，故违法所得认定标准的确定具有重要意义。

同时，2019年底，某中级人民法院同时判决撤销两份中国证券监督管理委

* 北京金融法院审判第三庭四级高级法官。

① 参见陈莹、赖朝晖、李心丹：《内幕交易违法所得计算中对期初持股的处理——基于境外的违法案例与统计分析》，载黄红元、徐明主编：《证券法苑》第十三卷，法律出版社2014年版，第264~275页。

员会（以下简称证监会）作出的行政处罚决定。因近年来证监会鲜有败诉，[①] 且明显不同于以往以程序违法为由撤销被诉处罚决定，该两案判决均认定被诉处罚决定认定事实不清，属于行政机关实体败诉的情形。故在业内引发了广泛关注。仔细分析两份判决，均与操纵市场类行政处罚有关，且撤销原因均为违法所得计算标准与另案不同。人民法院最终并未对何为正确的认定标准作出结论，且时至今日，证监会未对两案涉及的违法行为重新作出处罚决定。这也恰恰从另一方面说明该问题的复杂性。

二、矛盾：不同案件存在不同认定标准

前文中提到的两案分别为郁某高诉证监会行政处罚案和谢某峰诉证监会行政处罚案，法院判决撤销被诉行政处罚决定的原因，均为被诉处罚决定中关于违法所得的认定，与其他案件中违法所得的认定存在矛盾。以下具体分析两案的矛盾所在。

（一）郁某高诉证监会行政处罚案

被诉处罚决定中认定：郁某高操作账户组，在多个交易日开盘集合竞价阶段、日内连续交易阶段和尾盘阶段，通过利用资金优势连续买卖、在实际控制的账户间交易及虚假申报的方式，影响“经纬纺机”“云南锗业”“先锋新材”“圣农发展”股价，并在拉抬后当日或次日反向卖出，获利合计 5842003.07 元。法院另查明：计算原告的违法所得时，被告对“经纬纺机”“云南锗业”“先锋新材”3 只股票均采取了“盈亏相抵”的计算方法计算违法所得。而“圣农发展”股票在“盈亏相抵”后存在亏损，在计算违法所得时，被告将该股票的违法所得按零计算。

（二）谢某峰诉证监会行政处罚案

被诉处罚决定中认定：谢某峰控制账户组，采用盘中拉抬、虚假申报及大额

① 参照李扬、黄文俊主编：《中国金融司法报告 2018》，人民法院出版社 2019 年版，第 199~200 页。该书中提到监管机关败诉率不到 3%，而北京市高级人民法院的官方统计显示，一审实体行政机关败诉率为 18.07%。证监会 2017 年 12 月 29 日发布的《2017 年证监会行政处罚案件诉讼情况概述》中亦提到：2015 年、2016 年和 2017 年，证监会连续三年行政处罚诉讼案件保持实体“零败诉”。

封涨停等多种方式操纵“红宇新材”等7只股票，累计盈利6543998.61元。被诉处罚决定中，对涉案的7只股票中“天神娱乐”“三联虹普”“明家科技”3只股票设定了不同的操纵时段，单只股票不同时间段盈亏不相抵，不同股票之间盈亏不相抵，亏损部分违法所得按照零计算，不单独定额罚款。

（三）两案存在的问题及争议

纵观两起行政处罚案件，两案中，行政相对人均采取了委托买入后撤单等手法实施了操纵市场的行为。然而证券监管机关对于同一只股票，不同的时间段的操纵行为，采取了不同的认定标准。郁某高案并未对时间段予以区分，而是将一只股票作为一个整体进行认定。而谢某峰案则区分了不同的时间段进行认定。显而易见的是，由于不同的时间段并未盈亏相抵，谢某峰案的违法所得计算明显高于郁某高案，进而影响罚款数额的认定（见表1）。

表1 郁某高案、谢某峰案违法所得计算方法

<table>
<tr><td></td><td colspan="10">股票名称及是否获利</td><td>违法所得计算</td></tr>
<tr><td rowspan="2">郁某高案</td><td colspan="3">“经纬纺机”</td><td colspan="2">“云南锗业”</td><td colspan="3">“先锋新材”</td><td colspan="2">“圣农发展”</td><td rowspan="2">获利1+获利2+获利3</td></tr>
<tr><td colspan="3">获利1</td><td colspan="2">获利2</td><td colspan="3">获利3</td><td colspan="2">亏损</td></tr>
<tr><td rowspan="3">谢某峰案</td><td rowspan="2">“红宇新材”</td><td colspan="2">“天神娱乐”</td><td colspan="2">“三联虹普”</td><td colspan="2">“明家科技”</td><td rowspan="2">“国祯环保”</td><td rowspan="2">“强力新材”</td><td rowspan="2">“浩丰科技”</td><td rowspan="3">获利1+获利2+获利3+获利4+获利5+获利6+获利7+获利8</td></tr>
<tr><td>操纵一</td><td>操纵二</td><td>操纵一</td><td>操纵二</td><td>操纵一</td><td>操纵二</td></tr>
<tr><td>获利1</td><td>获利2</td><td>亏损1</td><td>获利3</td><td>获利4</td><td>获利5</td><td>获利6</td><td>亏损2</td><td>获利7</td><td>获利8</td></tr>
</table>

（四）矛盾升级：监管部门存在不同类型的争议做法

从前述案例中，可以看到对于违法所得的计算，监管部门存在的差异点主要在于同一只股票是否区分不同的时间段。为查证监管部门是否存在其他争议做法，笔者以证监会2018至今作出的行政处罚案件为检索范围，发现近年来，不同的涉操纵的行政处罚案件还存在前述案例之外的不同认定标准①。具体情况

① 文中数据均来源于中国证监会官网，http://www.csrc.gov.cn/pub/zjhpublic/index.htm?channel=3300/3310，最后检索时间：2022年10月20日。

如下。

1. 2018 年操纵市场类处罚案件情况

通过对证监会网站上公布的 2018 年证监会机关作出的行政处罚案件中全部涉及操纵市场类行政处罚案件违法所得计算情况进行统计，发现 32 起案件分别属于以下情形。

（1）违法行为人针对一只股票实施一次操纵行为，监管机关将此次违法行为的获利认定为违法所得，该类型案件为 3 件。例如（2018）3 号朱某操纵市场案。

（2）违法行为人针对一只股票或指数基金实施多次操纵行为，监管机关未区分不同时段，合并计算违法所得，该类型案件为 15 件。例如（2018）27、28、29 号北八道公司操纵市场三案。

（3）违法行为人针对一只股票或指数基金实施多次操纵行为，监管机关区分不同时段，单独计算违法所得，该类型案件为 2 件。需要说明的是，该类型涉及的两件案件（2018）30 号广州安州操纵市场案，不同时间段均为获利，（2018）25 号邱某希等操纵市场案，不同时间段均为亏损。所以两案均不存在盈亏相抵问题。

（4）违法行为人针对多只股票实施操纵行为，监管机关合并计算违法所得，该类型案件有 1 件，为（2018）118 号新华汇嘉公司操纵市场案。

（5）违法行为人针对多只股票实施操纵行为，监管机关针对每只股票单独计算违法所得，但不区分不同时间段，最终违法所得认定仅获利部分相加。该类型案件为 4 件。例如，郁某高案。

（6）违法行为人针对多只股票实施操纵行为，监管机关针对每只股票单独计算违法所得，区分不同时间段，最终违法所得认定仅获利部分相加，亏损部分按零计算。该类型案件为 3 件。例如，谢某峰案。

（7）违法行为人针对多只股票实施操纵行为，监管机关针对每只股票单独计算违法所得，区分不同时间段，最终违法所得认定获利部分相加后，对于亏损部分按照定额进行处罚，该类型案件为 2 件。例如，（2018）104 号王某铜市场操纵案。

（8）其他类型操纵案件 2 件。分别涉及信息型操纵和操纵国债。

具体情况如图 1 所示。

2. 2019 年操纵市场类处罚案件情况

对证监会网站上公布的 2019 年证监会机关作出的行政处罚案件中涉及操纵市场类 13 起案件进行分析，具体情形如下。

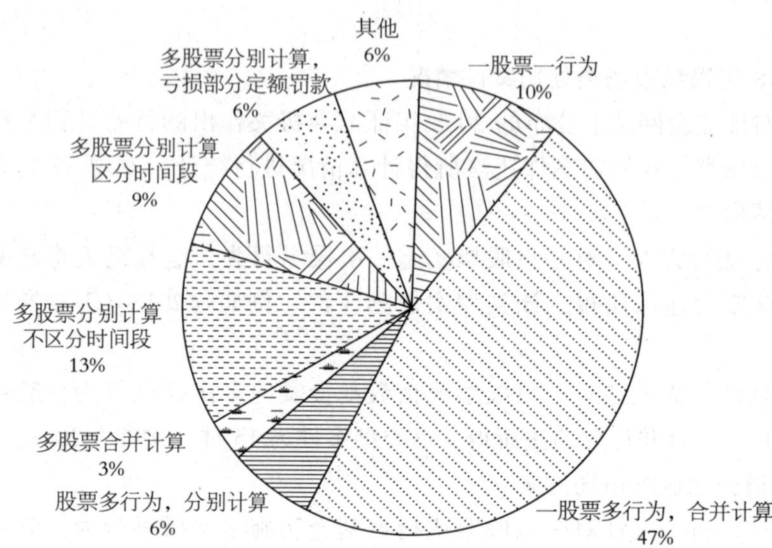

图 1　2018 年操纵市场类行政处罚案件违法所得计算情况

（1）违法行为人针对一只股票或指数基金实施多次操纵行为，监管机关未区分不同时段，合并计算违法所得，该类型案件为 5 件。

（2）违法行为人针对一只股票或指数基金实施多次操纵行为，监管机关区分不同时段，单独计算违法所得，该类型案件为 1 件。

（3）违法行为人针对多只股票或者指数基金实施操纵行为，监管机关合并计算违法所得，该类型案件为 4 件。

（4）违法行为人针对多只股票实施操纵行为，监管机关针对每只股票单独计算违法所得，但不区分不同时间段，最终违法所得认定仅获利部分相加，该类型案件为 2 件。

（5）采用净减持获利法计算违法所得案件 1 件。在（2019）149 号林某等操纵市场案件中，监管部门首次采取净减持获利法计算违法所得，即部分股票成本部分按零计算。

具体情况如图 2 所示。

3. 2020 年操纵市场类处罚案件情况

对证监会网站上公布的 2020 年证监会机关作出的行政处罚案件中全部涉及操纵市场类 10 起案件进行分析，可以得出其分别属于如下情形。

（1）违法行为人针对一只股票实施一次操纵行为，监管机关将此次违法行为的获利认定为违法所得，该类型案件为 1 件。

（2）违法行为人针对一只股票或期货合约实施多次操纵行为，监管机关未

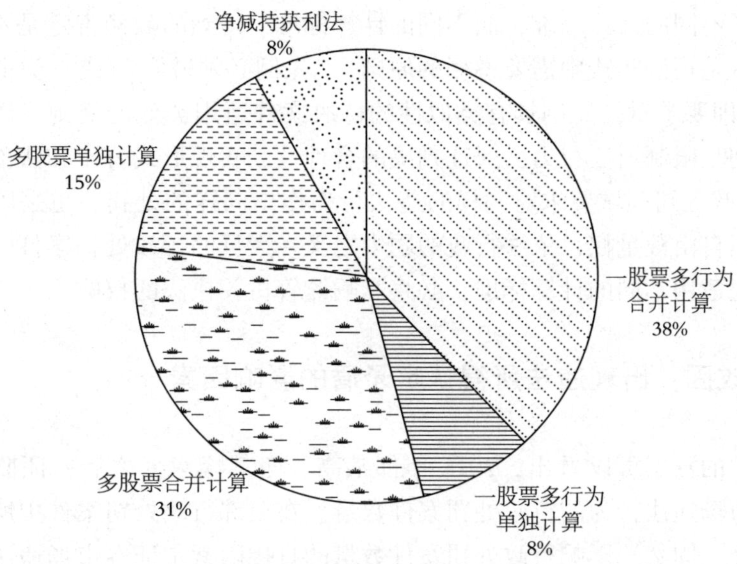

图 2　2019 年操纵市场类行政处罚案件违法所得计算情况

区分不同时段，合并计算违法所得，该类型的案件为 8 件。

（3）违法行为人针对多只股票实施操纵行为，监管机关针对每只股票单独计算违法所得，区分不同时间段，最终违法所得认定仅获利部分相加。该类型案件为 1 件，即福建旭诚等市场操纵案。

具体情况如图 3 所示。

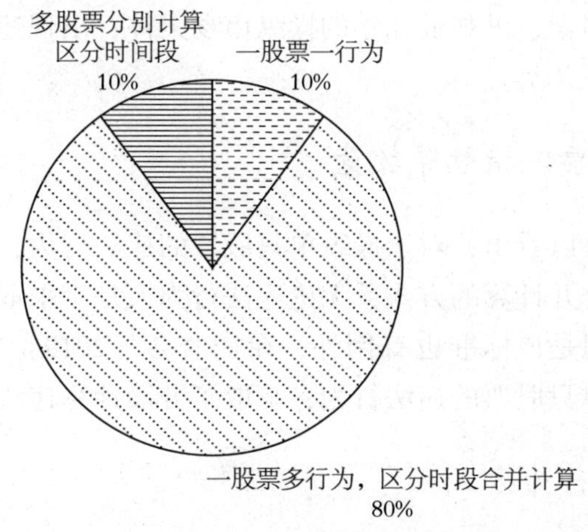

图 3　2020 年操纵市场类行政处罚案件违法所得计算情况

从前文中的各项数据可以看出，对于违法所得计算，监管机关对于相同的情形，采用了不同的计算标准，而不同的计算标准，得到的数额肯定是不同的。同案同判，本是司法实践中需要遵循的原则，“先例必须遵守”或“类似案件应类似审判”，即要求对与先例具有类似性的待决案件适用类似的规则或法理进行审判，该原则是限制司法权力，保证判决的合理性，实现形式公正和法治的必然要求。[①] 而行政处罚领域要求对同样的违法行为作出同样的处罚，也是限制行政机关肆意使用自由裁量权，依法行政的题中之义。大量的行政处罚案件，相同的情形违法所得适用不同的计算标准，必将影响监管机关执法的权威。

三、成因：出现违法所得认定矛盾的影响因素

从前文的数据可以看出，2018 年郁某高、谢某峰案件之后，证监会所作的涉及操纵市场违法行为的行政处罚案件数量、在全部行政处罚案件中所占比例均有明显下降。固然，影响行政处罚案件数量的直接因素是证券市场违法行为的数量。但这些数据亦能从一定程度反映司法判决对于证券监管机关的巨大影响。在违法所得的计算标准不明确的情形下，监管机关作出行政处罚会格外慎重。同时，通过对 2018 年至 2020 年操纵市场的行政处罚案件的分析可以看出，监管机关的监管政策也在发生相应的变化。2018 年的处罚案件中，可以明显看出监管机关对于违法所得的认定逐渐加重。从盈亏相抵，到区分不同时间段不进行相抵，再到对于亏损部分实施定额罚款等。而 2019 年之后，处罚力度又有所收缩。这也体现了对于证券违法行为的监管由从重处罚、从严打击到精准监管的转化。抛开以上政策性的因素，纵观近几年的操纵市场案件，出现违法所得计算矛盾的影响因素主要有如下几类。

（一）操纵股票、指数等数量

从前文的数据可以看出，对于操纵单只股票的违法行为，证券监管机关往往对于违法所得采取合并计算的方式，无论违法行为人是否采取多种操纵手段或实施多次操纵行为。但是该标准也有例外，在证监会（2019）125 号行政处罚中，监管部门则对操纵单只股票的违法行为，采取了分段计算违法所得的做法。

（二）操纵的行为方式

在操纵市场类行政处罚案件中，违法行为人可以选择对单只股票实施不同的

---

① 参见张琪：《论类似案件应当类似审判》，载《环球法律评论》2014 年第 3 期。

操纵行为或者区分不同的时间段进行操纵。实践中，执法机关对于采用不同操纵手法或分不同时间段进行操纵的案件，采用了不同的认定方式。部分案件中，对时间段进行了区分，例如谢某峰案。部分案件中，对于时间段却并未予以区分，例如郁某高案。

（三）对成本是否予以扣除

几乎所有操纵市场的行政处罚案件中，在计算违法所得时均有“扣除成本及交易税费后”的表述，然而部分案件中突破了该标准，最典型的就是证监会（2019）149号行政处罚中，采用的是净减持获利法计算的违法所得，对于部分交易成本按照零进行计算。

（四）对于亏损部分的认定

无论是操纵一只股票还是操纵多只股票，对一只股票实施一次操纵行为还是多次操纵行为，只要进行了区分，就会出现不同的时间段或者不同的股票存在亏损的情形。对于亏损部分如何认定，也是矛盾集中之处。部分案件中，对于亏损部分，监管部门进行了盈亏相抵；部分案件中，对于亏损部分在违法所得计算过程中按照零予以统计，部分案件中，对于亏损的部分，按照定额进行处罚，例如王某铜案。

四、深入：影响违法所得认定的理论渊源

对于证券领域的违法所得的认定，存在一些共性的问题，例如，存在期初持股的问题时，采用“先进先出”还是“后进先出”的方法，会得出不同的违法所得计算结果。再如，违法所得认定时，是否应当排除市场因素的影响，在2010年United States v. Nacchio案件中，也曾“认为合理交易得到的收益不应该被纳入增加判刑的获利计算”。前述因素均影响着违法所得的认定，但前述问题并非本文研究的范围，本文的研究的范畴集中于造成前述违法所得认定不统一的问题产生的根源。

（一）违法所得本身的定性分析

前文中已经提到对于违法所得计算的矛盾之处，存在交易成本是否扣除的问题。是否扣除交易成本，从根本上讲涉及违法所得的概念。“概念乃是解决法律

问题所必需的和必不可少的工具。没有限定专门的严格的概念，我们便不能清楚和理性地思考法律问题。没有概念，我们便无法将我们对法律的思考转变为语言。"① 行政处罚法，首次对违法所得的概念进行了界定，明确违法所得是指实施违法行为取得的款项。但实践中仍存在如下问题。

第一，行政处罚法为行政机关预留了空间，可以通过规章的方式对此另行规定。之前已有规章或规范行文件对此作出了明确规定。例如《工商行政管理机关行政处罚案件违法所得认定办法》明确规定了违法所得认定原则就是采用全部收入扣除合理支出的标准。而《农业部办公厅关于认定种子违法案件中违法所得和货值金额的复函》中规定："种子案件的'违法所得'，是指违反《中华人民共和国种子法》的规定，从事种子生产、经营活动取得的销售收入。"不同的法律法规或者规范性文件中，对于违法所得的规定不尽相同，且学者在理论上对该问题的理解也存在明显差异。而证监会目前并未对违法所得的认定采用规章的方式予以规定，使该问题仍然处于待定状态。

第二，受刑事领域中关于没收违法所得认定制度的影响。不同于传统的行政法理论，一些学者主张，行政处罚与刑罚并无本质区别。例如，在我国台湾地区，有学者认为："近日之学者受到如德、奥等国法制之影响，改采量的区别说者逐渐增多，即行政秩序罚与刑罚皆系对人民不法行为之处罚，而行政秩序罚系针对较轻微之违法行为之处罚，刑罚则以较重大之违法为对象，且行政秩序罚主要在补充刑罚之不足，两者仅系在'量'上有所不同，与性质是否涉及社会伦理之可非难性无关。"② 亦有学者从特定情况下，行为人的行为是相同的，仅因为造成后果的严重程度不同，而会被追究刑事责任或被行政处罚，以及同一个行为可能又违法又犯罪等角度，论述行政处罚与刑罚并无本质差别③对于本文所研究的操纵市场的违法行为，本身也可能属于犯罪行为。故对于该领域违法所得认定标准研究的问题上，还应当考虑刑法中的相关规定。

（二）操纵市场违法行为的定量分析

违法所得是否应当盈亏相抵，从根源上讲涉及违法行为个数的认定问题。如果是单一自然违法行为则应当盈亏予以相抵，合并计算违法所得。如果是数个独立的违法行为，自然不能盈亏相抵，亏损部分仍需单独评价。如果是法律上拟制

---

① ［美］E. 博登海默：《法理学：法律哲学与法律方法》，邓正来译，中国政法大学出版社 1999 年版，第 486 页。

② 翁岳生主编：《行政法》，中国法制出版社 2002 年版，第 839~840 页。

③ 参见王青斌：《行政法中没收违法所得》，载《法学评论》2019 年第 6 期。

的一个违法行为，则需盈亏相抵，但对于多次操纵行为能否认定为法律上拟制的一个违法行为，还是认定为单一的违法行为是本文需要重点讨论的问题。

对于法律上拟制的同一违法行为，具体到操纵市场领域，就涉及连续违法行为的认定问题。我国现行的行政处罚法中，并没有对连续违法行为和继续违法行为概念进行认定。仅在追责时效部分对此予以规定。而刑法上这一制度的设立，主要是从诉讼经济、行为人一致性以及尽可能避免因量刑范围过大而导致恣意判决这三个因素考量的结果。[①] 通俗的讲是司法政策选择的结果。

一般来讲，连续的行为是基于同一、概括的故意多次实施的符合同一违法构成要件的行为。[②] 对于此类行为，目前学术界主流观点认为，连续违法是在较长时间内反复实施同种违法行为的情形，因其进行的是同种类违法，所以法律上仍规定为一事，而不是以同类多事分别处罚。[③] 该观点亦可在其他国家法律规范体系中得以印证，例如，德国违反秩序法第 19 条第 1 项便规定“数次违反一项可将该行为作为违反秩序行为处罚的法律，则只科处一项罚款”[④]。然而，我国的立法实践中，对于连续违法行为有不同的认定标准，例如环境保护法第 73 条规定：“有下列行为之一的，由依照本法规定行使海洋环境监督管理权的部门责令停止违法行为、限期改正或者责令采取限制生产、停产整治等措施，并处以罚款；拒不改正的，依法作出处罚决定的部门可以自责令改正之日的次日起，按照原罚款数额按日连续处罚。”

目前操纵市场的违法行为中，存在大量的在操纵期间，运用同一操纵手法多次操纵一只股票，或在操纵期间使用同一操纵手法操纵不同股票，或运用不同的操纵手法在同一段时期，操纵一只股票。这些行为是应当认定为“一事”还是“多事”，直接决定了违法所得的最终认定。

五、破解：以违法所得性质与违法行为数量为突破点

（一）明确违法行为数量的认定标准，进而确定盈亏相抵问题

明确了违法行为的数量，就明确了计算违法所得的基础，是否盈亏相抵的问

① 参见珂耀程：《刑法竞合论》，中国人民大学出版社 2008 年版，第 291~295 页。

② 参见甘添贵：《罪数理论之研究》，中国人民大学出版社 2008 年版，第 129 页。

③ 参见熊樟林：《连续违法行为的性质认定——以新〈环保法〉第 59 条为中心》，载《华东政法大学学报》2015 年第 5 期。

④ 《德国违反秩序法》，郑冲译，载《行政法学研究》1995 年第 1 期。

题自然迎刃而解。在行政执法实践中，应当区分不同的情形，分别予以认定。

第一，对于自然单个的违法行为。在操纵市场领域，存在自然单个违法行为的情形，例如证监会（2018）第3号行政处罚就是典型的这种情形。违法行为人于2015年9月14日通过大额封单方式致涉案股票涨停，并于次日卖出获利。虽然存在数个动作，但该买入与卖出行为共同构成了操纵市场的违法行为，应该认定为自然单个的违法行为，违法所得按照同一违法行为计算。

第二，对于同一股票，在操纵时间段内，实施了数次种类相同的操纵行为，应视为连续违法行为，按照“一事”计算违法所得，并进行盈亏相抵。连续违法行为是指在某一密切的时间、空间范围内，以同一方式重复实施违反行政法律规范的行为。客观上表现为：数个行为的性质相同、手段类似和时间上前后具有连贯性。[①] 传统的行政处罚理论上，均认为连续违法行为应当比照刑法按照“一事”认定，给予一次行政处罚，方不违反“一事不二罚”的原则。本文认为，对于同一只股票，实施数次操纵行为的案件还是按照“一事”进行处罚更为合适。原因有两个：一是对于操纵市场的违法行为，往往采用集中资金优势、持股优势或者利用信息优势联合或者连续买卖，频繁或者大量申报并撤销申报等方式，这种操纵市场的方式，往往很难以一次行为达到操纵的目的，即本身就不可能通过一个行为完成操纵；二是与现行的行政执法领域的普遍做法相一致，从前文的统计可以看出，对于绝大多数此类行为，证监会均采取此标准。较为典型的就是证监会（2018）27号行政处罚的北八道系列案，该案中，虽然被诉处罚决定认定的是北八道公司通过多种手段操纵“张家港行”股价。但是操纵的手法的种类基本一致，即集中资金优势和持股优势联系买卖和在自己控制的账户之间进行交易，监管机关亦合并计算违法所得。基于以上两点，笔者认为，此种情形按照“一事”认定更符合行政执法的实践。

第三，对于同一只股票，实施了不同种类的操纵行为，原则上应当认定为数个违法行为，但基于一个违法目的，不同种类的操纵行为之间相互配合的除外。前文已经提到，对于连续行为的认定，要符合“同一方式”的要求。而采用不同的操纵方式，虽然都是操纵市场的行为，但不同的操纵方式之间差异较大，不宜认定为“一事”。例如，证监会（2019）128号赵某等操纵市场行政处罚案件中，虽然证券监管机关采用了合并计算违法所得方式，但赵某等不仅采用了集中资金优势、持股优势连续买卖等方式，而且利用信息优势人为控制涉案股票停牌

① 参见林沈节：《论单个应受行政处罚行为及其处罚规则》，载《行政法学研究》2010年第3期。

时点。该两类操纵市场方式，差异明显，认定为不同的操纵行为更为合适。

第四，对于不同的股票，实施操纵行为，原则上应当认定为数个违法行为。首先，对于不同的股票实施操纵，这些股票之间，本身并不具有相关性，之间也不会产生影响。其次，若认定为一个违法行为进行盈亏相抵，可能会造成操纵的股票数量越多反而受到的处罚越轻的情形，这样也不利于打击证券市场的违法行为。按照这一原则，无论是郁某高案还是谢某峰案，均存在操纵不同股票的情形，应当认定为不同的违法行为。但需要注意的是，对于存在亏损情形的，按照证券法第 192 条的规定，没有违法所得或者违法所得不足 100 万元的，处以 100 万元以上 1000 万元以下的罚款。故不应当将亏损部分的违法所得简单认定为零。

第五，信息型操纵原则上应当认定为一个违法行为。信息型操纵违法行为，主要是通过对相关信息进行积极的“虚构”或消极的“隐瞒”，非正常影响证券的价格和量，阻碍价格真实形成，进而侵犯证券交易市场的正常运行机制和投资者的合法权益。故该类操纵行为一般基于一个概括的故意，控制若干信息，最终非正常影响到证券的价格和量。这一系列行为应当被视为统一的整体进行判断，认定为一个违法行为。

在某一具体的行政处罚案件中，可能涉及多个前述规则的运用，要结合每一案件具体的特点，合理合法确定违法行为的数量，为违法所得的计算奠定基础。

（二）违法所得应当扣除相应的成本

对于是否扣除交易成本的问题，笔者建议，仍应适用现行的扣除交易成本和税费的计算方法。主要基于如下考量。

一是前文已经提到，对于证券行政处罚案件，要充分考虑行刑衔接问题，故对于行政处罚案件中违法所得的计算，应当与刑法中违法所得的计算保持一致。张明楷教授指出：“就没收违法所得而言，只能采取纯益主义。而其中用于犯罪的成本，则属于供犯罪所用的本人财物，应根据其是否属于与违禁品相当的财物做出是否没收的判断。”① 同时，根据《最高人民法院、最高人民检察院关于办理操纵证券、期货市场刑事案件适用法律若干问题的解释》第 9 条的规定，操纵证券、期货市场犯罪的违法所得，是指通过操纵证券、期货市场所获利益或者避免的损失。刑事司法实践中，也均采取了扣除成本的标准。故行政处罚中的违法所得计算应当与刑法保持一致。

二是前述统计的操纵市场类案件，除去个别案件之外，其他案件均采取扣除

① 张明楷：《论刑法中的没收》，载《法学家》2012 年第 3 期。

交易成本与交易税费的方式计算违法所得。个别案件中未扣除交易成本的原因是证券监管部门认为行为人并未支付交易的成本。虽然对于该认定存在一定争议，但这也正说明，监管部门并未改变计算违法所得应当扣除交易成本这一标准。如果贸然改变这一认定标准，会对整个市场产生较大的影响。

三是行政处罚法教育与惩罚相结合的原则决定了，单纯的对违法行为人实施重罚，并不能保障违法行为人内心对法律、法规的信服，要维护我国法律的权威，制止违法行为人的违法行为，必须坚持处罚与教育相结合原则。[①] 证券法已经大大提高了违法行为的成本，在此情况下，扣除违法所得的成本并不影响依法严厉打击操纵市场的违法行为。

六、结语

本文希望从矛盾处入手，梳理出矛盾的症结，并明确一些区分标准，希望在违法所得的计算中能够提供一定参考。需要说明的是，不管是将连续的违法行为认定为“一事”予以处罚，还是扣除交易成本，本身并非争取唯一结论的问题，均是基于现行政策的一种相对合理的考虑。应尽可能使违法所得计算符合行政处罚法过罚相当原则的要求，并做到过罚相当，实现公平公正。

① 参见陈杰、任昱坤：《行政处罚中违法所得的认定标准》，载《人民司法》2021 年第 16 期。

新证券法背景下行政处罚与民事赔偿的关系研究

——以证券虚假陈述前置程序取消为视角

林晓镍[*] 单素华[**] 黄佩蕾[***] 祝 彧[****]

2020 年 3 月，修订后的证券法正式施行，显著加重了违反信息披露义务应承担的法定责任。2022 年 1 月，《最高人民法院关于审理证券市场虚假陈述侵权民事赔偿案件的若干规定》（以下简称新《虚假陈述司法解释》）发布，在总结司法实践经验的基础上，根据修订后的证券法的相关规定进一步细化和明确了虚假陈述民事赔偿责任的构成要件，并取消行政处罚作为民事赔偿诉讼的立案前置程序。自此，证券虚假陈述的民事责任不再滞后于行政责任。由于此前民事赔偿诉讼中的举证基本依赖监管部门的行政处罚决定，在前置程序取消后，行政处罚与民事赔偿之间新的互动关系有待研究。

一、实证研究：证券行政处罚与民事赔偿基本情况

据统计，2016 年至 2021 年，由中国证券监督管理委员会（以下简称证监会）及中国证券监督管理委员会上海监管局（以下简称上海证监局）开具的涉及上海证券交易所（以下简称上交所）上市公司的虚假陈述行政处罚共有 118

* 上海金融法院党组成员、副院长。
** 上海市高级人民法院审判委员会委员、金融审判庭庭长，二级高级法官。
*** 上海金融法院综合审判一庭法官助理。
**** 上海金融法院综合审判一庭法官助理。

件。其中，2016 年 4 件，2017 年 26 件，2018 年 45 件，2019 年 16 件，2020 年 11 件，2021 年 16 件（见图 1）。

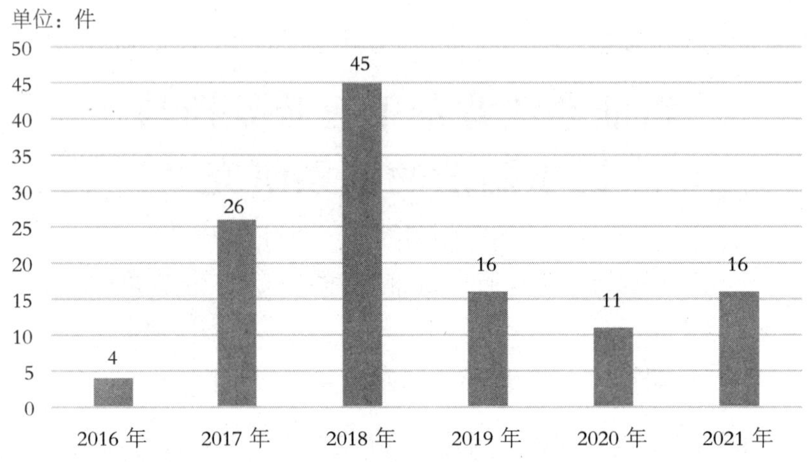

图 1　2016 年至 2021 年涉上交所上市公司虚假陈述行政处罚数量

从处罚对象来看，上市公司作为直接的信息披露义务人，仍然是虚假陈述的主要行为主体，亦是被行政处罚的主要对象。处罚理由则多为虚增利润（41 件）、关联交易不规范（32 件）、未按规定披露重大诉讼和仲裁（19 件）等（见图 2）。

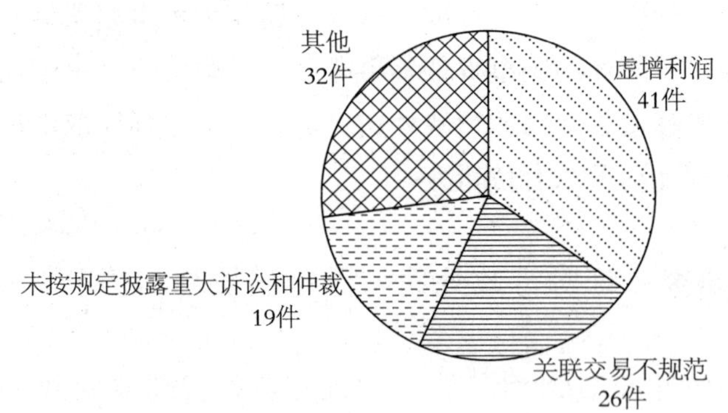

图 2　2016 年至 2021 年涉上交所上市公司虚假陈述行政处罚事由

上述 118 件行政处罚共涉及 46 家上市公司，同时处罚上市公司的实际控制人、高级管理人员等的共有 42 件，并引发 41 家上市公司进入民事赔偿诉讼。进入民事诉讼程序后，41 件纠纷中共有 32 件获得赔付，赔付率高达 78.05%。该情况反映了在有行政处罚作为诉讼前置程序的情况下，投资者胜诉比例较高。除此之外，有13件纠纷中查询到投资者同时起诉被处罚的上市公司实际控制人、高级管理人员等，有9件纠纷中查询到投资者同时起诉证券公司、会计师事务所、律师事务所、资产评估机构等中介机构。

综合分析上述行政处罚与民事赔偿关系，可以发现两者存在高度关联，承担民事赔偿责任必有关联主体先行受到行政处罚。即使司法实践中确有主体未受到行政处罚而被判决承担民事责任的案例，但该主体所负之责任也是与上市公司的连带责任，而该上市公司在前期已有行政处罚规制。[①] 这是因为在证券虚假陈述纠纷中，上市公司因在证券市场中居于主导地位，承担信息披露的直接义务，是积极的信息披露主体，也是证券发行权利义务关系的当事人，并对信息披露的全面性、真实性、准确性以及合法性负完全责任。若上市公司未受到行政机关处罚，则多数情况下不存在侵权行为，投资者也鲜少诉至法院。同时，司法机关在无行政处罚的情况下，对单独认定民事赔偿责任始终持较为谨慎的态度。

从民事赔偿责任的法律制度供给来看，最高人民法院在2003年出台的《最高人民法关于审理证券市场因虚假陈述引发的民事赔偿案件的若干规定》（以下简称原《虚假陈述司法解释》）也将虚假陈述民事责任的认定置于行政处罚的基础之上，不仅民事诉讼的受理以行政处罚为依据，在民事责任的认定上也主要依据行政处罚查明的事实。在长期的司法实践中，还形成了一系列与行政处罚关联的审理思路，如受到行政处罚的虚假陈述行为即当然符合重大性标准，揭露日的认定通常以行政处罚立案调查通知书公告日为准等。另外，从责任主体来看，行政处罚的对象范围要大于民事诉讼被告。由于证券法对信息披露义务人及直接负责的主管人员和其他责任人员等均有明确的处罚依据和标准，行政处罚不仅处罚上市公司，涉及违法违规行为的中介机构、董事、监事、高级管理人员等也会成为行政处罚主体。但在早期的虚假陈述民事诉讼中，投资者起诉的被告通常只限于上市公司。近年来，受到“追首恶”的理念影响，加上由于一些上市公司连年亏损，部分甚至资不抵债，已经退市或处于退市边缘，赔付能力本就有限。故投资者为确保获得赔偿，开始倾向于将中介机构、董事、监事、高级管理人员等有关主体全部纳入诉讼中来。虽然部分法院对不同类型的责任主体判决其承担不同的责任比例，但从执行情况来看，对外实际履行赔偿责任仍是以上市公司为主。

---

① 参见上海市高级人民法院（2021）沪民终666号民事判决书。

二、问题剖析：证券行政处罚与民事赔偿的互动关系

证券行政处罚与民事赔偿均服务于金融风险防范化解、投资者合法利益保障等共同目标，但二者亦存在较多不同点，金融监管权与金融司法权高度交织，二者互动关系较为复杂。

根据原《虚假陈述司法解释》第 6 条规定，只有在虚假陈述行为已经受到了相关行政处罚或刑事处罚后，投资者才能提起民事赔偿诉讼。该前置程序作为我国司法实践因应资本市场发展的权宜制度安排，历行 10 余年，在避免滥诉、解决投资者举证难等方面发挥了有目共睹的功效，但也有一些争议。有的学者认为其限制了诉权保障的范围，不利于当事人及时行使诉权。[①] 有的认为，该制度设计容易滋生寻租行为，助长偏袒侵权人的不公行为。[②] 还有的认为这使民事责任成为行政责任的附属责任。前置程序可能造成民事诉讼滞后于行政程序，民事赔偿滞后于行政罚款，使证券法中民事赔偿责任优先于行政罚款的立法精神难以实现。[③]

随着 2019 年证券法等一系列法律法规的出台、修订，证券民事赔偿诉讼已逐步废除前置程序。2019 年修订证券法实施后出台的《全国法院审理债券纠纷案件座谈会纪要》第 9 条规定，虚假陈述行为人以行为未经有关机关行政处罚认定为由请求不予受理或者驳回起诉的，人民法院不予支持。这就为证券民事赔偿诉讼前置程序取消的认识提供了强有力的依据。2021 年，中共中央办公厅、国务院办公厅联合印发的《关于依法从严打击证券违法活动的意见》也明确要取消前置程序。新《虚假陈述司法解释》第 2 条更是阐明法院不得仅以虚假陈述未经监管部门行政处罚为由裁定不予受理。可以说，证券民事赔偿诉讼废除前置程序已经成为现实。

然而，在前置程序真正取消后，新情况与新矛盾又会相应发生，笔者认为主要存在以下问题。

---

① 参见刘敏：《论民事诉讼前置程序》，载《中国法学》2011 年第 6 期。

② 参见李海龙：《证券虚假陈述民事赔偿诉讼前置程序研究——公共执行与私人执行关系变迁的考察视角》，载《中国政法大学学报》2021 年第 2 期。

③ 参见孙丽娟：《以虚假陈述为视角论证券欺诈诉讼前置程序》，载《中国律师》2009 年第 12 期。

（一）投资者举证难度加重

我国之所以长期以行政处罚作为民事诉讼的前置程序，重要理由之一便为解决投资者在起诉阶段的举证困难。[①] 前置程序取消后，投资者很可能在没有行政处罚的情况下起诉，由监管机关调查收集的证据将转由投资者自己收集。在有前置程序时期，行为人受到行政处罚，投资者即可证明存在侵权行为。而在取消前置程序的情况下，势必出现大量无行政处罚的民事赔偿诉讼涌入法院。据统计，法律、行政法规和证监会的部门规章中一共规定了 110 余种证券监管措施。[②] 这些监管措施对于调查清楚违法违规事实、防止风险扩大均有着重要作用。但与监管机关丰富的调查手段和法定调查权限不同，法院调查事实多依赖当事人的举证，而证券违法事实本身复杂难辨。以最为常见的虚假陈述事由虚增利润为例，虚增利润本身表现形式复杂。例如，在某些案件的财务造假过程中，上市公司首先会根据发行条件设定出年度目标利润金额，计算出当年需要虚增利润的金额，再根据销售净利率等指标反算出需要虚增收入的金额，然后根据毛利率计算出虚增生产成本的金额，进而推导出虚假采购的金额；接着通过虚增资产的方式消化虚假毛利占用的资金；最后上市公司会将造假金额分解到每个月份，安排人员具体实施。在证监会处罚獐子岛公司一案中，证监会借助了北斗导航定位系统，委托专业机构中科宇图科技股份有限公司和中国水产科学研究院东海水产研究所，通过獐子岛采捕船卫星定位数据，还原了采捕船只的真实航行轨迹，进而复原了公司真实的采捕海域，最终揭开了獐子岛公司财务造假手段的谜题。[③] 证券违法行为的手段逐步演变、日趋复杂，隐蔽性越来越强，监管机关在证券市场执法尚觉困难，而投资者自身证据采集手段落后，完成举证证明责任较为困难，获得胜诉判决的难度加剧。

（二）司法审判难度加大

侵权责任的承担，至少需要衡平受害人的权益保护和行为人的行为自由两项价值。[④] 侵权行为需先符合重大性，继而才有责任承担问题。同样地，证券侵权

① 参见李有星、钱颢瑜、孟盛：《证券虚假陈述侵权赔偿案件审理制度研究——新司法解释的理解与适用高端论坛综述》，载《法律适用》2022 年第 3 期。

② 参见张红：《证券监管措施：挑战与应对》，载《政法论坛》2015 年第 4 期。

③ 参见证监会（2020）29 号行政处罚决定书。

④ 参见王泽鉴：《侵权行为》，北京大学出版社 2016 年版，第 7 页。

行为只有符合一定重大性标准才会对市场价格和交易量产生切实影响，进而对市场中的投资者产生经济利益的侵害。在前置程序未取消时，法院一般直接依托行政处罚即可径行认定具备重大性要件。在前置程序取消后，虽然新《虚假陈述司法解释》第10条规定了重大性的推定以及抗辩规则，但对法院提出了实质性判断交易价格或交易量是否明显变化的新要求。虽然法律法规和不同层面的规范性文件列举了大量应予披露的、符合重大性的重大事件和重要事项，但在具体判断某一项事件是否落入应披露的范围时，仍是高度专业而复杂的工作，涉及大量的法律之外的知识。在多元被诉主体的责任承担方面，不同于上市公司承担的无过错责任，修订后的证券法规定之下的中介机构、董事、监事、高级管理人员等承担的是过错推定责任。即在中介机构、董事、监事、高级管理人员等证明自己没有过错的前提下，可以免除责任，而这些主体的过错认定涉及公司内部治理、审计准则适用等专门问题。在前置程序取消之前，中介机构、董事、监事、高级管理人员等被诉主体有无受到行政处罚及行政处罚中对相关主体是否勤勉尽责的价值判断，是法院判定其是否承担赔偿责任的重要依据。[①] 前置程序取消后，在缺乏监管机关专业判断的帮助下，法院判定责任主体范围和责任分配的难度加剧。

（三）行政处罚与民事赔偿仍需保持协同联动

从实然角度来看，尽管前置程序已经取消，但行政处罚与民事赔偿仍将保持一定的高度关联性。首先，由于证券监管部门处于信息披露的监管一线，负有依法查处虚假陈述的监管职责，也具有调查认定虚假陈述的专业能力，往往能更快更早地发现虚假陈述行为，并获得相关证据。其次，行政处罚也未完全从民事诉讼中退出。为防范因前置程序取消而产生的没有事实根据的滥诉行为，新《虚假陈述司法解释》第2条要求原告提起诉讼时，必须提交信息披露义务人实施虚假陈述的相关证据。第10条规定，对虚假陈述重大性要件的认定包括对虚假陈述违反法律、部门规章及规范性文件中相关信息披露规定的审查。第8条规定，除当事人有相反证据足以反驳外，监管部门立案调查的信息公开之日及证券交易场所采取自律管理措施的信息公布之日应认定为揭露日。也即，原告起诉仍需提交包括行政处罚决定等在内的初步证据，行政处罚在重大性的认定上有初步的证明力，以及行政处罚信息公开与民事赔偿权利人范围的界定紧密相关。因此，与其说是前置程序彻底退出，不如说只是前置程序范围的全面放开，不再限于正式的

---

① 参见浙江省高级人民法院（2021）浙民终24号民事判决书。

行政处罚决定，弱化了其“程序属性”而强化其“证据属性”，行政处罚在民事诉讼中仍将发挥重要的作用。对此，最高人民法院和证监会配套发布了《关于适用〈最高人民法院关于审理证券市场虚假陈述侵权民事赔偿案件的若干规定〉有关问题的通知》，强化了双方间的协调配合，但具体操作过程中仍有很多新问题有待实践检验。例如，监管机关在行政处罚调查结束前获取的资料往往需要保密，该项证据是否可以在民事诉讼中出示给双方当事人进行质证。

但此前，前置程序将行政处罚与民事诉讼的启动直接对应起来，客观上实现了行政处罚与民事诉讼的协同性与联动性。两者关系较为明确，即先有行政处罚，再有民事赔偿。现民事诉讼的启动不再以行政处罚为前提，实践中必定会出现二者协同困境，总体说来主要有以下三种形态：一是行政处罚程序结束后投资者提起民事诉讼；二是行政处罚进行中时，投资者提起民事诉讼，或者民事诉讼进行中启动行政处罚程序，此时构成程序的竞合；三是民事诉讼完结后启动行政处罚程序。三种形态下均存在协同难题。最主要的问题是，行政处罚在先的，是否必然导致民事责任；民事责任在先的，是否会触发行政处罚，而后者将是前置程序取消后面临的新问题。

三、对策建议：前置程序取消后我国证券民事赔偿体系的完善

证券侵权纠纷中的民事赔偿涉及面广泛，具体落实难度也较大。在前置程序取消的背景下，理应衔接好行政处罚与民事赔偿的关系，完善我国证券民事赔偿制度的体系。如欲有效地实现其制度价值，尚需从以下几个方面出发进行系统化地协调与考量。第一，在前置程序取消后，如何加强两者的有效衔接，发挥监管机关在民事赔偿诉讼中的作用，做好证券侵权民事诉讼中相应的司法应对。第二，为投资者提供多元化的权利救济路径，监管机关在群体性诉讼及其他替代性救济方式中如何更好帮助投资者维护自身权益。

（一）强化行政处罚与民事赔偿的协同

前置程序的取消必然对证券民事赔偿诉讼产生较大影响，但这些影响并非不可化解。以上分析表明，前置程序取消后，民事诉讼仍应在坚守固有逻辑的前提之下，依托立法趋势，借助监管机关力量，加强两者间的协调从而更好地适应政策环境的变化。

1. 正确认识行政处罚与民事赔偿的互动关系

行政处罚与民事赔偿所保护的法益并不完全相同。行政处罚更多地针对社会管理秩序，其功能在于惩罚和预防；而民事赔偿保护的利益则主要是私人利益，其功能有时虽然也包括惩罚，但更多的是补偿和救济。[①] 针对资本市场的信息披露要求，我国建立了一套包括法律法规、部门规章和自律性规则等在内的多层次信息披露规则体系，明确列举了一系列应当披露的重大事件和重要事项。《上市公司信息披露管理办法》还规定："凡是对投资者作出价值判断和投资决策有重大影响的信息，均应当披露。"有鉴于此，如果已经有监管机关对行为人违法行为进行了处罚，认定违反了监管规定的信息披露义务，则可初步认定虚假陈述具备重大性要件，除非被告通过反证证明该虚假陈述实际未影响交易价格和交易量。需重视的是，由于行政处罚针对的行政违法违规行为范围很广，实践中诸多被采取行政措施的证券违规行为，违反的是合规性的要求，并不当然与投资者损失间存在因果关系。简言之，在前置程序取消的背景下，法院应正确认识行政处罚与民事赔偿的互动关系，合理采用因果关系推定理论，根据个案情况审慎审理，在保护投资者合法权益的基础上避免让被诉主体承担不合理的赔偿负担。

2. 建立监管机关与司法机关个案协同机制

在美国，美国证券交易委员会常作为证券民事诉讼中的"法庭之友"提交意见书，参与庭审，这对法院进行专业性判断帮助颇大。据统计，1928 年至 1940 年提交"法庭之友"意见书的案件占 16%，1970 年至 1980 年则上升为 53.4%，在 1946 年至 1995 年的 50 年间联邦上诉法院中，85%以上的案件有"法庭之友"的参与，1995 年至 2005 年的 10 年间"法庭之友"意见书的参与率则高至 88%。其中，法院援引政府出具的"法庭之友"意见书的比例远高于私人或者其他团体出具的"法庭之友"意见书。[②] 在美国证券侵权的多起案件中，美国证券交易委员会作为专业监管机关，在多起证券民事诉讼中出具了"法庭之友"意见书。事实上，能否邀请到监管机关出具强有力的"法庭之友"意见书，已经成为投资者能否获得胜诉判决的重要因素。[③]

---

① 参见李响：《证券法的执行——比较视角与中国叙事》，中国社会科学出版社 2020 年版，第 69~99 页。

② 参见邱星美：《制度的借鉴与创制——"法庭之友"与专家法律意见》，载《河北法学》2007 年第 8 期。

③ See Michael J. Kaufmanand, John M. Wunderlich, Regressing: The Troubling Dispositive Role of Event Studies in Securities Fraud, 15 Stanford Journal Law Business & Finance. 183, 187(2009).

现阶段，我国与“法庭之友”制度类似的是“专家证人”制度。根据相关规定，具有专门知识的专家证人可出庭就案件的专门性问题进行说明。但专家证人也多是专家学者，监管机关作为专家证人出庭接受法庭询问较为少见。可在案件审理中允许证监会等监管机关作为专家证人或人民陪审员就专业问题发表意见，帮助法院进行专业判断，规范证券侵权民事赔偿领域的专业支持机制。除此以外，个案中行政处罚与民事赔偿所依赖之证据，二者间常有所关联，为避免在认定是否违法的结论上有矛盾，应就个案建立必要的沟通协调机制。法院可聘请监管机关的业务专家担任法院专家委员会成员，就相关重大、疑难、复杂和新类型案件提供咨询意见。在行政处罚尚未启动或调查结果尚未公布的情况下，法院若经由独立审理，确定行为人确有实施侵权行为，在审理过程中可向监管机关发送司法建议书，告知监管机关相关案件线索及审判结果。对于涉及资本市场法律法规、监管规则理解适用的重大法律问题，应当及时互通情况，并共同加强研究、协作，促进证券行政处罚与民事赔偿的进一步协调。针对损失计算难题，建议与监管机关共同推动建立中立、专业的第三方损失核定机构和统一的损失核定收费标准，研究证券案件中损失核定机构的资质认定、核定规则、名录管理等，规范损失核定程序，提高审判专业化水平。

3. 落实民事赔偿责任优先机制

证券侵权行为所侵犯的客体具有多元性，其中既包括证券市场管理制度和市场秩序，也有投资者的合法权益。此时会出现法律责任的竞合，侵权主体既要因违反证券市场管理制度承担罚金、没收违法所得等行政责任，又要对造成投资者的损失承担民事责任。为实现保护投资者权益的核心宗旨，在平衡各种责任时，应确保民事赔偿责任的优先性。然而，证券民事案件的显著特点就是案件当事人众多，所涉金额巨大，案情复杂，这使证券民事赔偿责任的认定较为困难，证券民事诉讼程序耗时漫长。在此前民事赔偿滞后于行政处罚的情形下，其结果往往是行政罚款早已收取完毕上缴国库，民事诉讼程序才刚刚启动。

尽管证券法早已原则性地规定了民事赔偿责任优先原则，但民事赔偿优先原则在实践中长期难以落地，这与行政罚没款“收支两条线”的财政管理制度有重要关系。① 所谓“收支两条线”，是指罚没款项按财政部门规定全额上缴国库

① 民事赔偿优先原则在2014年证券法第232条、2019年证券法第220条中都有体现。与2014年证券法相比，2019年证券法将“不足以同时支付”修改为“不足以支付”，摒弃了同时性要件；同时扩大了民事赔偿责任优先原则适用的财产范围外延，在2014年证券法规定的罚款、罚金基础上，增加了违法行为人的违法所得。

或预算外资金财政专户，而支出则按财政部门批准的计划统筹安排。按照“收支两条线”的原则，根据 2017 年行政处罚法第 74 条的规定，财政部门不得以任何形式向作出行政处罚决定的行政机关返还罚款、没收的违法所得或者返还没收非法财物的拍卖款项。所幸，2021 年我国修订了行政处罚法，在原第 74 条规定了例外情形，即依法应当退还、退赔的违法所得，可以没收后由财政部门予以返还给执法机关，这实为推动民事赔偿优先原则落地的重要举措。鉴于在前置程序取消时期，仍将有部分民事案件的执行在行政处罚之后，故在 2019 年修订证券法与 2021 年修订行政处罚法施行的背景下，建议探索将罚款、罚金和没收的违法所得先行划归相关专户管理并用于承担民事赔偿责任后，再行上缴国库的机制。或在民事赔偿责任确定后，探索与财政部门建立协调机制，以便在证券侵权行为人确实无法承担民事赔偿责任时，及时返还违法所得用以支付民事赔偿。通过通盘考虑将行政责任与民事赔偿责任聚合，实现对证券侵权行为的全面防控。

（二）充分利用多元化诉讼制度的优势

证券侵权行为一经发生，若涉及纠纷则原告投资者会以千件计数，属于群体性纠纷。各国针对群体性纠纷的民事诉讼程序都设计了专门的群体诉讼制度，力求达到增强投资者举证能力、节约司法资源的目的。在 20 世纪 30 年代，美国率先开始探索集团诉讼制度，通过选任代表人、专业律师帮助、既判力的扩张等方式降低了单一投资者的举证难度。

2019 修订后的证券法第 95 条创设了中国版证券群体诉讼制度。我国证券诉讼制度从以单独诉讼为主、制度供给严重不足发展为代表人诉讼、示范判决机制、证券支持诉讼、公益诉讼等多元并存的状态，投资者的维权路径日益丰富。其中代表人诉讼又分为“加入制”的普通代表人诉讼和“退出制”的特别代表人诉讼。具体比较来看，特别代表人诉讼由于有投资者保护机构的介入，由投资者保护机构作为法定的代表人代表全体投资者参加诉讼，投资者一方在诉讼能力和专业知识上显然有明显的优势，且对个体投资者而言几乎没有诉讼成本。但是，由于所有未明示退出的适格投资者都将纳入案件管理，群体性色彩凸显，既判力范围广泛，涉诉被告需承担的赔付责任极高。未避免动辄引发上市公司破产危机，导致资本市场不必要的动荡，从平衡上市公司与受损害投资者的利益、平衡诉讼制度惩罚性与补偿性的功能的角度，案件遴选应十分慎重。根据《中证中小投资者服务中心特别代表人诉讼业务规则（试行）》第 16 条的规定，启动特别代表人诉讼的条件包括：“（一）有关机关作出行政处罚或刑事裁判等；

（二）案件典型重大、社会影响恶劣、具有示范意义；（三）被告具有一定偿付能力；（四）投服中心认为必要的其他情形。”因此，特别代表人诉讼主要是起到补强民事诉讼威慑功能的作用，针对的是恶性的、社会影响较大的违法事件，并非常态化的诉讼机制。其次，根据《最高人民法院关于证券纠纷代表人诉讼若干问题的规定》第 5 条的规定，对于常态化开展的普通代表人诉讼，在程序启动上也需具备一定的条件，即原告需提交包括行政处罚决定、被告自认材料等一系列能够初步证明存在证券侵权事实的证据。这是因为代表人诉讼一旦启动，通过法院公告和权利登记程序，涉及的原告人数将大大增加，如起诉时证据不足、事实不清，法院的审理难度将显著加大。比较而言，示范判决机制更契合前置程序取消后的司法实践需求。该机制的核心是利用典型案件既判力的示范效应为投资者提供稳定的诉讼预期，加大对群体性纠纷中平行案件的调解力度，从而实现适法统一，提升审判效率，降低诉讼成本，促进矛盾化解。对同一侵权行为所涉平行案件而言，示范案件不仅有“示范性”的作用，亦有“试验性”的作用。在无行政处罚前置导致民事诉讼胜诉预期不明朗的案件中，示范案件的判决结果能起到“投石问路”的效果。如果法院认定被告应负民事赔偿责任，则后续平行案件可以通过诉调对接机制、快速审执机制快速化解；如果法院认定民事赔偿责任不成立，则投资者一方在没有新的证据的情况下，无须再浪费诉讼成本寻求司法救济。同时，示范判决机制亦与支持诉讼、公益诉讼等机制相结合，更加灵活且“试验”成本较低。

（三）加强监管机关在先行赔付机制中的作用

2019 年修订后的证券法第 93 条从法律层面正式确定了证券市场先行赔付制度。从实践经验看，先行赔付机制是解决证券市场民事赔偿诉讼难题的替代性举措，其本质为先行赔付人与投资者之间达成的诉讼外和解协议。[①] 先行赔付首要内容是“先行”，即在正常的司法确认之前实现损害赔偿，将漫长的责任认定和划分程序设置在相对容易和快捷的主体之间，避免投资者陷入烦琐耗时的诉讼程序中，进而降低了私权救济的成本。迄今为止，针对证券侵权案件，我国共有三起先行赔付投资者的成功案例。[②] 三起案例中投资者赔付工作均采用由先行赔付

① 参见肖宇、黄辉：《证券市场先行赔付：法理辨析与制度构建》，载《法学》2019 年第 8 期。

② 分别为“万福生科案”“海联讯案”“欣泰电气案”。

人出资设立专项基金的模式，投资者保护基金公司作为第三方中介机构，接受出资人委托，担任专项基金管理人，负责管理、运作和处分基金。

目前，我国投资者专项补偿性基金的适用范围尚不普遍，在针对投资者专项补偿性基金的成立问题上，应借鉴我国目前已有的成功案例，采用监管机关推动、证券侵权行为人自身设立投资者补偿基金的做法。这主要是因为，对证券侵权行为人而言，其最为清楚自己的侵权情形及对投资人造成的损失如何，故自身积极地设立投资者补偿基金，既可以对侵权后果担责，也可以因此获得监管机关对自身违法违规行为某种程度上的宽解。针对投资者补偿基金的资金来源问题，可通过监管机关促使有赔付能力的上市公司、中介机构、董事、监事、高级管理人员等责任主体，主动拿出相应资金来补偿投资者，这样既方便了广大投资者及时获得补偿，同时又起到惩治"首恶"的目的，符合 2019 年修订后的证券法的立法精神，形成各方主体履职尽责的资本市场生态。

典型案例

对名为提供投资建议实为操纵市场的行为应依法予以处罚

——左某诉中国证券监督管理委员会罚款及行政复议案

陈良刚[*]

【基本案情】

2020年9月7日，中国证券监督管理委员会（以下简称证监会）作出被诉处罚决定，查明的案件事实包括：（1）涉案账户控制情况。邵某实际控制“刘某英”账户组。左某实际控制“小左1号”账户组，该账户组包括“德邦基金-海通证券-小左1号”资产管理计划（以下简称“小左1号”）和“郁某”两个账户。胡某负责广发证券股份有限公司（以下简称广发证券）做市商专用账户日常交易。（2）邵某、左某合谋操纵在新三板挂牌交易的某股票（以下简称A股票）。邵某与左某存在共同操纵A股票股价及交易量的合谋，左某多次指点邵某操纵技巧，且明确指出要避免引起监管层注意。邵某集中资金优势、持股优势，连续大量买卖A股票，左某配合其实施操纵，影响交易量和交易价格。（3）胡某利用做市商定价优势配合邵某操纵收盘价。证监会认为，邵某、左某、胡某分别利用“刘某英”账户组、“小左1号”账户组、广发证券做市交易账户操纵A股票，分别合计亏损586万余元、114万余元和2万余元。邵某、左某的行为违反了2005年修订并先后于2013年和2014年修正的证券法（以下简称2014年证券法）第77条第1款第1项的规定，胡某的行为违反了2014年证券法第77

* 北京金融法院法官。

条第 1 款第 4 项的规定。证监会根据当事人的违法事实、性质、情节与社会危害程度，依据 2014 年证券法第 203 条的规定，决定对邵某处以 150 万元罚款，对左某处以 80 万元罚款，对胡某处以 40 万元罚款。

左某不服证监会在被诉处罚决定中对其作出的行政处罚，向证监会申请行政复议。证监会于 2021 年 3 月 10 日作出被诉复议决定，决定维持被诉处罚决定中对左某的行政处罚。

左某仍不服，诉至北京金融法院，请求撤销被诉处罚决定中对其作出的行政处罚及被诉复议决定。其提出的主要理由为：（1）上海小左资产管理有限公司（以下简称小左资产）向德邦基金管理有限公司（以下简称德邦基金）成立的“小左 1 号”提供投资建议的行为是单位行为，而不是左某的个人行为。（2）“小左 1 号”是德邦基金主动管理的产品而不是通道业务，左某无法控制“小左 1 号”。（3）左某未配合邵某操纵 A 股票。

证监会辩称，被诉处罚决定和被诉复议决定认定事实清楚，证据充分，适用法律正确，符合法定程序，请求驳回左某的诉讼请求。

【争议焦点】

本案争议焦点为：（1）左某能否控制“小左 1 号”的投资交易；（2）左某主观上是否具有配合邵某实施操纵的意图以及客观上是否配合实施了操纵行为。

【裁判结果】

北京金融法院于 2022 年 1 月 29 日作出（2021）京 74 行初 22 号行政判决，驳回左某的诉讼请求。

一审判决后，左某提起上诉。北京市高级人民法院于 2022 年 9 月 13 日作出（2022）京行终 3197 号行政判决，驳回上诉，维持一审判决。

【案例评析】

本案诉讼中，左某认可证监会具有作出被诉处罚决定和被诉复议决定的法定职权，亦认可被诉处罚决定和被诉复议决定的程序合法性。同时，左某对被诉处罚决定认定的“小左 1 号”账户组交易 A 股票的情况以及三板做市指数下跌情况和 A 股票股价上升情况不持异议。本案的主要争议焦点在于左某是否实际控制

"小左1号"账户组并配合邵某实施了操纵A股票股价和交易量的违法行为。因被诉处罚决定作出于2019年修订的证券法（以下简称2019年证券法）施行之后，而违法行为发生于2014年证券法实施期间，故本案也涉及新旧法选择适用问题。

一、对新旧证券法的选择适用

对于新旧法选择适用问题，自2021年7月15日起施行的行政处罚法第37条规定："实施行政处罚，适用违法行为发生时的法律、法规、规章的规定。但是，作出行政处罚决定时，法律、法规、规章已被修改或者废止，且新的规定处罚较轻或者不认为是违法的，适用新的规定。"该规定体现了"从旧兼有利"原则。此前，2004年《最高人民法院关于审理行政案件适用法律规范问题的座谈会纪要》已作出相应规定，即："行政相对人的行为发生在新法施行以前，具体行政行为作出在新法施行以后，人民法院审查具体行政行为的合法性时，实体问题适用旧法规定，程序问题适用新法规定，但下列情形除外：（一）法律、法规或规章另有规定的；（二）适用新法对保护行政相对人的合法权益更为有利的；（三）按照具体行政行为的性质应当适用新法的实体规定的。"

本案中，证监会于2020年9月7日作出被诉处罚决定时，尽管2019年证券法已自2020年3月1日起施行，但被诉处罚决定针对的违法行为发生于2015年，该违法行为发生时正在施行的是2014年证券法。同时，针对操纵市场违法行为，2014年证券法第203条设定的行政处罚比2019年证券法第192条设定的行政处罚更轻。根据上述会议纪要确立的实体问题"从旧兼有利"原则，对本案被诉处罚决定合法性的审查应当依据2014年证券法。

与针对操纵市场违法行为的行政处罚相比，新旧证券法对其他一些违法行为的行政处罚在孰轻孰重上并不一目了然。例如，2019年证券法第213条第1款和2014年证券法第226条第3款相比，新法设定的罚款力度要远大于旧法，但取消了旧法中针对"情节严重"的违法行为所设定的"责令关闭或者撤销证券服务业务许可"的处罚种类，而该类处罚属于能力罚或资格罚，常被认为属于比一般财产罚更重的处罚。实际上，实践中存在不少难以直接确定处罚轻重的情形。例如，新法将旧法规定的限额罚款改成了倍数罚款，新法提高罚款上限却又取消了罚款下限，新旧法设定的处罚种类不完全对应等。笔者认为，在无法仅依据法定种类和幅度直接判断处罚轻重的情况下，可以考虑采取"代入式"比较法，即根据案件所涉违法行为的事实、性质、情节和社会危害程度分别依据新旧法进行量罚，根据具体的量罚结果再比较轻重，从而选择适用相应的法律规范。

实践中有时还出现单一违法行为跨越新旧法的情形，即从旧法实施期间一直持续到新法实施期间。对此，笔者认为，由于旧法失效时违法行为尚未终了，违法行为在新法实施后仍在发生，新法可被认定为违法行为发生时的法律，按照新法处罚于法有据。但有必要考虑违法行为在新旧法实施阶段所占的比重，新法比旧法处罚更重，而主要违法事实发生于旧法实施期间的，在适用新法时应当在具体量罚情节上予以考虑。

二、对账户控制关系的认定

本案中，证监会认定的“小左1号”账户组包括“小左1号”账户和“郁某”账户。左某认可“郁某”账户由其控制，但不认可“小左1号”账户由其控制。笔者认为，综合分析在案证据，证监会认定左某实际控制该账户组具有相应的事实根据。

一方面，尽管小左资产是以投资建议的名义向德邦基金提出关于买入或卖出A股票的意见并由德邦基金进行下单交易的，但证监会提供的证据能够证明德邦基金实际上仅承担募集通道和交易下单的职能。首先，时任德邦基金品牌与营销管理部总经理助理罗某在接受证监会询问时明确表示，“当时跟左某约定好，德邦基金只是承担一个募集通道和下单交易的职能”。时任德邦基金交易部主管刘某和时任德邦基金专户投资部投资经理钟某在接受证监会询问时均表示，“小左1号不是德邦基金主动管理的产品，是通道业务”，德邦基金“会严格执行小左资产发来的投资建议书中的交易指令”。结合小左资产与德邦基金签订的《策略伙伴合作协议》中有关“小左资产负责本计划所持新三板股票的流动性管理”“当本计划办理退出业务时，小左资产应当确保本计划财产中具有足够现金资产支付委托人退出资金”“当本计划终止清算时，小左资产应当确保将本计划所持全部财产清仓变现”等约定内容，不难看出设立“小左1号”实质上是为小左资产投资新三板股票作出的交易安排，由小左资产下达投资指令并承担市场风险。其次，左某与邵某的微信聊天记录、投资建议书发送情况和“小左1号”账户组的交易情况可以证明，左某与邵某关于交易A股票的相关商议内容直接反映到投资建议书中，并由德邦基金实际执行，三者之间形成了高度趋同。德邦基金出具的《关于德邦基金—小左1号资产管理计划投顾交易指令执行情况的说明》亦载明德邦基金实际按照投资建议书的指令执行，未成交的部分主要是受市场因素、系统因素和风控的影响，并非其主动管理的结果。最后，小左资产在2015

年 11 月 16 日出具的承诺函以及另一份关于认购定向发行股票的书面声明中明确认可其为“小左 1 号”的实际投资决策人。

另一方面，尽管小左资产与德邦基金签订的《策略伙伴合作协议》中约定的投资顾问是小左资产，涉案投资建议书大多也加盖有小左资产的印章，但证监会提供的证据能够证明投资建议的提出及内容实际上是由左某控制的。首先，从小左资产的股权结构看，左某之妻郁某持股 60%，为小左资产的控股股东。在小左资产与德邦基金签订的《策略伙伴合作协议》中，左某被列为小左资产的联系人，且在 3 名小左资产联系人中排在第一位。其次，小左资产的法定代表人王某在接受证监会询问时明确表示，其并不具体参与公司业务，“小左 1 号”的产品资金募集和投资决策都是由左某负责的，在投资建议书上签字的徐某只是对用印过程进行审核，在公司没有实际任职。德邦基金的罗某、钟某、刘某在接受证监会询问时亦表示，“小左 1 号”设立、资金募集过程中主要是与左某联系的，在投资交易过程中也是与左某及其助理张某联系的。王某的陈述与罗某、钟某、刘某的陈述能够相互印证。最后，从左某与邵某的微信聊天记录看，左某多次向邵某表示其会以某个区间的价格买入或卖出一定数量的 A 股票，在此过程中左某并未表示对 A 股票的交易需要提前提请小左资产相关机构集体研究决定或他人审核同意。在证监会调查过程中和本案诉讼中，左某亦未提交证据证明涉案投资建议的提出及内容不是由其实际控制的。

由上可见，从小左资产与德邦基金的关系看，小左资产名义上是德邦基金的投资顾问，但实际上对“小左 1 号”的投资交易具有决策权。从左某与小左资产的关系看，投资顾问名义上是小左资产，但投资建议的提出及内容实际上是由左某控制的。通过以上双重控制关系，左某对于“小左 1 号”账户交易 A 股票实际上具有控制作用，加之“郁某”的账户亦由其实际控制，证监会在被诉处罚决定中作出左某实际控制“小左 1 号”账户组的认定具有相应的事实根据，并无不当。

三、对操纵市场违法行为的认定

首先，左某与邵某的微信聊天记录可以证实，左某与邵某存在操纵 A 股票股价和交易量的意思联络。左某多次向邵某告知交易 A 股票的情况，并就下一步的交易时间、交易价格、交易量等进行沟通，还明确提出要避免引起管理层注意等，反映出左某具有配合邵某对 A 股票股价和交易量实施操纵的主观意图。

其次，证监会在作出被诉处罚决定前收集的证据能够证明，邵某集中资金优势、持股优势，连续大量买卖A股票，影响A股票交易量和交易价格。同时，左某与邵某微信聊天的相关内容、由左某实际控制的投资建议的相关内容以及“小左1号”账户组实际交易A股票的情况高度吻合，左某配合邵某实施了操纵行为。

最后，证监会基于“小左1号”账户组对A股票的总成交量和申报量占同期市场交易量和申报量的比重以及A股票股价偏离三板做市指数等情况，认定左某和邵某的交易行为影响了A股票的交易量和价格走势，亦具有相应的事实根据。

由上可见，证监会认定邵某和左某存在共同操纵A股票的合谋，并认定左某控制“小左1号”账户组配合邵某实施了操纵行为，且对A股票股价和交易量产生影响，具有相应的证据支持。

四、结论及意义

因左某实施涉案操纵行为没有违法所得，证监会根据左某的违法事实、性质、情节与社会危害程度，依据2014年证券法第203条，决定对左某处以80万元罚款，适用法律正确，处罚幅度适当，不存在明显不当的情形。证监会在作出被诉处罚决定前向左某告知了拟作出处罚决定的事实、理由、法律依据及具体内容，举行了听证会，听取了左某的陈述申辩意见并进行了复核，在作出被诉处罚决定后依法向左某进行了送达，据此可以认定证监会对左某作出行政处罚决定的程序符合法律规定。同时，证监会针对左某的行政复议申请所作的被诉复议决定认定事实清楚，适用法律正确，符合法定程序。综上，左某要求撤销被诉处罚决定中对其所作行政处罚及被诉复议决定的请求缺乏事实根据和法律依据，依法应予驳回。

本案系北京金融法院受理的首例因证券监管部门对操纵新三板股票违法行为作出行政处罚引发的行政诉讼案件，法院认为，行为人虽以提供投资建议为名，且并非证券账户名义持有人，但实际控制证券账户和证券交易的，应当对相关交易行为构成操纵市场违法行为依法承担相应法律责任。实践中，证券账户名义持有人和实际控制人、证券交易具体操作人和实际决策人不一致的情形屡见不鲜，这也是导致部分证券违法行为带有较强的隐蔽性和迷惑性的原因之一。证券监管机构应当在全面查明案件事实的基础上，准确认定违法行为的性质和主体，依法作出行政处罚。人民法院通过审理证券行政案件，发挥着保护公民、法人和其他组织合法权益，监督和促进证券监管机构依法履行监管职责，维护证券市场良好秩序和生态的独特作用。

对“内幕信息”外延的界定应以法律概念的规范目的为中心进行实质性判断

——蒋某某等诉证监会厦门监管局罚款、没收违法所得及证监会行政复议案

向绪武* 朱 玲**

【基本案情】

上诉人蒋某某、朱某因没收违法所得、罚款及行政复议一案，不服北京市西城区人民法院（以下简称一审法院）作出的（2020）京0102行初680号行政判决（以下简称一审判决），向本院提起上诉。

上诉人（一审原告）蒋某某、朱某诉称：（1）根据从旧兼有利规则，本案应适用2019年证券法进行审理，案涉债务危机事项均不构成内幕信息，证券法规定的内幕信息均为上市公司本身的信息，而某安控股集团有限公司（以下简称某安集团）系两个上市公司的控股股东或者持股30%以上的大股东，其短期流动性困难不属于内幕信息。（2）案涉信息在原告大量交易行为之前已经公开，保密要求仅针对向省政府汇报的处理解决方案。（3）不良媒体将某安集团短期流动性困难夸大为债务危机，导致浙江某安人工环境股份有限公司（以下简称某安环境公司）、安徽某南化工股份有限公司（以下简称某南化工公司）复牌后连续跌停，本案违法所得金额计算不合理。请求撤销中国证券监督管理委员会厦门监

* 北京金融法院三级高级法官。
** 北京金融法院法官助理。

管局（以下简称厦门证监局）作出的〔2020〕3号行政处罚决定书（以下简称被诉处罚决定）及中国证券监督管理委员会（以下简称证监会）作出的〔2020〕214号行政复议决定书（以下简称被诉复议决定）。

被上诉人（一审被告）厦门证监局辩称，被诉处罚决定认定事实清楚、证据确凿充分、程序合法，请求判决驳回上诉人的上诉请求。

被上诉人（一审被告）证监会辩称，被诉复议决定程序合法，维持被诉处罚决定于法有据，请求判决驳回上诉人的上诉请求。

法院经审理查明：2020年6月，厦门证监局作出行政处罚决定书（以下简称被诉处罚决定）认定：某安集团为上市公司某南化工公司控股股东，并通过直接和间接持股，合计持有上市公司某安环境公司30%以上股份。某安集团为偿还22亿元到期债券，计划于2018年4月发行两笔12亿元、10亿元超短期融资券。截至2018年4月24日11时，某安集团发行的12亿元债券失败。2018年5月3日、5月4日，某安环境公司、某南化工公司分别发布公告，称某安集团若无法妥善解决债务清偿问题，存在公司控制权变更的可能。2018年4月24日，蒋某某参加了某安集团管理层会议；朱某与某安集团领导层及相关人员有接触联络。在此期间，蒋某某操作其丈夫“周某”的证券账户卖出某安环境公司股票，成交815万余元，避免损失336万余元；朱某操作“项某”“裘某”证券账户卖出某安环境公司股票，成交1137万余元，避免损失472万余元；朱某操作“宣某”证券账户卖出某南化工公司股票，成交1191万余元，避免损失68万余元。厦门证监局认为蒋某某、朱某构成内幕交易，作出以下决定：没收蒋某某违法所得391万余元，并处以罚款1120万余元；没收朱某违法所得486万余元，并处以罚款500万余元。蒋某某、朱某不服，向证监会申请行政复议。证监会经复议维持被诉处罚决定。蒋某某、朱某不服，诉至一审法院，请求撤销被诉处罚决定和被诉复议决定。一审法院经审理判决驳回其诉讼请求。蒋某某、朱某仍不服，向北京金融法院提出上诉。

【争议焦点】

本案争议焦点为：（1）厦门证监局适用2005年证券法作出被诉处罚决定是否正确；（2）被诉处罚决定认定“某安集团债务危机事项”属于内幕信息是否具有事实根据和法律依据；（3）被诉处罚决定认定朱某内幕交易某南化工公司股票的证据是否充分；（4）被诉处罚决定认定“宣某”证券账户由蒋某某控制

并认定蒋某某和朱某共同内幕交易是否具有事实根据。

【裁判结果】

北京金融法院于2022年1月7日判决如下：（1）撤销一审法院作出的（2020）京0102行初680号行政判决；（2）撤销厦门证监局作出的〔2020〕3号行政处罚决定书的第3项，即“对蒋某某、朱某共同内幕交易‘甲公司’行为，没收蒋某某、朱某违法所得688628.47元，其中蒋某某承担550902.78元，朱某承担137725.69元，并对蒋某某处以罚款1101805.55元，对朱某处以罚款275451.39元”，一并撤销厦门证监局在〔2020〕3号行政处罚决定书中作出的“以上合计，没收蒋某某违法所得3917157.05元，并处以罚款11200568.36元；没收朱某违法所得4865668.56元，并处以罚款5003394.26元”的认定；（3）撤销证监会作出的〔2020〕214号行政复议决定书；（4）驳回蒋某某、朱某的其他诉讼请求。

【案例评析】

本案首次明确了内幕交易行政处罚案件判断某信息是否构成内幕信息的裁判标准。即内幕信息的认定不应限于2019年证券法第80条第2款和第81条第2款罗列的重大事件。证券执法部门查处内幕交易案件有权依据内幕信息定义条款对相关信息进行实质性判断。内幕交易违反了证券市场“公开、公平、公正”的原则，严重破坏市场交易秩序，侵害投资者合法权益。通过本案裁判，不仅有利于保护投资者的合法权益，也有助于在一定程度上提高证券监管部门打击内幕交易行为的效率。

一、“重大债务危机事项”是否构成内幕信息

本案争议焦点在于某安集团“重大债务危机事项”是否构成内幕信息。2019年证券法52条规定了内幕信息的概念，该法第80条、第81条明确列举的重大事件属于内幕信息。由于“债务危机事项”并没有列入重大事件。对此需要结合证券法的定义，对“重大债务危机事项”是否属于内幕信息进行认定。

某安集团提出，某安集团的“重大债务危机事项”信息不构成内幕信息。

主要理由是：第一，某安集团没有出现逾期或未兑付情形，假定的“某安集团债务危机事项”不成立。某安集团按时兑付了到期债券，没有出现逾期或未兑付的情形。第二，被诉处罚决定适用法律错误。2019 年证券法取消了对证监会在证券法和公开规定列举情形之外认定内幕信息的授权。根据 2019 年证券法的规定，“某安集团债务危机事项”不是某南化工和“某安环境”的内幕信息，案涉交易行为不是内幕交易。案涉行政行为适用已经废止的 2005 年证券法第 8 项对交易行为进行负面评价，适用法律错误。

北京金融法院认为，2019 年证券法第 52 条第 1 款规定“证券交易活动中，涉及发行人的经营、财务或者对该发行人证券的市场价格有重大影响的尚未公开的信息，为内幕信息。”该规定与 2014 年证券法第 75 条第 1 款的规定相同，即 2019 年证券法沿袭了 2014 年证券法中有关内幕信息的概念。同时，2019 年证券法第 52 条第 2 款规定：“本法第八十条第二款、第八十一条第二款所列重大事件属于内幕信息。”依据该款规定，重大事件属于内幕信息，但不能据此得出内幕信息仅限于重大事件的结论。除该法第 80 条第 2 款和第 81 条第 2 款所列举的重大事件外，执法实践中证券监督管理机构有权根据具体事实并依据该法第 52 条第 1 款有关内幕信息的概念对相关信息是否属于内幕信息作出认定。

根据 2005 年证券法第 75 条的规定，内幕信息应当同时具有重大性和非公开性两个核心要素。本案中，被诉处罚决定认定案涉内幕信息为“某安集团债务危机事项”，故应当结合某安集团债务危机起因、发展的事实过程判断其是否具备内幕信息的基本特征。

第一，“某安集团债务危机事项”具有重大性。某安集团为偿还两笔合计 22 亿元到期债券，计划在银行间债券市场发行两笔额度分别为 12 亿元、10 亿元超短期融资券。其中该笔 12 亿元超短期融资券对某安集团影响重大，但某安集团未能完成募集，将导致某安集团出现债务危机，直接影响公司持续经营和健康发展，并对该公司的市场价格产生重大影响。

第二，“某安集团债务危机事项”具有非公开性。虽然某安集团于 2018 年 4 月 24 日对超短期融资券取消发行事项进行了公告，但该公告并不导致对债务危机事项的公开，在银行间债券市场中取消发行较为常见且原因多样，并不必然导致债务危机。同时取消发行公告中并未对取消发行的原因以及对某安集团、某安环境公司、某南化工公司可能造成的影响进行完整披露，因而债务危机事项并未随取消发行的公告而被一般公众投资者知悉。此外，在案证据显示，公司对债务危机事项进行了严格的信息管理，相关资料定级为“绝密”文件，严格控制内幕知情人范围。据此，厦门证监局认定某安集团债务危机事项属于内幕信息定性准确。

二、"重大债务危机事项"构成内幕信息的理论分析

某安集团的"重大债务危机事项"是否构成内幕信息的争论焦点，主要有以下意见。

(一) 内幕信息的立法规定

某安集团认为，2019 年证券法修改取消了证券监督管理机构认定内幕信息的裁量权，该第 80 条第 2 款、第 81 条第 2 款规定的兜底条款为"国务院证券监督管理机构规定的其他事项"，即证券监督管理机构认定内幕信息，应当根据事先作出的规定进行认定，在没有将"重大债务危机事项"规定为内幕信息的情况下，不应当直接认定内幕信息。合议庭认为，由于法律具有滞后性，不可能随时修改补充，立法必然具有概括性，一般情况下规定兜底条款，以应对丰富的执法实践。实践中，也有大量的法律法规设定了兜底条款，例如，刑法第 182 条第 1 款列举了市场操纵的违法行为方式，在第 4 项规定的"以其他方法操纵证券、期货市场的"即为兜底条款。

关于兜底条款，主要有两种方式，一种是相关部门规定的有关情形，另一种是相关部门认定的有关情形。前一种情形可以理解为授权行政机关事先作出规定，然后依据事先制定的规定来处理相关事务。后一种情形可以理解为授权行政机关可以根据事实和证据直接进行认定处理具体事务。2019 年证券法第 80 条第 2 款第 12 项"国务院证券监督管理机构规定的其他事项"，与 2014 年证券法第 75 条第 2 款第 8 项"国务院证券监督管理机构认定的其他事项"仅一字之差，是否理解为立法取消了证券监督管理机构"认定"内幕信息的授权？合议庭认为，难以得出这个结论。此处修改可以理解为证券监督管理机构根据"规定"认定其他事项是否属于重大事件，但是不能当然得出证券监督管理机构不能认定内幕信息，即重大事件属于内幕信息，但并不能得出内幕信息仅限于重大事件。

(二) 内幕信息的类型

某安集团主张，本案控股股东某安集团的"债务危机事项"，不是上市公司某南化工公司和某安环境公司的经营、财务信息。根据 2005 年证券法第 75 条的

规定，笔者认为，内幕信息分为两种类型，一种是涉及公司本身的经营、财务信息，二是对公司证券的市场价格有重大影响的信息。具体可以分为以下两种情况。

第一，来源于上市公司“内部的信息”。具体分为以下几种情况：（1）与公司业务和经营相关的信息，例如，2005 年证券法第 67 条第 1—6 项的信息；（2）与公司管理和治理相关的重大事件，例如：2005 年证券法第 67 条第 7—9 项的信息；（3）公司的涉法涉诉相关重大事项，例如，2005 年证券法第 67 条第 10—11 项的信息。

第二，来源上市公司“外部的信息”。这些信息指并非来源于发行人或上市公司，与发行人或上市公司并无直接关系，但能够对一个或多个证券的价格产生重要影响的信息。例如，政府作出重大宏观政策调整或者行业支持的信息，政府发布的对某类产品进行补贴或者加大政策支持力度，公司的实际控制人出现重大情况等。

本案中，某安集团作为上市公司某南化工公司、某安环境公司的控股股东，“某安集团债务危机事项”的信息，即属于第二种情况的信息。根据证券法的规定，内幕信息应当同时具有重大性和非公开性两个特征，这是认定是否构成内幕信息的核心要素。

第一，该信息具有重大性。某安集团计划发行的 12 亿元超短期融资券对某安集团影响重大，但未能完成募集，将导致某安集团出现债务危机。对某安集团、下属上市公司、其他控股子公司都会产生重大影响，相关债务危机可能引起的连锁反应或对全省产生重大影响。

第二，“某安集团债务危机事项”具有非公开性。虽然某安集团于 2018 年 4 月 24 日对超短期融资券取消发行事项进行了公告，但该公告并不导致对债务危机事项的公开。同时取消发行公告中并未对取消发行的原因以及对某安集团、某安环境公司、某南化工公司可能造成的影响进行完整披露，因而债务危机事项并未随取消发行的公告而被一般公众投资者知悉。另外，公司对债务危机事项进行了严格的信息管理，相关资料定级为“绝密”文件，严格控制内幕知情人范围。据此，厦门证监局认定某安集团债务危机事项属于内幕信息定性准确。

第三，“某安集团债务危机事项”的指向已经具有明确性。内幕信息应当具有明确性，内幕信息的明确性不同于信息的最终确定性，判断的重要因素在于对理性投资者的决策而言是否明确。对一个理性的投资者而言，获知相关信息内容可能对其投资决策产生实质性影响的，可以认定相关信息已经具有了明确性。本案中，"某安集团债务危机事项"如果为理性的市场投资者知悉，就可能会对其投资决策产生实质性影响。虽然某安集团最终兑付到期债券，"某安集团债务危机事项"并没有实际发生，但不影响内幕信息的定性。

三、本案裁判的典型意义

（一）明确内幕信息认定标准的法律价值

1. 维护公开公平公正的市场交易秩序

近年来，内幕交易违法行为呈持续增长趋势，严重扰乱资本市场公平公正的发展秩序，打击了投资者信心，削弱了中小股民的获得感。资本市场是信息市场，广大投资者有权利了解上市公司的经营信息，保障投资者享有公平知情权，有助于其作出合理的投资决策，也有利于保障证券市场的公开和透明。

2. 提升资源配置效率

内幕信息知情人利用已掌握的内幕信息进行证券买卖获利，大大降低了整个证券市场的资源配置效率。明确内幕交易重大信息的认定标准，有助于更加准确地打击内幕交易行为，提升执法效率，提升整个证券市场的资源配置效率。

（二）本案裁判明确的两个问题

本案判决主要是明确了证券监督管理机构可以根据内幕信息定义条款认定内幕信息，上市公司控股股东的重大债务危机事项在公开前，属于对发行人证券的市场价格有重大影响的内幕信息两个问题。

一是明确认可证券监督管理机构对相关信息是否属于内幕信息进行认定时，除依照证券法所列举的重大事件以外，有权依法围绕内幕信息定义中重大性和非公开性的两个核心要素并结合具体案情进行实质判断。2019 年证券法第 52 条第 1 款属于内幕信息的法律概念条款，"证券交易活动中，涉及发行人的经营、财务或者对该发行人证券的市场价格有重大影响的尚未公开的信息，为内幕信息。"据此，对证券市场中"内幕信息"的外延界定，应以法律概念的规范目的为中心，采用目的解释方法，从内幕信息的重大性和非公开性两大要素进行实质判断。除该法第 80 条第 2 款和第 81 条第 2 款所列举的重大事件外，执法实践中证券监督管理机构有权根据具体事实并依据该法第 52 条第 1 款有关内幕信息的定义对相关信息是否属于内幕信息作出认定。

二是上市公司控股股东的重大债务危机事项在公开前，属于对发行人证券的市场价格有重大影响的内幕信息。本案上市公司的控股股东存在重大债务危机，如果该危机不能妥善化解，将可能影响上市公司控制权变更。公司控制权的变更体现了实际控制人的决心和对公司未来发展的信心，属于能够影响投资者预期、对发行人证券市场的价格产生重大影响的信息。因此，对可能引发公司控制权变更的“重大债务危机”事项，在依法公开前应当作为内幕信息予以规制。

信托公司信义义务履行的认定与裁判思路

——申万宏源证券有限公司与中粮信托有限责任公司营业信托纠纷案

徐宇翔*

【基本案情】

2016年12月26日，中粮信托有限责任公司（以下简称中粮信托公司）（贷款人）与宋河酒业（借款人）签订《信托贷款合同》（以下简称主合同），约定中粮信托公司以其设立的涉案信托计划项下募集资金向宋河酒业发放信托贷款人民币2亿元。同日，双方签订《动产抵押合同》，约定宋河酒业以其存放于储罐内的1230.81吨宋河九号散酒（以下简称涉案抵押财产）抵押给中粮信托公司，为宋河酒业在信托贷款合同项下的全部债务提供抵押担保。根据中粮信托公司出具的《尽职调查报告》，载明在涉案信托计划发行前，宋河酒业在其厂区将勾兑好的1200吨50度国字宋河九号散酒灌装入指定钢体罐内，由当地质量监督局对酒品进行取样鉴定出具了质量鉴定报告。双方已就前述抵押物共同向河南省鹿邑县工商行政管理局申请办理了动产抵押登记，中粮信托公司于2016年12月27日取得《动产抵押登记书》。另作为担保方式，中粮信托公司与辅仁集团、朱某臣分别签订《保证合同》，约定辅仁集团为宋河酒业在主合同项下的全部债务提供无限连带保证担保。

2017年1月18日，申万宏源证券有限公司（以下简称申万宏源公司）（委托人、受益人）与中粮信托公司（受托人）签署《中粮信托长丰一号集合资金信托计划信托合同》（以下简称《信托合同》）。中粮信托公司在《信托合同》

* 北京金融法院法官。

《认购（申购）风险申明书》《信托计划说明书》中多次提示了抵押物风险，同月19日，申万宏源公司向信托财产专户支付认购资金1亿元。同月25日，中粮信托公司发布涉案信托计划成立公告，载明信托资金共计2亿元已募集结束，并全部存入信托专户。同年2月7日，中粮信托公司出具收款通知书/受益权证明书，称信托计划于同年1月19日正式成立，已收到申万宏源公司认购的信托资金1亿元，已全部记入受益人账户，合同载明中粮信托公司作为该项目的受托人，将依照信托合同和相关文件的规定，规范运作，为申万宏源公司提供高效、专业的服务。自2017年3月至2018年12月每自然季度末月的21日，中粮信托公司通过信托财产专户向申万宏源公司支付了当期的信托利益。

2019年1月18日，中粮信托公司向宋河酒业发送违约告知函，告知宋河酒业就案涉贷款构成实质性违约，贷款人保留并有权行使相关违约救济权利。宋河酒业违约后，中粮信托公司通过微信和邮件方式向申万宏源公司披露信托贷款清收及变现情况，积极采取各项措施保护委托人利益收回现金15042.632万元并向申万宏源公司分配信托利益7515万元；通过强制执行等方式，取得辅仁集团所持辅仁药业700万股的股票，并执行回款4万余元；促使宋河酒业关联公司辅仁科技额外提供辅仁集团8%的股权质押作为新增担保；在北京金融资产交易所发布债权转让公告，寻求多样化的债权实现方案；为了确保宋河酒业抵押的鹿邑县工业园区内327、328号罐内的宋河九号散酒的安全，中粮信托公司持续缴纳保全费和保险费等。

申万宏源公司以中粮信托公司构成根本违约诉至法院，认为中粮信托公司未经适当审查就发放信托贷款，没有按照《信托贷款合同》《保证合同》等交易文件的约定履行贷后管理职责，同时也没有及时清收信托贷款和变现信托财产，请求法院判令解除《信托合同》，返还信托资金并赔偿损失。

【争议焦点】

本案争议焦点为：（1）中粮信托公司发放贷款时，是否对抵押物的质量和价值进行审慎核查；（2）中粮信托公司是否履行了贷后管理职责；（3）中粮信托公司是否及时清收信托贷款和变现信托财产；（4）中粮信托公司是否充分履行适当性义务。

【裁判结果】

营业信托是高风险、高收益的商事行为。专业投资机构，相较自然人投资者，具备较高的管控风险能力，投资时应开展风险调查评估程序，全面了解投资项目基础上决策。在判断信托公司是否构成根本违约时，亦应当考量专业投资机构履行信义义务的具体情况，对双方当事人予以平等保护。在此基础上，信托公司在信托财产管理过程中存在瑕疵，不应径行判定其承担责任。

北京市东城区人民法院一审驳回原告申万宏源证券有限公司的诉讼请求。后申万宏源公司向北京金融法院提起上诉，北京金融法院经审理驳回上诉，维持原判。

【案例评析】

一、理论之基：营业信托信义义务的正当性基础

信托制度起源于英国法上的用益制度。用益的设计结构是：甲将自己的财产转让给乙，约定由乙为丙的利益管理、处分该财产。[①] 在封建时代的英国，委托人或者受益人为了实现避免税负等目的将土地转至受托人名下，后来该项制度有用于遗嘱信托等领域，并逐渐被衡平法所确认，形成了现代信托制度。日本是大陆法系第一个引入信托法的国家，1922 年，日本颁布了《信托法》和《信托业法》，奠定了日本信托业发展的基本制度框架。[②]

被称为信托“母国”的英国却无以“信托”二字为名的法律，而代之以受托人法的称谓。故此可以看出，受托人在信托关系中的中心地位。受托人一般是信托公司，在信托关系中往往居于优势地位，其是否勤勉履职关系到委托人和受益人切身利益。这种委托人建立在对受托人信任与信赖基础上的关系即属于信义关系。

（一）信义义务的内涵边界

《中国人民共和国信托法》（以下简称《信托法》）第二十五条阐述了信义义务的核心要义，即“诚实、信用、谨慎、有效管理的义务”。《关于规范金融机构资产管理业务的指导意见》（以下简称《资产新规》）第二条规定的资产管理人的“诚实信用、勤勉尽责”义务正是前述信义义务的同义表达，具体包括两个层面：一个是注意义务，需要管理人保持勤勉审慎，以合理的注意控制风

① 参见周小明：《信托制度：法理与实务》，中国法制出版社 2012 年版，第 1 页。

② 参见蒲坚：《论信托》，中信出版社 2014 年版，第 121 页。

险；二是忠实义务，即诚实信用，核心是“避免冲突”和“不得谋利”的义务①，不得将自身置于与当事人利益冲突的地位。

忠实义务与注意义务的特征比较见表1。

表1 忠实义务与注意义务的特征比较

义务	规制目标	义务要求	主动程度	规制范围
注意义务	优化服务标准	强调客观上行为合规	（积极）实施	投资合理安排
忠实义务	避免受托权力滥用	追求主观上坚持道德准则	（消极）遵守	保障受益人利益

（二）销售和管理阶段信义义务的内容区分

《资管新规》将体现为“委托—代理关系”的金融服务统一为资管业务，并要求他们在提供服务过程中履行“诚实信用、勤勉尽责”的信义义务，这就意味着不同的资金机构需要围绕这一内涵拓展与自身业务密切相关的责任内涵。除了行业分野，同一类型资管产品不同阶段信义义务也必然有着不同表现。② 一般资管产品分为“募投管退”四个环节，其中销售是募集的重点环节。鉴于本案例与销售和管理阶段关系较为密切，故主要围绕这两个阶段开展论述。

信义义务在信托业务销售、管理阶段的存在环节见表2。

表2 信义义务在信托业务销售、管理阶段的存在环节

销售阶段		管理阶段				
专业程度		法律身份		信托产品分类		
普通投资者	专业投资者	受益人	委托人	资产管理信托	资产服务信托	公益/慈善信托

一般而言，信托业务在销售环节需要开展专业测试，将投资者区分为普通和专业投资者。在销售阶段信义义务的核心内容即说明告知义务和适当性义务③，在保障消费者知情权的同时，慎重考虑产品是否与消费者的风险认知和承受能力

① Bristo and West Building Society v Mothew, Ch 1, 16(1998). (Staughton LJ and Otton LJ).

② 参见肖宇、许可：《私募股权基金管理人信义义务研究》，载《现代法学》2015年第6期。

③ 2005年银监会颁布的《商业银行个人理财业务管理暂行办法》第37条最早作出了我国对“适当性义务”的规定，内涵是在销售理财产品时必须慎重考虑产品与投资者认识、风险承受能力的匹配程度，金融机构只能推介与投资者风险偏好相适应的产品。

匹配。从表3的分级可以看出，信义义务与投资者所掌握的专业知识密不可分，对于越专业的投资者而言，在购买阶段越是更低程度凭借受托人的推介作出决定，这种情况下应当适当降低受托人的信义义务。

在销售阶段针对不同投资者应当依照投资者类型不同予以适度区分。对于合同主要条款和客观情况的介绍不必区分投资者类型，因为无论是哪种类型的投资者均需借此作出投资决策。但风险提示相关内容，对于专业投资机构而言，如果自身业务与相关行业一致，可以适当降低受托人的程序义务。

信义义务在信托业务销售、投资阶段的存在环节见表3。

表3 《证券期货投资者适当性管理办法》对投资者的类型化区分

<table>
<tr><th colspan="4">合格投资者</th></tr>
<tr><th>专业能力</th><th>资质</th><th>投资者类型（第7条）</th><th>范围或条件（第8条）</th></tr>
<tr><td>高</td><td rowspan="2">专业投资者</td><td>专业机构投资者</td><td>金融机构、金融机构面向投资者发行的理财产品、社会保障基金、企业年金等养老基金，慈善基金等社会公益基金，合格境外机构投资者（QFII）、人民币合格境外机构投资者（RQFII）</td></tr>
<tr><td>次高</td><td>符合条件的法人或者其他组织</td><td>净资产、金融资产、投资经历要求</td></tr>
<tr><td>一般</td><td>普通投资者</td><td colspan="2">上述条件以外的法人、其他组织或自然人</td></tr>
</table>

从本案情况来看，申万宏源公司主张中粮信托公司推介信托计划时，没有进行风险适应性测评，没有履行告知说明义务，没有披露信托计划可能存在的风险。申万宏源公司本身属于专业的机构投资者，在天天基金网公布的2021年全国117家券商总资产排名中位居第七①，故其自身具备充足的投资经验，应当对投资风险有清晰的认识。此外，申万宏源公司在《信托合同》《信托贷款合同》签订过程中已经阅读主要风险条款，以手写字体声明确认，故法院对申万宏源公司主张中粮信托公司没有履行告知说明义、没有披露信托计划可能存在风险的意见不予支持。

（三）管理阶段信义义务中的注意标准

如果当事人在信托受托管理中诚实、勤勉地遵守了注意义务，即不必再课以

① 《117家券商年度规模业绩排行榜出炉》，载天天基金网，https：//baijiahao. baidu. com/s？ id = 1735396396308129774&wfr = spider&for = pc&searchword = % E5% 88% B8% E5% 95% 86%E6%8E%92%E5%90%8D，访问日期2022年7月15日。

法律责任，这是公平正义的必然要求。在英美法上，受托人可能适用三种不同的“注意标准”：主观检验、客观检验和修正的客观检验。①

注意标准的三种类型见表4。

表4　注意标准的三种类型

类型	具体标准
主观检验标准	结合“受信人”的能力、经验和知识衡量。当期已尽力做到最好，那么受托人即使造成损失，也不用承担违反信义义务的责任
客观检验标准	给“受信人”设定一个合理的或审慎的标准来衡量。根据该方法，所有受托人一视同仁，按照同一的标准执行，不论客观经验、知识等的差别
修正的客观检验标准	通过一个理性人的标准来衡量，该理性人是“具有特定的受托人所具有的那些技能、经验和知识”，而“受信人”被期待具有的技能和注意，可能高于或低于该理性人。

对于我国而言，主观检验标准不符合金融市场发展实际。各地区的行业发展、司法水平还有差异，在追寻“类案同判”的大背景下仍容易滋生权力寻租问题。修正的客观检验标准赋予了“注意标准”较大弹性，也不利于对资产管理业务的统一监管和规制。因此笔者认为，我国采用客观检验标准较为符合实践需求。

二、实践审视：受托人尽责标准司法认定

由于信义义务中勤勉尽责的标准要求相对抽象，加之实践中的规范尚不完善，常常引发争议。信义义务相对于信义关系产生，唯有持续完善实践认定，方能有效规制金融市场。

（一）涉信托信义义务案件综述

笔者以“信托”“诚实、信用、谨慎、有效管理”为关键词通过中国裁判文书网检索得到裁判文书347篇。② 从审理层级来看，涉及最高人民法院9篇，占比

① 参见［英］格雷厄姆·弗格：《信托法与信托法原理》，葛伟军、李攀、方懿译，法律出版社2012年版，第579页。

② 关键词：“信托”“诚实、信用、谨慎、有效管理”，载中国裁判文书网，https://wenshu.court.gov.cn/website/wenshu/181217BMTKHNT2W0/index.html，2022年7月10日访问。

3%、高级法院 27 篇，占比 8%、中级法院 150 篇，占比 43%、基层法院 161 篇，占比 46%。由此可知目前信托案件仍主要由中级和基层法院受理。(见图 1)

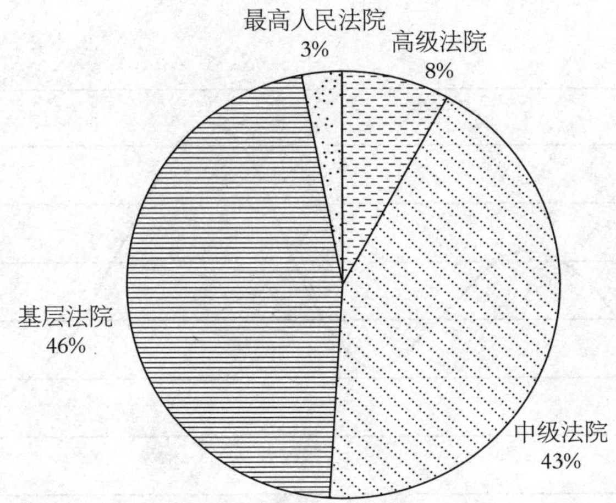

图 1　涉信托信义义务案件审理层级分布

从地域分布来看，陕西省最多，共有 146 件，占比达到 42. 1%，其他较多的省和直辖市为北京市 56 件，占比 16%、上海市 43 件，占比 13%、广东省 18 件，占比 5%。陕西省数量较多的原因主要与近年来在陕注册的信托企业持续增加相关，根据有关统计①，陕西信托企业数量位居全国第五位。(见图 2)

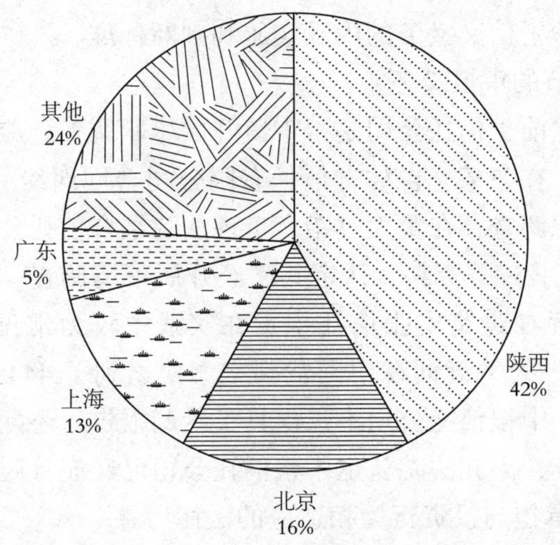

图 2　涉信托信义义务案件地域分布

① 参见《陕西信托企业数量位居全国第五》，载金融界网，https://baijiahao.baidu.com/，2022 年 7 月 13 日访问。

从审理年份来看，2017 年及以前受理案件 33 件，2018 年和 2020 年出现高企，之后持续回落。(见图 3)

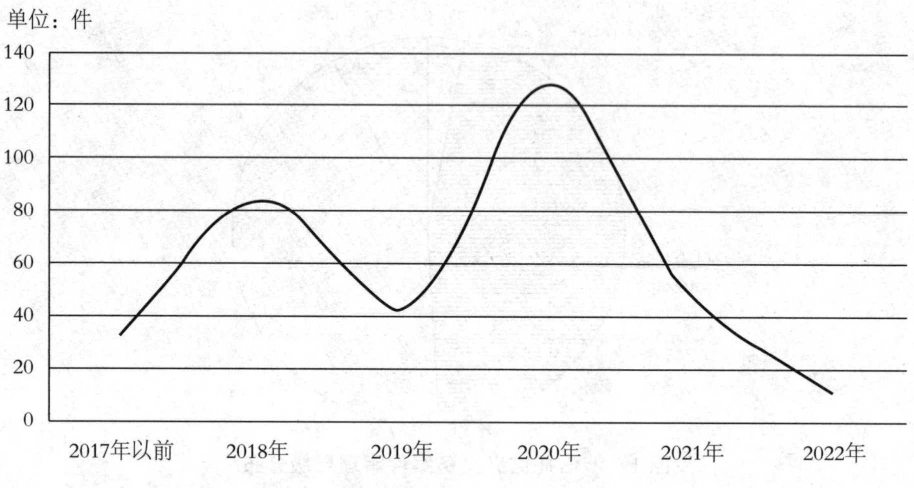

图 3　涉信托信义义务案件数量

(二) 典型实务案例

信义义务在法律规定上较为抽象，实践中各地法院通过审判时间和调查研究，一定程度上厘清了信义义务的内涵实质和判断标准。

1. 尽职调查环节的审慎义务

在信托项目设立前，信托公司是否审慎开展尽职调查，应当结合是否实地调查并出具调查报告。在曹某、吉林省信托有限公司合同纠纷一案①中，委托人曹某主张信托公司尽职调查存在重大过错。审理法院结合信托公司提交的《尽职调查报告》《法律意见书》等资料，认定其已经开展审慎调查，驳回了曹某的该项主张。以尽职调查存在过错主张信托担责在实践中较为常见，笔者以“信托”“尽职调查”“过错”为关键词在中国裁判文书检索到了 444 篇裁判文书。在申万宏源公司一案中，中粮信托公司不仅出具了尽调报告，还配同申万宏源公司前往目标企业开展调查，因此法院认定中粮信托公司已经充分履行贷后管理业务。

2. 委托人应当承担与投资行为相适应的法律后果

委托人作为信托投资者应当充分了解投资产品的交易内容和风险，并对自身投资行为承担不利后果，不得将全部损失完全归咎于受托人。在刘某与联储证券

① 参见 (2019) 最高法民终 1594 号民事判决书。

有限责任公司营业信托纠纷案[①]中，刘某作为投资者主张信托公司存在销售不规范和尽职调查不充分问题，个别投资者未签署《客户风险承受能力调查问卷》，并据此要求赔偿。法院经审理后判决联储证券公司承担30%的赔偿责任。刘某作为专业程度相对较低的投资者，仍然按照风险自担原则承担了损失的较大部分。在申万宏源公司一案中，该公司作为委托人主张中粮信托公司未开展测试因而需要承担赔偿责任。鉴于该公司作为专业机构投资者应当对风险具有更为清晰的认识，而且中粮信托公司在风险出现后已经尽可能采取规避风险措施，并无证据表明申万宏源公司已经受到较大亏损，故法院未支持申万宏源公司主张。

3. 风险提示的形式和内容要求

在信托风险提示环节，形式方面信托公司应当提供《认购风险申明书》并向委托人单独说明并要求其签字确认；内容方面，对于高于常规产品的风险应当单独表述。在彭某与中信信托公司营业信托纠纷一案[②]中，法院以信托公司未在风险提示内容上进行字体、格式上的特别提示认定其未尽到风险提示义务。在申万宏源公司一案中，该公司签署了风险申明书，法院认定中粮信托公司充分履行了风险告知义务。

目前，司法实践已经积累了一定对信义义务的审判规则，应当适时总结转化为现行法律规定。同时，信托立法坚持体系化的路径，通过多位阶法律共同治理，搭建“法律+监管规定+自律规范”的规则体系，对信义义务予以专门阐释。

三、路径探索：厘清信义义务履行判断的关键问题

鉴于目前对受托人尽责缺乏具体标准，且司法实践中还存在一定争议，笔者认为，有必要重新厘清具体裁量依据，具体要把握好以下几个问题。

（一）确定权责分配

一般而言，受托人作为职业经营者的举证能力要强于委托人，故倾向于由受托人承担举证责任。应当明确的是，受托人举证的范围是产品结构涉及和投资决策过程，而非全盘由受托人举证。而且这种举证责任安排也不等同于举证责任倒置，应当仅被视为举证责任的转移。合同另有约定就是这种举证模式的例外情形。本案中，申万宏源公司主张中粮信托公司未履行对宋河酒业的账户监管责

① 参见上海市高级人民法院（2021）沪74民终395号民事判决书。

② 参见北京市第三中级人民法院（2018）京03民终13862号民事判决书。

任，然而根据合同约定，中粮信托公司不承担该项职责，故法院未支持申万宏源公司的相关主张。在当前的司法实践中，信托的抽象规定尚不足以为司法裁判提供强有力的法律支撑，因此实践中还应以合同约定为先，以民法典的相关规定作为主要依据。

（二）坚持过程判断为主

信托的委托人在选择受托人过程中，能力和品德考量是重要环节，然而这两者均系主观标准，最终还是结合信托盈亏认定。在案件纠纷纠纷中，委托人往往以结果来诉争受托人未审慎履责，而受托人通常以过程中已尽义务展开抗辩。在信托合同作出约定，特别是打破刚兑的当下资管实践中，以受托结果要求受托人担责缺乏法理依据。因此，对于受托人是否审慎履责应当坚持过程判断，全面考量其决策过程、风险防范措施等工作细节。

（三）区分信托类型

中国人民银行 2014 年 10 月 16 日发布的《信托业务分类及编码》明确了主动管理型信托的概念，即在信托财产管理和运用中发挥主导作用、承担积极管理职责。相对而言，被动管理类信托的受托人不承担积极管理职责，主要按照委托人及其指定人的指令行事。本案中设立的信托即为主动管理型信托，受托人在日常管理中心居主导地位。对于该类信托的受托人是否履责要引入当事人最大利益标准辅助判断，在本案中，针对申万宏源公司提出的放款审核时间过短的意见，法院认定该权限属于信托公司主动经营权限范畴，且所有人持续稳定获取收益，故未支持申万宏源公司主张。

（四）考量商业风险

市场交易过程中，经营活动往往伴随商业风险。相对于低风险的存贷业务，营业信托显然属于高风险项目。在信托出现亏损实应当首先考虑系投资失误还是商业风险导致。如果受托人已经采取了全面尽职调查、科学方案设计等因素，则应当认定履行履行了信义义务。

四、价值回归：权责平衡乃应有之义

营业信托是高风险、高收益的商事行为，各方当事人均应依据信托法、民法典等法律法规的规定，本着诚信的原则履行法定或约定义务。本案中，中粮信托公司作为受托人，应当承担尽职调查、风险揭示和真实信息披露的义务，并应在信托合同有效成立后遵循为受益人最大利益处理信托事务的原则，承担诚实信用、有效管理的义务。同时，申万宏源公司作为专业投资机构，相较于其他自然人投资者而言，具有投资资金量大、收集信息能力强、投资管理较为专业的特点，具备相当程度的审查合同、管控风险的专业能力，在其从事投资业务时，亦应开展相应风险调查评估程序，在全面了解投资项目及风向的基础上做出投资决策。因此，判断中粮信托公司在《信托合同》履行过程中是否构成根本违约，亦应当考量申万宏源公司作为专业投资机构的具体情况，对双方当事人予以平等保护。

结合本案来看，当前的司法实践还需要确立权责平衡、风险自负原则。近期，不少地方村镇银行出现取款困难甚至倒闭的现象，而高息揽储也被认为是诱发相关风险的原因之一为了吸收存款，部分村镇甚至开出了4.6%的高额利率。[①] 因此，从防范金融风险的角度来看，不应免除或减轻信托委托人应承担的商业风险。另外，从维护信托行业长远发展的角度来看，也不应让信托公司承担超越法律或合同约定的过重责任。

① 参见《河南村镇银行高息揽储炸雷》，载百度网，https://baijiahao.baidu.com/s?id=1731266433220352512&wfr=spider&for=pc，2022年7月15日访问。

保函开立人总行所在国法院发布的临时禁令不构成保函开立人延迟支付保函款项的免责事由

——中国葛洲坝集团股份有限公司诉意大利裕信银行股份有限公司上海分行独立保函纠纷案

肖 凯[*] 张文婷[**]

【基本案情】

2018年3月5日，被告意大利裕信银行股份有限公司上海分行（以下简称裕信银行上海分行）根据案外人意大利 COOPERATIVA MURATORI & CEMENTISTI-C. M. C. DI RAVENNA SOCIETA' COOPERATIVA（以下简称CMC公司）的申请，以原告中国葛洲坝集团股份有限公司（以下简称葛洲坝集团公司）为受益人开具编号为G560的履约保函，载明：鉴于原告与CMC公司签署了金额为98875988.93科威特第纳尔的分包合同，并要求开具相应履约保函。被告应申请人要求作为担保人，不可撤销且无条件地承诺，在收到原告的书面付款请求的5日内，向其支付总额不超过9887598.89科威特第纳尔的款项。原告的书面付款请求应声明CMC公司存在违约及具体违约情形，并具有经原告银行SWIFT电文认证的签字。该保函受国际商会第758号出版物2010年修订版《见索即付保函统一规则》（URDG758）的约束。

2018年11月24日，原告向被告发出书面付款通知，载明：由于CMC公司

* 上海金融法院党组成员、副院长。

** 上海金融法院综合审判二庭法官。

未按分包合同条款履行，并错误地终止合同，原告基于 G560 号保函，要求被告向原告开立于渣打银行武汉分行的账户支付 9887598.89 科威特第纳尔。2018 年 11 月 26 日，渣打银行武汉分行向被告发出 SWIFT 电文，确认了原告在上述付款通知中的签章。

2018 年 12 月 3 日，意大利拉文纳普通法院民事法庭（以下简称拉文纳法院）根据 CMC 公司的申请，签发临时禁令，命令意大利裕信银行股份有限公司不得支付本案系争保函项下的请求金额。

2018 年 12 月 5 日，被告向原告发函确认于 2018 年 11 月 28 日收到原告的付款要求，告知鉴于被告并非独立于意大利裕信银行股份有限公司的法律实体，受拉文纳法院禁令约束，不能履行涉案保函的付款义务。

原告遂于 2018 年 12 月 20 日向上海金融法院起诉，请求判令被告向其支付 G560 号保函项下款项 9887598.89 科威特第纳尔并赔偿其因被告未能如期付款所遭受的利息损失。审理中，被告得知拉文纳法院又撤销了临时禁令，遂于 2019 年 3 月 14 日指令其代理行向原告收款银行的代理行支付 9887598.89 科威特第纳尔，因该行无法处理该币种致付款未成。2019 年 3 月 28 日，被告向原告开立于汇丰银行中东支行的账户付款，原告于次月 2 日收到。原告据此变更诉讼请求为：判令被告赔偿原告因被告未能如期支付 G560 号保函项下款项造成的利息损失（以 9887598.89 科威特第纳尔按起诉时汇率折合的人民币 224303147.09 元为基数，按中国人民银行公布的人民币同期同档贷款基准利率，自 2018 年 12 月 5 日起计算至 2019 年 4 月 2 日止）。

【争议焦点】

本案争议焦点为：（1）被告基于其总行所在地法院针对案涉保函发出的临时禁令迟延支付保函项下款项，是否应对原告因此产生的损失承担赔偿责任；（2）如负有赔偿责任，其赔偿范围应如何确定。

【裁判结果】

一审上海金融法院于 2019 年 9 月 26 日作出（2018）沪 74 民初 1419 号民事判决：被告应于本判决生效之日起 10 日内向原告赔偿利息损失 76594.56 科威特第纳尔。

一审判决后，双方均未提起上诉。

【案例评析】

本案系独立保函纠纷案件。所谓独立保函，“是指银行或非银行金融机构作为开立人，以书面形式向受益人出具的，同意在受益人请求付款并提交符合保函要求的单据时，向其支付特定款项或在保函最高金额内付款的承诺。”[①] 因本案系涉外案件，故必须先明确本案的法律适用。

一、本案独立保函纠纷的法律适用问题

（一）URDG758 的性质和效力认定

URDG758 是由国际商会制定出版的，适用于见索即付保函和反担保函的，具有跨国通用性、专业明确性和任意规范性[②]的交易示范规则。国际商会是不具有立法权的自治机构，它所制定的规则是否具有效力取决于个案当事人的选择，[③] 本案中，讼争 G560 号保函明确约定，“此保函受国际商会第 758 号出版物 2010 年修订版《见索即付保函统一规则》（URDG）的约束”，故双方存在受 URDG758 约束之合意，URDG758 契约性的法律效力已然产生。同时，《最高人民法院关于审理独立保函纠纷案件若干问题的规定》第 5 条第 1 款规定：“独立保函载明适用《见索即付保函统一规则》等独立保函交易示范规则，或开立人和受益人在一审法庭辩论终结前一致援引的，人民法院应当认定交易示范规则的内容构成独立保函条款的组成部分。”因此，本案中 URDG758 的内容已加入保函条款，构成讼争 G560 号保函条款的组成部分，对独立保函的所有当事人均具有约束力。

（二）URDG758 项下独立保函法律关系的准据法确定

本案所涉独立保函法律关系因其主体、客体、内容三要素均有涉外因素，故

---

① 《最高人民法院关于审理独立保函纠纷案件若干问题的规定》（法释〔2016〕24 号）第 1 条。

② 参见徐锦堂：《当事人合意选法实证研究——以我国涉外审判实践为中心》，人民出版社 2010 年版，第 155~156 页。

③ 参见李燕：《独立担保法律制度——见索即付银行保函的理论与实践》，中国检察出版社 2004 年版，第 190~191 页。

本案所涉法律关系为涉外民商事法律关系。① 在涉外民商事法律关系中，为解决不同法律体系之间的冲突，确定适用法律的一般规则，应当依据冲突法规范确定准据法。涉外民事关系法律适用法第 41 条规定，当事人可以协议选择合同适用的法律。如前所述，当事人在系争保函中明确选择适用 URDG758，从而使 URDG758 所有条款成为保函的约定内容。根据 URDG758 第 34 条 a 款："除非保函另有约定，保函适用的法律应为担保人开立保函的分支机构或营业场所所在地的法律。"讼争保函在 URDG758 之外并未就法律适用问题另作约定，因此，成为保函条款的 URDG758 第 34 条 a 款即属于以明示方式意思自治选择法律关系所适用的法律，本案适用担保人开立保函的分支机构或营业场所所在地的法律，即中华人民共和国法律。

二、独立保函不当拒付责任成立的认定

独立保函项下，受益人欲追究保函开立人不当拒付损害赔偿责任，首先要举证证明交单相符。保函开立人则可以举证证明存在导致其不能付款的法定阻却事由。

（一）担保人依据表面相符原则和严格相符原则进行审单

独立保函是以相符交单为条件的付款承诺，单据作为决定担保人是否付款的唯一依据，担保人依据表面相符原则②、严格相符原则③只能以受益人提交单据与独立保函文本规定不符为由提出抗辩。只要受益人提交的单据符合保函文本要求，便构成有效索赔，担保人应当履行付款义务。同时，根据 URDG758 第 20 条，担保人"从交单翌日起 5 个营业日内审核该索赔并确定该索赔是否相符"。而担保人的审单期限通常和付款期限重合。如果在这 5 个工作日内，担保人认为单据满足"相符交单"的要求，就应当付款。本案原告于 2018 年 11 月 24 日向被告发出付款请求；2018 年 11 月 26 日，原告的收款行向被告发出 SWIFT 电文，该电文对原告所发付款请求的签章进行了确认。2018 年 11 月 28 日被告收到该项付款请求，开始起算 5 个工作日的审单期。然而，截至 2018 年 12 月 5 日审单期

---

① 参见韩德培主编：《国际私法》，高等教育出版社 2000 年版，第 4 页。

② 表面相符原则是指担保人的审单义务仅限于表面相符，对单据的精确性和真实性，担保人并不负责。

③ 严格相符原则是指表面上的单证相符以及单单相符。

限届满前被告未就单据提出异议，故被告负有于审单期限届满前向原告支付本案系争保函项下款项的义务。现被告在原告交单相符的情况下拒付，且也从未指称原告存在保函欺诈情形，故如无其他法定的付款阻却事由，被告的拒付行为显已构成保函项下的违约。

（二）索赔项下的付款可能被影响保函开立人的不可抗力事件所阻止

即使任何一方均无过错，索赔项下的交单、审核或付款也可能会被影响保函开立人的不可抗力事件所阻止。法律制度通常不禁止各方当事人自行定义何者构成双方认为的“不可抗力”事件，并允许合同订立方将后果在合同中进行分摊。如同数量众多的国际性的文本和合同模板一样，URDG 也规定了不可抗力规则。①本案被告就援引了 URDG 中的不可抗力规则作为免责抗辩，主张拉文纳法院向其总行发出的临时禁令构成 URDG758 第 26 条 a 款规定的不可抗力，其应免于承担赔偿责任。对此可从以下两个层次考察。

1. 拉文纳法院临时禁令对我国司法的拘束力

在受益人提交表面相符的证据，但构成欺诈索赔时，大多数国家和地区的法院都认为保函开立申请人有权向法院申请止付令以阻止担保人向受益人进行赔付。本案保函开立申请人 CMC 公司针对案涉保函向其所在国法院申请了临时禁令。但众所周知，任何国家的法院判决都是一国司法机关代表其主权国家针对特定的法律争议作出的，原则上只能在判决国境内生效，没有域外效力。② 而上述临时禁令系外国法院针对本案系争保函作出的境外司法行为，仅在其本国境内有效，在我国不发生法律效力。

2. 不考虑外国法院临时禁令在我国的效力问题，判断被告是否遭受了不可抗力

URDG758 第 26 条规定的不可抗力规则是指由于天灾、暴动、骚乱、叛乱、战争、恐怖主义行为或者担保人或反担保人无法控制的任何原因而导致担保人或反担保人与该规则有关的营业中断的情况。欲探讨不可抗力，应先区分“不可抗力概念”与“不可抗力条款”。③ 我国的“不可抗力概念”强调存在不能预见、

① See URDG758 Articles 26.

② 参见韩德培主编：《国际私法》，高等教育出版社 2000 年版，第 461 页。

③ See Marel Katsivela, Contracts: Force Majeure Concept or Force Majeure Clauses, Uniform Law Review, vol. 12, no. 1, p. 101-120(2007).

不能避免且不能克服的客观情况,[①] 无须当事人约定，属法定免责事由；“不可抗力条款”则是指缔约双方可基于意思自治在合同中意定不可抗力事由，指示不可抗力条款的适用范围和适用效力。[②]

URDG758 所规定的不可抗力事由将在交单、审单、付款的不同阶段产生不同的延期履行法律后果，显然与“不可抗力概念”存在偏差，属于“不可抗力条款”。在该条款项下，触发不可抗力条款所述后果的不可抗力事件必须满足三个累加条件：一是该事件必须属于第 26 条 a 款规定的两组范围中的一种；[③] 二是该事件必须导致了担保人或者反担保人的营业中断；三是该事件必须已阻碍了交单、审单或付款。显而易见的是，URDG758 中“不可抗力条款”核心聚焦于“营业中断”，故不考虑外国法院临时禁令对我国司法的拘束力问题，对被告而言，能否主张免责，仍有赖其证明该外国法院的临时禁令属于 URDG758“不可抗力条款”中强调的“营业中断”情形。

本文认为，“营业中断”意味公司正常经营的中断,[④] 强调的是公司经营活动的停滞状态。其发生原因为：（1）营业财产、设备的直接损坏；（2）关键支持性基础设施的功能性减损；（3）社会制度变革带来的劳动力短缺或消费不足。[⑤] 而本案中，CMC 公司启动止付程序，在独立保函业务中属于常见的基础法律关系诉讼，外国法院发出的临时禁令并未造成被告经营活动处于停滞状态。被告作为从事跨境支付业务的银行，仍有能力继续进行交单、审单以及赔付等经营行为，未发生“营业中断”的情形。故即便如被告所称，其在事实上受到临时禁令约束，也并不构成 URDG758 第 26 条 a 款所称“营业中断”。

---

① 民法总则第 180 条第 2 款；合同法第 117 条第 2 款。

② See Marel Katsivela, Contracts: Force Majeure Concept or Force Majeure Clauses, Uniform Law Review, vol. 12, no. 1, p. 101-120(2007).

③ 第 26 条 a 款中规定的不可抗力分为两类。一类是超出担保人可控范围的，如天灾、暴动、骚乱、叛乱、战争和恐怖主义行为。另一类是仅因超出担保人可控范围而终止其履行义务的其他事件，如非因担保人无法控制的原因导致电脑系统瘫痪。但是，仅当上述事件导致中断担保人与担保有关的业务时才被视为不可抗力事件。

④ See Business interruption is typically defined as a disruption of the normal operations of a firm. See Fabrizio Nocera, Paolo Gardoni, A Ground-up Approach to Estimate the Likelihood of Business Interruption, International Journal of Disaster Risk Reduction, 2019.

⑤ See Business interruption may occur because of (i) direct damage to the business properties and facilities, (ii) reduction or loss of functionality of the supporting critical infrastructure, or (iii) impact on social systems affecting the availability of the workforce at a specific business and supporting businesses as well as customers. See Fabrizio Nocera, Paolo Gardoni, A Ground-up Approach to Estimate the Likelihood of Business Interruption, International Journal of Disaster Risk Reduction, 2019.

（三）本案是否应适用公平原则免除或减轻保函开立人责任

公平原则作为民法的基本原则，强调权利和义务、利益和负担在相互关联的社会主体之间的合理分配或分担。这种分配或分担的结果与其付出相适应，并能够为当事人和社会所认可。[①] 被告为避免因不遵守其所属国法院临时禁令而产生的不利后果，选择迟延履行其付款义务，是在考虑当时形势下各因素的利弊后自主作出的选择，应承担相应的法律后果。被告因 CMC 公司的错误止付申请享受到了保函项下资金的利息利益，而原告遭受了利息损失。如允许被告以此为由免于承担违约责任，则无异于将该部分经济上的不利益转嫁给原告，该结果对原告而言明显有违公平原则。反观被告，即便承担本案违约责任并由此额外产生损失，其亦可根据与 CMC 公司之间的合同关系，对 CMC 公司不当申请临时禁令所产生的后果，向 CMC 公司主张权利，其损失能够得到填补。故被告主张，如要求其承担给付迟延的利息有悖公平原则，缺乏依据。

综上，被告客观上存在给付迟延的违约行为，且其抗辩的免责事由并不成立，故被告理应对其不当迟延付款给原告造成的损失承担赔偿责任。

三、被告给付迟延的赔偿范围确定

确定利息损失的赔偿范围，具体涉及对计息期间、计息币种以及计息利率的认定。

（一）计息期间

被告于 2018 年 12 月 5 日审单期限届满前未向原告支付本案系争保函项下款项，已然构成给付迟延，故应从履行期限届满的次日开始计息。被告于 2019 年 3 月 14 日向原告指定收款行付款，履行了己方的付款义务。因此，本案的计息期间为履行期限届满之次日起至被告向原告付款之前日止，即 2018 年 12 月 6 日至 2019 年 3 月 13 日。

---

① 参见赵万一：《法性自然：民法精神散论》，法律出版社 2009 年版，第 288 页。

（二）计息币种

本案中，当事人合意选择了保函的记账货币[①]，未明确选择一方迟延给付所致利息损失的记账货币。但一方面，利息为保函款项的法定孳息，是基于保函款项而产生的收益。[②] 利息损失赔偿是对保函迟延履行而造成的迟延期间内法定孳息缺失的补偿，其记账货币与保函的记账货币相同符合当事人的预期。另一方面，本案保函的记账货币是科威特第纳尔，被告最终的付款行为也是以科威特第纳尔完成，且最终付款行为在我国境外完成，以科威特第纳尔作为计息币种相比原告主张的人民币而言，更符合原告、被告双方的预期以及国际金融惯例。同时，对支付地不在我国境内的跨境资金流动，我国法律允许当事人约定币种进行支付，未作出强制性规定。故本案的计息币种应为科威特第纳尔。

（三）计息利率

鉴于科威特第纳尔并非国际通行货币，外币之债的利率应以该货币发行国的央行公布利率为宜。本案原告、被告均为从事跨境交易的商业主体，计算原告的利息损失应考量商业主体通常的融资成本，宜以银行贷款利率作为参照。如果采纳存款利率标准，将出现所赔偿的利息损失无法覆盖原告实际资金成本的问题，甚至会产生鼓励违约方以低于金融市场价格占用守约方资金，从不法行为中获益的不良导向。[③]

---

① 记账货币是衡量债务的货币单位。参见［英］普罗克特：《曼恩论货币法律问题》，郭华春译，法律出版社 2015 年版，第 201~204 页。

② 参见尹田：《物权法》，北京大学出版社 2013 年版，第 44 页。

③ 民法典没有对金钱债务损害赔偿利率标准问题作出规定，对此司法实践中做法也不一。例如，在中国银行股份有限公司河南省分行与阿拉伯及法兰西联合银行（香港）有限公司独立保函纠纷案中，最高人民法院民事判决书（2018）最高法民终 880 号最终判决按照中国人民银行同期美元存款利率计算。

民法典时代下增信措施的性质认定

——吴某某诉深圳市某某资产管理公司、某某证券股份有限公司委托理财合同纠纷案

刘欢飞* 黄熔莹**

【基本案情】

吴某某（基金投资人）与某某资产管理公司（基金管理人）签订《基金合同》，认购合同项下基金。合同约定：基金止损线为基金单位净值0.9元，在基金存续期内任何一个工作日（T日）收盘后，经管理人估算的基金资产单位净值低于止损线的，T+1日中午12：00之前，管理人可以但并非必须追加增强资金，追加的增强资金既不改变投资者持有的份额，也不改变基金的总份额，会计上作其他收入处理，增强资金应归入本基金财产一并投资运作，并在基金终止时依据合同约定的分配机制进行清算。当追加增强资金后，基金单位净值连续5个工作日在平仓线以上时，管理人可以其追加的资金为限取回追加的增强资金，管理人取回增强资金时，必须一次性取回，且取回增强资金后的基金单位累计净值不能低于1元。若管理人未提供追加增强资金，管理人应在T+1日上午中午12：00之后对本基金进行平仓，直至基金资产全部变为现金资产，该基金自行终止。

涉案基金运作期间，为维持基金净值不低于止损线，某某资产管理公司先后六次向涉案基金打入增强资金合计1608万元。之后，某某资产管理公司向吴某某邮

---

* 广东省深圳市中级人民法院金融法庭四级高级法官。

** 广东省深圳市中级人民法院金融法庭法官助理。

寄《基金合同之补充协议》，合同载明：（1）封闭期内基金管理人与基金托管人公布包含增强资金的净值及不包含增强资金的净值，供投资者查阅。（2）封闭期结束当日及以后的开放日，若基金扣除剩余增强资金的基金净值低于0.9元，基金管理人承诺按0.9元为申请赎回的基金投资者办理基金份额赎回，0.9元与扣除剩余增强资金的基金净值之间的差额，由基金管理人予以补足。若届时扣除剩余增强资金的基金净值高于0.9元，则按扣除剩余增强资金的基金净值为基金投资者办理基金赎回，具体赎回操作按照原基金合同的约定处理。（3）封闭期结束后的存续期间，如基金单位净值（包含增强资金的净值）连续5个工作日在1元以上时，管理人可以届时基金中剩余的增强资金为限取回增加的增强资金。管理人取回增强资金时，必须一次性取回，且取回增强资金后的基金单位净值（不含增强资金的净值）不能低于1元。吴某某未签署该补充协议，主张该协议对其不发生效力。

2017年9月15日，吴某某向某某资产管理公司申请赎回其认购基金，主张应按其申请赎回时含增强资金的净值计算赎回金额。某某资产管理公司以申请赎回时，基金扣除剩余增强资金的净值低于0.9元为由，按0.9元为吴某某办理基金份额赎回。双方对基金赎回时依据的净值产生分歧，吴某某以某某资产管理公司未足额向其支付赎回款为由诉至法院。

【争议焦点】

本案争议焦点为：某某投资管理公司向涉案基金汇入的增强资金是否属于基金资产及吴某某申请赎回时的基金份额净值应如何确定。

【裁判结果】

一审法院以某某资产管理公司未向吴某某披露不含增强资金的基金净值为由，支持吴某某关于按照对外公告的含增强资金的基金净值计算基金赎回金额的主张，判决某某资产管理公司向吴某某支付剩余基金赎回款。

一审判决后，吴某某及某某资产管理公司均提出上诉。二审法院经审理认为：无论是基于市场走势等投资判断，还是为了继续运营基金的商业目的，抑或为了维护其商业信誉等考量，某某资产管理公司为维持基金资产单位净值高于止损线、避免基金清算，而投入自有资金并入基金运作并在投资人低于0.9元单位净值赎回时差额补足、在满足一定条件下可以取回的行为，性质上属于管理人在运行管理基金过程中采取的增信措施；增强资金应为附条件可取回的管理人自有的增信资产。因此，对吴某某主张涉案增强资金为基金财产，要求按照含增强资金的净值计算赎回金额的主张不予支持。

本案基金运作过程中，由于某某资产管理公司一直未取回增强资金，而其他投资人陆续赎回的行为，导致基金份额减少，基金财产实际未产生收益，但包含增强资金的基金单位净值在增加，由此可见，包含增强资金的基金单位净值并不能反映基金的实际运营及盈亏情况。某某资产公司因与其他投资者签订了补充协议，约定按照不包含增强资金的单位净值并补足按照 0.9 元计算赎回金额，亦据此主张吴某某按此标准计算赎回金额。但吴某某并未同其他投资人一样签订补充协议，故该协议不对其发生效力，法院未采纳某某资产管理公司按照 0.9 元计算赎回金额的主张。合同约定管理人取回增强资金的前提条件是取回增强资金后的基金单位净值不低于 1 元，且应一次性取回。基金运作过程中，因不符合取回条件，某某资产管理公司无法一次性取回投入的增强资金。而至基金清算时，按照合同约定，在保证基金单位净值不低于 1 元时，增强资金的剩余部分应归某某资产管理公司所有。据此，吴某某赎回基金时，因基金不含增强资金的单位净值仅为 0.8956 元，某某资产管理公司应以增强资金担保，按单位净值不低于 1 元的标准，计算吴某某的赎回金额为 100 万元。某某资产管理公司已向吴某某支付赎回款 90 万元，还应支付赎回款 10 万元，并应向吴某某赔偿相应利息损失。

【案例评析】

本案中，法院将基金管理人投入增强资金的行为认定为管理人在运行管理基金过程中采取的增信措施。该认定既符合合同约定，也符合当时的市场环境和监管政策，同时兼顾了各方当事人的利益，认定处理恰当。增信措施即增加信用的措施，指的是在投融资、资产管理业务中，为提升金融产品信用等级、减轻债务人信用风险、保障权利人权利的实现，由产品管理人或第三人向权利人或基础资产提供保证、债务加入、差额补足、回购承诺、保底保收益、流动性支持等类似承诺文件的措施。

一、增信措施的法律性质

根据《最高人民法院关于适用〈中华人民共和国民法典〉有关担保制度的

解释》第36条规定，笔者认为可以将增信措施的法律性质认定分为担保、债务加入、独立责任。具体为：承诺文件具有提供担保的意思表示的增信措施，应当依照保证的有关规定处理；承诺文件具有加入债务或者与债务人共同承担债务等意思表示的增信措施，应当认定为债务加入；上述承诺文件难以确定是保证还是债务加入的，应当认定为保证；不符合以上情形的，由承诺人按照约定的承诺文件履行义务或承担相应的民事责任。

二、保证、债务加入、独立责任的区别

（一）保证、债务加入的区分

保证和债务加入最核心的区别在于承诺人愿意承担的债务与原债务是否具有从属性。

保证具有典型的从属性，在成立、变更、转移、消灭等方面均从属于主债权：成立上的从属性，是指保证的成立应以主债权存在为前提；变更上的从属性，是指未经保证人书面同意减轻或加重债务的，保证人对减轻后的债务承担保证责任，对加重的部分不承担保证责任；转移上的从属性，是指债权转让原则上不影响担保合同的效力，担保合同随之转移；消灭上的从属性，通常是指保证因主债权的消灭而解除，也有在主债权合同解除时，对主债权的担保转变为对债务人应承担的民事违约责任的担保。①

而债务加入仅在成立时具有从属性，加入后则与原债务各自独立。自加入债务之日起，加入人同样成了主债务人，加入债务与原债务具有同一性。

（二）保证、债务加入和独立责任的区分

保证对于主债权具有从属性，债务加入仅在成立时对主债权具有从属性，与加入时的债权债务具有同一性。而独立责任的债权债务无从属性要求，亦无同一性要求。

---

① 参见最高人民法院民事审判庭第二庭编：《最高人民法院民法典担保制度司法解释理解与适用》，人民法院出版社2021年版，第90~91页。

三、法律性质识别思路

首先，应审查是否存在在先的主债权债务，若存在，考虑是否有保证或债务加入，若不存在，则为独立责任。

其次，关于保证和债务加入的识别，应结合文义表述和履行顺序的意思表示判断是否具有从属性。在义务履行顺位方面，保证具有补充性，只有在主债务人不履行到期债务或者发生当事人约定的情形时，保证人才需要在其保证范围内承担保证责任。而债务加入人自加入时起即已成为主债务人，债权人可以直接要求原债务人或债务加入人履行债务。难以确定是保证还是债务加入的，应当认定为保证。

最后，不符合以上情形，但承诺人与债权人之间成立有效合同关系的，应依照合同的约定，结合具体的案情确定权利义务关系。

以本案为例，在基金亏损触及止损线时管理人提供一定增强资金，是基于管理人自愿选择的商业安排，判断增强资金的性质及归属关键还是看双方当事人的约定。本案中《基金合同》约定，基金单位净值低于止损线0.9元的，管理人可以追加增强资金，归入本基金财产一并投资运作；在符合合同约定的情形下，管理人一次性取回追加的增强资金，且取回增强资金后的基金单位累计净值不能低于1元。可以理解为在保证基金单位净值不低于1元时，增强资金的剩余部分应归管理人所有；而当基金单位净值不足1元时，某某资产管理公司以增强资金担保的意思表示。法院据此判决按单位净值不低于1元的标准，计算吴某某的赎回金额为100万元。本案差额补足的增信措施实际属于刚性兑付，但鉴于本案《基金合同》的签订和运作发生在中国人民银行、中国银行保险监督管理委员会、中国证券监督管理委员会、国家外汇管理局发布的《关于规范金融机构资产管理业务的指导意见》正式生效之前，且契合2015年下半年之后市场持续大幅下跌的大背景下，为维护市场稳定、避免机构主动或被动集中减持清算的监管政策，并不当然认定该增信措施无效。法院认为该差额补足行为接近于浮动质押担保财产的性质，管理人应依照合同约定履行差额补足义务。

四、不同法律性质的相应法律后果

保证分为一般保证和连带保证，虽然二者都是在主债务人不履行到期债务时，由保证人在其保证范围内承担保证责任，但二者执行效果不同。一般保证具有先诉履行抗辩权，在执行不到主债务人财产时，才可执行一般保证人财产；而连带保证人在主债务人不履行到期债务时即承担连带保证责任，可一并执行主债务人和连带保证人的财产。

债务加入在成立时债务加入人即和原债务人负连带之债，债权人可以直接要求原债务人或债务加入人履行债务，一并执行原债务人和债务加入人的财产。从执行效果来看，债务加入和连带保证并无不同，只是性质上有所不同。

认定为独立责任时，依据承诺文件的具体内容确定相应的权利义务关系，并根据案件事实情况确定相应的民事责任。

五、增信措施效力认定的演变过程

（一）第一阶段

最高人民法院于1990年颁布的《关于审理联营合同纠纷案件若干问题的解答》认为，保底条款使投资者可以收取固定的收益却不承担相应的风险，不符合公平原则；联营体对投资方保底，一旦经营不足以支付投资方的预期收益，保底条款的履行将直接减损联营体的自有财产，导致损害其他债权人的预期债权收益，与权力不得滥用原则相悖，故应当认定为无效。

（二）第二阶段

1999年合同法实施后，位阶较低的行政规定不再作为法院判断合同效力的直接依据，司法实践逐渐放宽了对金融合同中保底条款的限制。司法对于保底条款经历了从普遍否定到逐步认可的变化，对于间接保底、变相保底、直接保底条款，除有其他违反法律、法规规定的情形外，多予以认可。意思自治逐步成为民商事审判遵循的原则。

（三）第三阶段

2018年《中国人民银行、中国银行保险监督管理委员会、中国证券监督管理委员会、国家外汇管理局关于规范金融机构资产管理业务的指导意见》严格禁止了金融机构刚兑；2019年最高人民法院印发《全国法院民商事审判工作会议纪要》规定，保底或者刚兑条款通常不在资产管理产品合同中明确约定，而是以

"抽屉协议"或者其他方式约定，不管形式如何，均应认定无效。

经济形势变化迅速，金融监管具有一定的灵活性，如《中国人民银行、中国银行保险监督管理委员会、中国证券监督管理委员会、国家外汇管理局关于规范金融机构资产管理业务的指导意见》设置了较长的过渡期，且根据形势变化延长了过渡期。而司法具有稳定性和指引性，审判逻辑不宜在同时期出现巨大的变化，故对于增信措施的效力审查应持审慎态度，防范司法权的错位运行，宜保持定力，谨慎否定，对于不同主体在法律适用上的区别对待需要在合法性、合理性方面予以充分论证，对于不同的案情应具体问题具体分析。①

① 参见上海金融法院综合审判二庭课题组：《涉金融合同保底条款的判定与效力》，载微信公众号"上海市法学会 东方法学"，2012年1月29日。

银行贷款业务中强制搭售保险产品的处理

——某某银行股份有限公司深圳分行诉朱某某金融借款合同纠纷案

刘欢飞*

【基本案情】

某某银行股份有限公司深圳分行（以下简称某某银行）以借款人朱某某逾期偿还借款为由诉至法院，要求朱某某偿还借款本金及利息。朱某某主张案涉贷款业务捆绑销售保险，违反了银监会〔2019〕249号文件规定，损害消费者权益，要求退还保费并确认借款合同的利息约定无效。

经查，朱某某在某某银行办理涉案贷款时，被要求购买某某银行代理销售的一款人身意外保险产品，一次性交纳保险费10950元，保险约定的第一受益人为某某银行。后朱某某就贷款时银行强制其购买保险的情况，向中国银保监会深圳监管局投诉反映，该局调查后认定某某银行存在涉嫌搭售保险的情况，并督促某某银行进行整改。

【争议焦点】

结合双方当事人的诉辩意见，本案争议焦点为：（1）银行办理贷款业务时是否存在强制搭售保险产品的行为；（2）朱某某关于银行应向其退还保费及涉案《个人信用贷款合同》无效的主张是否成立。

* 广东省深圳市中级人民法院金融法庭四级高级法官。

【裁判结果】

一审法院认为，某某银行与朱某某签订的《个人信用贷款合同》系合同双方当事人的真实意思表示，未违反法律法规强制性规定，合法有效。朱某某未能按合同约定履行还款义务，构成违约，应承担相应的民事责任。某某银行有权要求朱某某偿还尚欠的贷款本金及符合法律规定的利息、罚息和复利，据此判决朱某某向某某银行偿还拖欠的贷款本息。同时认定，朱某某主张某某银行在贷款时要求其购买保险，其为此支付保险费用，其要求银行退还保费的主张与本案系不同的法律关系，朱某某应另行处理。

一审判决后，朱某某提出上诉。二审法院经审理认为，朱某某主张在银行办理贷款业务时购买保险非其真实意思表示，并向监管部门投诉反映，监管部门调查后认定某某银行存在涉嫌搭售保险的情况，并督促某某银行进行整改。二审法院据此认定，某某银行办理贷款业务过程中存在搭售保险的行为，该行为违反了银行业监督管理法、《个人贷款管理暂行办法》等法律法规关于银行业审慎经营原则的规定，变相提高了上诉人的融资成本，增加了上诉人的负担，银行应对其强制搭售保险行为承担相应责任，故对朱某某要求退回保险费的主张，予以支持。同时认定涉案借款合同是双方当事人的真实意思表示，且已实际履行，并不因某某银行存在搭售保险行为而无效，双方当事人应依据合同约定履行义务。某某银行有权就朱某某逾期未还贷款本金及逾期利息计收相应罚息、复利。并且，结合某某银行在办理贷款时搭售保险并一次性收取保费的行为，酌情对罚息和复利总额进行了调整。为方便计算，所涉保险费酌定在朱某某所欠本息中予以扣减。

【案例评析】

法院审理的金融借款合同纠纷案件中，存在借款人主张相关银行办理贷款业务时强制搭售保险产品，并以银行存在搭售行为为由提出借款合同无效的抗辩。我们在审查这类案件中发现，相关银行在办理贷款时，确实存在要求借款人同时购买人身意外险或人身与财产通用险等保险产品的情形，且借款人需一次性支付所有保费，部分人身意外保险还约定保险金第一受益人为贷款银行。以往对金融借款合同案件中借款人提出银行搭售保险的抗辩，法院往往以购买保险形成的保险合同关系与金融借款合同关系属不同的法律关系为由，要求借款人另行主张。

而本案二审法院基于搭售保险的主体是贷款银行，借款人支付的保险费系为办理贷款支付的费用，该费用违反相关政策法规，银行应对其违规搭售行为负责的认定，因此判决银行退还保费，明确对办理贷款业务时银行强制借款人购买人身意外险等搭售保险的行为予以否定。

本案聚焦银行办理贷款业务时不当搭售保险产品的问题，旨在遏制金融机构滥用相对优势地位、侵犯金融消费者公平交易权和自主选择权的行为，重新平衡借贷双方的风险和收益分配。这种做法有两方面作用。一方面，有利于降低借款人融资成本，维护消费者权益。在金融借贷关系中，借款人相较银行处于信息和能力的双重弱势地位，是典型的金融消费者，理应享有自主选择金融产品和服务的合法权利。由于贷款业务搭售保险的相关案件中，捆绑销售保险的行为主体系银行一方，以购买保险作为发放贷款前提，借款人不仅难以拒绝购买指定保险的要求，而且一旦出现纠纷借款人也往往无法以购买保险并非其真实意思表示为由向保险法律关系中的保险人主张权利，这将导致借款人的实际融资成本陡然提高，且除了“用脚投票”找其他银行借款外，只能被迫接受这一做法，类似现象与保护消费者合法权益的理念是背道而驰的。本案判决对办理贷款业务时强制借款人购买人身意外险等搭售保险的方式予以否定，有利于充分保障金融消费者的自主选择权，保证其以合理的成本获取融资。另一方面，也可以在一定程度上实现引导银行规范风控标准，良性开展借贷业务的目的：明确银行为防控贷款风险所采取的措施不能超出借款人应当提供的担保范围，且需与贷款业务本身有所关联。若借款人已提供足够比例的抵押物或质押物，银行不应再要求其购买保险产品，即使借款人未进行足额担保，推荐的保险产品也应限制在保证该笔贷款得到清偿的范围内，而不应滥用人身意外险等与贷款无关的险种。对风险管理措施的合法性和规范性进行管理和监督，不仅可以减轻借款人负担，而且会激励银行以更为审慎的态度开展借贷业务，减少借贷尤其是信用借贷过分扩张引发的坏账风险。

当然，对借款人办理贷款业务时有购买保险的情况，不能不加区分地认定银行存在捆绑销售保险行为。代理保险业务属于银行业务范围，其合法合规的经营行为应受到保护。本案中，法院亦认定银行搭售保险行为不影响借款合同效力，逾期还款的借款人仍应承担相应违约责任，这也是对诚实守信行为的肯定鼓励和正向引导，充分彰显了诚信这一社会主义核心价值观。

票据利益返还请求权在公示催告程序中的运行路径探究

——北京海潮铁路消防器材有限公司申请公示催告案

宋　健*

【基本案情】

2016年8月26日，北京新源国能科技集团股份有限公司作为出票人，以北京森美瑞自动化设备有限公司为收款人签发银行承兑汇票一张，付款行为浙商银行股份有限公司北京分行（以下简称浙商银行），付款日期为2017年2月26日（以下简称案涉汇票）。此后，北京海潮铁路消防器材有限公司（以下简称海潮消防公司）通过背书转让取得案涉汇票，却因故丢失。2019年10月9日，海潮消防公司向北京市西城区人民法院（以下简称西城法院）申请公示催告。

西城法院审查后，认为海潮消防公司的公示催告申请符合受理条件，向浙商银行送达停止支付通知书。案涉汇票的票据信息与公示催告的申请于2019年10月23日在《人民法院报》公告刊登。公告期内无人申报异议，海潮消防公司亦于公告期满后向西城法院申请除权判决。

合议庭评议后，认为虽然案涉银行承兑汇票票据权利时效已经届满，但持票人所享有权利并不必然随之消灭，而是转化为票据利益返还请求权。因后者仍有支付内容，可以继续适用公示催告程序。

除权判决公告于2020年3月31日在《人民法院报》刊登，浙商银行亦向海

* 法学博士，北京市西城区人民法院审判员。

潮消防公司支付了相当于票面金额的款项。

【争议焦点】

本案争议焦点为：票据权利消灭且票据丧失的合法持有人能否通过公示催告程序向票据利益返还义务人请求支付款项？

【裁判结果】

西城法院于2020年2月28日作出（2019）京0102民催41号除权判决，确认该银行承兑汇票无效，并确认“自本判决公告之日起，申请人北京海潮铁路消防器材有限公司可以向支付人请求返还与未支付的票据金额相当的利益”。

【案例评析】

就此争议，有观点认为若申请人怠于行使票据权利，未能在承兑汇票到期日起两年内申请公示催告，则该公示催告申请不属于受案范围，法院应当不予受理或在受理后裁定驳回起诉。关于超出票据权利时效的救济途径，则应由申请人向承兑人提起票据利益返还之诉，并由承兑人向申请人返还与该银行承兑汇票金额相当的票据利益。

本文认为，虽然这一观点确实严格符合民事诉讼法第225条的文义解释结论，但在票据实务层面可能导致公示催告程序的核心功能无法发挥，由此进一步导致即使申请人对承兑人提起票据利益返还之诉，仍然无法确认最后合法持票人的身份。而对于付款程序，后者才是最为关键的环节。因此，本文认为，通过公示催告程序解决题设争议，相对而言更具有合理性。理由详述如下。

一、票据利益返还请求权性质的厘定

根据我国票据法第17条第1款第1项之规定，持票人对出票人和承兑人的票据权利，自票据到期日起两年内未行使的，归于消灭。但是，票据权利消灭并不等于持票人彻底丧失所有权利。票据法第18条规定，持票人因超过票据权利时效而丧失票据权利的，仍享有民事权利，可以请求出票人或者承兑人返还其与未支付票据金额相当的利益。此即为票据利益返还请求权的法律依据。

学界对票据法规定的票据利益返还请求权的本质颇有争议，主体观点包括："民事权利说""（修正的）票据权利说""损害赔偿请求权说""不当得利请求权说""票据法上特别权利说"。① 笔者认为，基于票据法作为商事特别法的根本属性，以及票据利益返还请求权属于票据权利因特定事项而转化后的产物，在界定该权利属性时有必要坚持其票据法上的特性。因此，"票据法上特别权利说"显然更有说服力。根据该学说，票据利益返还请求权并非纯粹的民事权利，而是票据法规定的一项特别权利。对此票据法有规定的，优先适用票据法的特别规定。票据法上没有特别规定的，参照适用民法的一般规定。这也是特别法与一般法均可适用同一对象时，特别法优先适用这一基本法理的体现。②

二、公示催告程序的核心功能在于特定化票据最后合法持有人的身份，普通民事诉讼程序难以实现这一目的

1. 公示催告程序存在的必要性

通常而言，票据作为一种实体化的证券，相对人可以通过票据记载事项以及持票人占有票据本体的事实，确认持票人即为票据权利人。但若票据本体丧失，持票人当然不能继续凭借其对票据本体的占有状态而对外公示其为票据权利人。此时唯有由某一本身具备公信力的机关，通过向全社会公示持票人身份、票据记载事项等必要信息，征询有无利害关系人的方式，才能确认某人是否确为最后持票人。

大陆法系国家为此设计的普遍方案即为公示催告制度。"公示催告是丧失票据的人在丧失票据后申请法院宣告票据无效而使票据权利与票据相分离的一种制度。"③ 作为有价证券，物理实体存在的票据本体承载了抽象意义的票据权利。而公示催告程序则发挥着将票据权利从票据本体剥离，并将其转移至除权判决书上的制度功能。通过公示催告程序所包含的公告步骤，法院便能推定在无人申报权利的情况下，申请人即为票据本体的最后一手持有人。此时，法院制作的除权判决能够在实体上替代已经丧失的票据本体，继续承载仍然存续的票据权利。

2. 票据利益返还之诉中法院无法依职权启动公告程序

如前所述，失票人自证其为最后合法持票人必须经过公告程序。否则，失票人无以替代占有票据本体所发挥的公示效果，不能使相对人（包括人民法院）

---

① 五种学说内容详见曾大鹏：《为我国票据利益返还请求权制度辩护——基于〈票据法〉第18条的法教义学分析》，载《华东政法大学学报》2020年第5期。

② 参见于莹：《利益偿还请求权研究》，载《法制与社会发展》2000年第1期。

③ 谢怀栻：《票据法概论（增订版）》，法律出版社2006年版，第92页。

合理信赖其主张。对此需求，立法成熟的公示催告程序完全可以满足。但对于票据利益返还之诉这一普通民事诉讼，不难发现该诉讼本身构造并不能与这一目的相容。

在票据利益返还之诉中，存疑的失票人作为原告，起诉承兑人等支付人要求后者返还相当于票面金额的款项。就请求权基础而言，这种做法虽然没有障碍，但若从承兑人作为被告的立场出发，不难发现承兑人完全没有能力对失票人的身份作出确认。票据作为高度发达的支付工具，承兑人对票据作出承兑后，完全无须关心票据本体以及票据权利的流转，因此承兑人也没有能力对原告是否即为合法票据权利人作出识别。而法院虽然负有审查原告是否适格的职责，但在无法为潜在的利害关系人提供介入渠道的情况下，仅凭依职权对原告方的询问无法确保原告即为适格当事人。而原告方显然也没有诉讼法上的义务主动申请以潜在利害关系人为送达对象刊登公告。因此，案涉票据最后合法持票人的身份识别问题，在票据利益返还之诉的诉讼路径中客观上无法解决。

三、保障失票人通过公示催告程序行使票据利益返还请求权的合理性分析

如前所述，票据权利与票据利益返还请求权犹如一枚硬币的两面，两者均为票据法所创设的特别商事权利。在票据法与民事诉讼法存在特别规定的情况下，不应退而求其次选择民法一般规定或普通民事诉讼程序；否则，会面临前文所述类似持票人身份无法核验等票据实务问题。此外，学界也普遍认为失票人通过公示催告程序获得的除权判决可以作为行使票据利益返还请求权的权利凭证。例如有学者认为，失票人“除非出示除权判决，否则无从证明其曾经享有票据权利，进而不符合票据利益返还请求权的成立条件”[①]。“另有学者也认为，票据是完全有价证券，具有文义性和提示证券性，是‘权券合一’的精巧设置，这就决定了持票人只有合法持有票据或出示除权判决，方可行使票据利益返还请求权。否则，如何识别持票人或权利人身份，出票人或承兑人的身份等问题将一筹莫展”[②]。

综上所述，本文认为，权利时效超过而导致票据权利消灭的票据仍然承载票据利益返还请求权，持票人行使该权利仍需持有票据本体，或通过公示催告程序取得同样满足公示公信原则基本要求的除权判决。在此意义上，唯有作为失票救

---

① 王尚文、郭真：《论票据利益返还请求权》，载《法学论坛》2002 年第 5 期。

② 曾大鹏：《为我国票据利益返还请求权制度辩护——基于〈票据法〉第 18 条的法教义学分析》，载《华东政法大学学报》2020 年第 5 期。

济特别程序的公示催告程序才能有效实现这一程序目的。相比之下，作为普通民事诉讼的票据利益返还之诉无法圆满解决识别最后持票人身份的技术障碍。因此，本文案例所代表的诉讼方案无论从理论还是实践层面，均为更合理之路径。值得一提的是，除本案之外，西城法院还在（2019）京 0102 民催 30 号案件中，以同样超过权利时效的票据为对象适用公示催告程序，在排除潜在利害关系人的前提下较好地维护了失票人的合法利益，亦不失为优化营商环境与金融法治环境的有益之举。

银行卡被盗刷的，发卡行仅以持卡人未尽到妥善保管及正确使用银行卡义务为由主张全部免责的抗辩不能成立

——俞某如、中国建设银行股份有限公司杭州余杭支行储蓄存款合同纠纷案

杜 婷*

【基本案情】

2021年3月8日，俞某如诉至法院称，2020年6月15日，其手机中收到一条短信息，其丈夫点击短信中的链接，按页面填写了持卡人姓名、卡号、密码等信息，被骗取20000元。

2020年6月15日，原告俞某如的上述银行卡产生四笔5000元交易金额，合计20000元，交易地点为中国建设银行股份有限公司天门城南支行（以下简称建行天门城南支行）。同日，俞某如对该卡办理永久挂失业务。其丈夫王某建以被诈骗为由向杭州市公安局余杭区分局南苑派出所报案，杭州市公安局余杭区分局南苑派出所出具《立案告知书》《受案回执》各一份。2020年6月24日，俞某如重新办理该建设银行卡一张。

【争议焦点】

本案争议焦点为：银行卡盗刷交易事实的认定以及各主体就银行卡盗刷行为

* 浙江省杭州市临平区人民法院法官助理。

所致损失的责任承担。

【裁判结果】

杭州市余杭区人民法院经审理认为，原告俞某如与被告中国建设银行股份有限公司杭州余杭支行（以下简称建行余杭支行）之间储蓄合同关系依法成立，并予以认定。建行余杭支行作为发卡银行，应当保障持卡人的资金安全，俞某如作为银行卡持有人，负有妥善保管及正确使用银行卡及密码的义务。本案中，俞某如账户内资金发生变动的当天，其持该银行卡到建行余杭支行进行挂失处理，而案涉四笔交易发生地点为建行天门城南支行，足以认定该四笔交易并非由俞某如本人操作，而系违卡盗刷交易，建行余杭支行未尽到资金安全保障义务，应当承担相应的赔偿责任。而根据俞某如的陈述，案涉四笔交易系因其丈夫泄露持卡人姓名、卡号、密码后而发生，其对于损失的发生亦存在一定程度的过错。综合案件具体情况，酌情认定建行余杭支行承担50%的赔偿责任。综上，最终判决如下：

（1）被告建行杭州余杭支行于本判决生效后十日内赔偿原告俞某如损失1万元及自2020年6月15日起至款项付清之日止以所欠赔偿款为基数按年利率0.3%计算的利息损失；（2）二、驳回原告俞某如的其他诉讼请求。

【案例评析】

电子商业银行持续发展，支付场景随之不断丰富。银行卡伪卡盗刷以及网络盗刷案件频发。一旦发生银行卡被盗刷事件，常常伴随持卡人和发卡行之间的责任权属纠纷。从持卡人的层面来看，普遍认为发卡行未尽到相应的资金安全保障义务，银行支付系统存在重大漏洞，要求发卡行承担被盗刷款项的民事赔偿责任。而从发卡行的角度，认为银行卡被盗刷的责任应由持卡人承担，特别是当持卡人对盗刷事实发生存在过错的，包括持卡人未妥善保管银行卡卡片、卡片信息、密码等身份识别和交易验证信息以及持卡人未及时采取挂失等措施防止损害扩大，发卡行抗辩其无须承担赔偿责任。

在《最高人民法院关于审理银行卡民事纠纷案件若干问题的规定》（以下简称《银行卡规定》）出台以前，对于银行卡纠纷类案件缺少相关实体法规和判例的指引，各地法院对于此类案件的裁判标准与思路有所差别，对事实认定、举证责任、损失承担等方面的标准亦不相同。《银行卡规定》明确了盗刷银行卡事实认定规则以及持卡人、发卡行在此类案件中的举证责任分配，厘清了各方主体关于银行卡盗刷的责任分担。以下从本案出发，对审理银行卡盗刷纠纷案件时可能涉及的问题进行讨论。

一、银行卡盗刷事实如何认定

第一，《银行卡规定》第 15 条区分伪卡盗刷交易和网络盗刷交易这两种盗刷类型。“银行卡盗刷交易”概念的核心要素包括以下三点：（1）银行卡盗刷交易系非基于本人意思而发生的，重点将经过持卡人授权的银行卡交易行为、持卡人与第三人恶意串通进行的银行卡交易等基于持卡人本意的交易行为排除在《银行卡规定》规制的银行卡盗刷交易之外。（2）银行卡盗刷交易强调系他人而非本人持银行卡进行交易，持卡人本人持卡进行交易的，不受该规定限制。（3）网络盗刷交易中，他人系通过“盗窃”持卡人银行卡交易身份识别信息和交易验证信息进行交易，强调相关信息系盗窃获得，而非有持卡人授权并提供。

第二，关于银行卡是否存在盗刷事实，主要通过两种方式予以认定：（1）有充分客观证据能证明存在盗刷事实。（2）证据不充分时，由法院根据原告与被告举证情况以及法律规定的举证责任分配规则对盗刷事实进行推定，此情况下，举证不能的主体应承担不利的法律后果，这是符合《最高人民法院关于适用〈中华人民共和国民事诉讼法〉的解释》（以下简称《民诉法解释》）第 90 条之规定的法理基础的。通过对银行卡盗刷交易案件的类案检索，不难发现在上述两种认定方式中，适用法律推定方式的情况占大多数。这是因为银行卡盗刷行为有较高的隐蔽性和时间上的随意性，甚至盗刷地点还有可能发生在境外，导致此类刑事案件的侦破率较低。若等刑事案件审理终结后持卡人的损失才能够得到救济，不利于交易市场的稳定，持卡人的合法权益无法得到保障，同时也影响了银行卡产业的健康发展。

因此，本案中被告建行余杭支行主张由于该银行卡盗刷的刑事案件尚未审结，案件事实未查明且与本案有高度关联性，应当按照先刑后民的原则中止审理的抗辩不能得到支持。根据双方举证责任的分配及相关法律规定，人民法院有权推定是否存在银行卡盗刷行为。结合本案查明的案件事实，盗刷银行卡的行为发生在建行天门城南支行，而原告作为持卡人于同日持该银行卡到建行余杭支行进行挂失处理，足以推定存在银行卡伪卡盗刷交易。

关于银行卡盗刷事实的认定，是实务审判中的重难点，也是进行后续责任划分的前置条件，《银行卡规定》第 4 条、第 6 条分别对举证责任分配和认证规则作了较为翔实的说明。根据民事诉讼法第64条、《民诉法解释》第90条第1款，依"谁主张，谁举证"的原则对相关主体的举证责任进行分配。持卡人主张案涉交易系伪卡盗刷交易或者网络盗刷交易的，可以提供生效法律文书、银行卡交易时真卡所在位置、交易行为地、账户交易明细、交易通知、报警及挂失记录等证据材料。此处规定采取了列举方式提示持卡人可以通过提交上述证据来证明待证事实，对存在银行卡盗刷事实承担初步证明责任。而发卡行、非银行支付机构主张争议交易系持卡人本人交易或授权交易的，应当承担举证责任。在银行卡交易往来中，持卡人与发卡行实际掌握的信息并不对等，商业银行作为电子交易系统的开发者、设计者、维护者，获取并储存大量交易信息，交易平台以及交易设备、交易方式均由发卡行制定并实施，如交易单据、监控录像、交易身份识别信息和交易验证信息亦储存在发卡行处，实际持卡人并无法取得上述证据，此处举证责任分配的法律依据是实际占有主义，由实际持有该证据的一方承担举证责任，能够督促双方积极主动地收集证据并举证，有利于保障实体公平正义。网上电子交易的蓬勃发展与实践，商业银行是该重大经济利益的既得者，商业银行有能力同时也有义务对交易机制、交易场所加强管理，并对相关软硬件设施及时升级，以最大限度地防范资金交易安全漏洞、保障银行卡产品安全使用，符合风险与收益相对应原则，[①] 案涉交易系持卡人本人或本人授权的交易的证明责任由发卡行承担，应负担举证不能的法律后果。

《银行卡规定》第6条对盗刷事实认定标准进行了规制，结合民事案件所应达到的"高度盖然性"证明标准，在处理银行卡盗刷案件时，应全面审查当事人提交的证据，结合银行卡交易行为地与真卡所在地距离、是否存在基础交易、交易时间和报警时间、持卡人用卡习惯、被盗刷的次数及频率，综合判断是否存在伪卡盗刷交易或者网络盗刷交易。

二、关于银行卡被盗刷，发卡行与持卡人间责任如何认定

认定银行卡盗刷交易事实后，相关主体的责任划分成为无法绕过的问题，涉及如何界定各主体间法律关系、如何适用归责原则等方面。由于本案系持卡人在银行卡盗刷交易发生后与发卡行之间产生的纠纷，且按日常惯例以及可行性原则来看，银行卡被第三人盗刷后，大多数持卡人首先会选择向发卡行主张相应权利，故本文主要对持卡人和发卡行之间的责任承担进行讨论。结合《银行卡规

① 参见张雪楳：《银行卡网上盗刷的责任认定》，载《法律适用》第2017年第18期。

定》第 7 条以及民法典关于违约责任之相关规定，笔者认为对双方间责任划分应把握以下核心内容。

第一，明确持卡人向该借记卡发卡行提出损失赔偿的请求权基础系双方间存在合法有效的储蓄合同关系。即持卡人提起违约之诉要求发卡行继续履行支付存款的合同义务。

第二，关于持卡人何时能够向法院提起违约之诉，笔者认为必须经过持卡人请求发卡行继续履行存款支付义务而被拒付这一前置程序。根据民法典第 577 条之规定，当事人一方不履行合同义务或者未按照约定履行的，应承担继续履行或赔偿损失等违约责任。该条规定阐明当当事人不履行合同义务或实际不按约定履行义务时才能提起违约之诉，那么银行卡被盗刷交易发生时尚未经任何前置程序，持卡人是否有权直接向法院提起损害赔偿诉讼？实务中就银行卡内资金的权利属性存在不同观点。主流观点认为，持卡人与发卡行间达成合意：存款人将自己的资金存入银行，银行对存款人存入的资金即取得所有权，而存款人获得与存款金额相对等的偿还请求权，即债权。[①] 故认为发生银行卡盗刷事实后，银行卡内资金减少侵害的实际是发卡行财产权益，而非持卡人的财产权益直接受损。笔者认为，当持卡人请求发卡行按未被盗刷前银行卡上记载的数额支付相应存款而发卡行拒不支付时，持卡人才有权提起违约之诉。违约责任适用严格的无过错责任，即持卡人无须证明发卡行对银行卡盗刷交易发生存在过错，由于持卡人和发卡行对交易信息及交易技术掌握程度严重不对等，发卡行处于绝对优势地位，适用无过错责任原则归责有利于减轻非违约方的举证责任，保护非违约方利益，促使交易平台的设计、提供者加强落实资金安全保障义务，维护交易安全。

发卡行与持卡人作为存款储蓄合同当事人，在银行卡盗刷案件中，双方均应承担一定的安全保障义务。在银行卡交易过程中，出于保障交易安全，提高风险责任意识的目的，除履行储蓄合同中明确规定的主合同义务外，发卡行及持卡人双方均需尽到附随产生的资金安全保障义务。根据《银行卡规定》第 7 条，持卡人具有以下两种情形之一的，持卡人应对盗刷损失承担部分责任：（1）持卡人对交易的身份识别信息和交易验证信息未尽妥善保管义务的；（2）持卡人未及时采取挂失等措施导致损失扩大的。此处对持卡人在银行卡交易过程中应尽的安全保障义务通过列举方式作出明确规制。该规定本质上也符合民法典第 591 条、第 592 条关于与有过错、减损义务的设立目的。概括而言，借记卡被盗刷，持卡人基于储蓄合同法律关系请求发卡行支付被盗刷存款本息并赔偿损失的，人民法

① 参见汪鑫：《金融法学》，中国政府大学出版社 1999 年版，第 200 页。

院应予以支持。但发卡行能够举证证明存在上述两种持卡人应承担责任情形的，持卡人应承担相应责任。值得注意的是，持卡人出现上述两种情形之一时，发卡行就该损失并非完全免责。作为银行交易活动中的绝对优势方，发卡行具备高度的专业性，如果其提供的交易平台及交易模式不能识别取款人身份及银行卡真伪等，则其作为风险的创设者应承担更高的资金安全保障义务，理应对风险所致损失承担主要责任。在本案中，由于原告俞某如就其未对银行卡账号及密码尽到妥善保管义务构成自认，持卡人自身行为违反合同约定、未尽到安全保障义务，对盗刷损害的发生具有重大过错，但是发卡行未能识别伪造的银行卡而直接导致损失的最终发生，亦具有一定程度的过错，同样应承担相应的责任。故最终法院判决双方对损失各自承担 50%的责任合法且合理。

关于发卡行与持卡人应尽到的安全保障义务的具体内容，应充分尊重当事人之间的合意、遵循一般交易习惯，结合双方交易地位，综合审查在具体个案中发卡行与持卡人有无尽到安全保障义务，将其作为当事人是否全面、正确地履行合同义务关键要素，从而直接影响当事人是否对损害结果承担直接赔偿责任以及责任承担的比例。

“破产止息”规则效力及于担保人

——某资产公司诉甲公司破产债权确认纠纷案

陈石磊*

【基本案情】

2013年8月至2014年3月间，被告甲公司分三次为乙公司在某银行宁波支行总计1.9亿元的贷款本息提供担保，担保方式为抵押担保与连带责任保证，借据载明年利率为6.765%。2015年9月15日，原告某资产公司与某银行宁波支行签订《单户债权转让协议》，受让了上述债权，并在《浙江法制报》上刊登了资产转让通知暨债权催收联合公告。2015年11月16日，经债权人申请，宁波市中级人民法院裁定受理了乙公司破产重整申请。2018年8月14日，宁波市鄞州区人民法院裁定受理被告甲公司破产清算案。

2019年11月8日，原告某资产公司向被告破产管理人申报债权本金1.9亿元及利息67807755.85元。2019年12月10日，甲公司第一次债权人会议召开。2020年5月22日，被告管理人向原告发送《债权确认单》，审查确认原告对被告享有的债权金额257764081.39元为有财产担保的债权，其中本金为1.9亿元，利息为67764081.39元（计算至被告破产受理之日2018年8月14日止）。同年5月27日，原告盖章《债权确认单》后回寄给被告管理人，对被告管理人确认的债权确认无异议。2021年1月4日，王某（乙公司法定代表人）向管理人提出异议，认为根据2021年1月1日起实施的《最高人民法院关于适用〈中华人民共和国民法典〉有关担保制度的解释》（以下简称《担保制度司法解释》）第

* 宁波市奉化区人民法院民二庭副庭长，一级法官。

22 条的规定被告的担保债权计息截止日应为乙公司破产受理之日 2015 年 11 月 16 日，而非被告甲公司破产受理之日 2018 年 8 月 14 日。2021 年 1 月，被告管理人向原告发送函（附《债权确认单》），认为王某的异议成立，故对原告的债权金额予以调整，原告债权自乙公司破产受理之日 2015 年 11 月 16 日起停止计息，调整后原告的债权金额为 206559251.14 元，其中本金 1.9 亿元，利息 16559251.14 元。原告收到函（附《债权确认单》）后，向被告管理人回复《债权审查异议》，对管理人的债权利息调整提出异议，要求维持原审查确认的债权金额。后双方就此未能达成一致意见，遂成讼。

【争议焦点】

本案争议焦点为：主债务人进入破产程序后，担保债务应否停止计息问题

【裁判结果】

宁波市鄞州区人民法院认为：本案实质上属于是否可适用《担保制度司法解释》第 22 条的问题。虽然在《担保制度司法解释》实施前最高人民法院巡回法庭法官会议纪要对主债务人破产后保证人是否停止计息问题发表过意见，浙江省高级人民法院也就此作过解答，但性质上均不属于法律及司法解释。此外，法律所保护的当事人预期，是当事人基于对行为时的法律信赖所形成的预期，若法律、司法解释对此没有明确的规定，当事人和社会公众也就不存在明确的、统一的对法律后果的预期。司法实践中对此问题一直存有争议且有不同的判决，原告基于部分判决所形成的预期不属于合理预期范畴。因此，本案适用《担保制度司法解释》第 22 条并未背离原告的合理预期，且适用该条也未明显减损当事人合法权益。民法典和《担保制度司法解释》施行之前，担保法第 5 条、物权法第 172 条均规定担保合同是主合同的从合同。根据担保从属性原则，担保人的债务应以主债务为限，债务人破产后保证人债务停止计息符合该原则，不存在减损原告合法权益的情形。综上，法院认为被告的担保债务应自债务人乙公司破产受理之日 2015 年 11 月 16 日起停止计息。遂驳回了原告某资产公司的诉讼请求。

一审判决后，原告某资产公司因不服一审判决，向宁波市中级人民法院提起上诉，二审法院经审理认为：案件的争议焦点是担保人甲公司的担保债务停止计息的时间。主债务人乙公司于 2015 年 11 月 16 日被宁波市中级人民法院裁定受理破产重整申请，担保人甲公司于 2018 年 8 月 14 日被宁波市鄞州区人民法院裁

定受理破产清算申请。某资产公司对主债务人乙公司所享有的债权于 2017 年 3 月 25 日到期。该到期日发生于民法典实施前，故本案不适用《担保制度司法解释》第 22 条的规定。根据民法典实施前的相关法律规定，并参考浙江省当时的司法实践通行做法，主债务人进入破产程序后，主债务停止计息担保债务不应停止计息。故担保人甲公司的担保债务不因主债务人乙公司于 2015 年 11 月 16 日被宁波市中级人民法院裁定受理破产重整申请而停止计息。遂改判：撤销原一审判决，确认某资产公司对甲公司享有 2015 年 11 月 16 日至 2018 年 8 月 14 日期间的有财产担保的债权利息 51204830. 25 元。该判决已生效。

【案例评析】

一、“破产止息”规则的证成

在民事活动中，附利息的债权到期后，债务人不仅应当清偿本金，还应当清偿利息，而利息的计算期限自债务发生之日起至债务履行完毕之日止。但是在破产程序中，为了破产程序的顺利进行，也出于对破产效率的考虑，企业破产法第 46 条第 2 款专门作出了“附利息的债权自破产申请受理时停止计息”的规定，即所谓的“破产止息”规则。探究立法本意，设立“破产止息”规则的目的在于固定债务总额，以便在之后的重整、和解或清算过程中，作为债权清偿比例、财产处置方案和无担保债权金额计算表决权的依据。反之，若个别债权人持续计息，将会使不同债权人的预期利益因破产程序的持续时间长短而有所不同，在债务人的资产已明显不能清偿全部债务的情况下，附利息的债权持续计息将转化为未附利息的债权人的财务成本，显然这对其他未附利息或仅附少量利息的债权人而言并不公平。利息预期的差异也将导致不同债权人在债权人会议决议及对管理人履职评价上产生分歧，同时，债务人的不一致行动也势必影响破产程序的有序推进。正是基于以上原因考量，自企业破产法颁布后，“破产止息”规则被学理界普遍接受并被实务界广泛应用。

二、债务人破产时保证责任范围之争议

如前所述，在债务人破产的情况下，根据企业破产法的规定，主债务应停止计息。该问题因有法律的明确规定，司法实践中并无太大争议，但此时，作为从

债务的担保债务应否停止计息，即主债务人进入破产程序后，担保债务应否停止计息问题，在学理界及司法实践中颇具争议，这其中主要有以下两方面的观点。

停止计息说。该观点认为，担保债务从属于主债务，该种从属性体现在担保范围的从属性、抗辩的从属性及债务消灭从属性等多个方面。当债务人进入破产程序后，因有明确的法律规制，主债务人已不再支付利息，作为从债务的担保债务自然也不应承担支付利息的责任，否则将造成担保债务大于主债务这一违背担保制度设置初衷的局面。[①] 司法实践中有部分判决正是基于上述观点，支持了停止计息的诉求，如在“成都名谷实业有限公司、康定富强有限责任公司诉西昌锌业有限责任公司破产管理人等委托贷款合同纠纷案”[②] “吉林粮食集团米业有限公司、海南屯昌颐和酒店投资有限公司金融借款合同纠纷案”[③] 中，最高人民法院均认为“连带责任保责任人承担的偿还责任不应超过主债务人的责任范围”。换言之，保证债务应与主债务一样，自破产申请受理时停止计息。同时，类似本案，债权人向担保人主张的债权系通过金融机构不良资产处置以较低价格所得的债权，如果不停止担保债权计息，亦会进一步加重不公平的结果。

不停止计息说。顾名思义，该观点认为主债务人进入破产程序后，担保债务不应停止计算利息。其理由有两点：一是认为主张担保债务停止计息无法律依据。企业破产法第46条是为了有效实现破产制度追求的债权公平受偿而作的特别规定，但债权人向担保人主张债权本金或者利息，依照的是担保制度相关法律规定寻求的司法救济，这非破产程序应当考量的问题，亦不应适用企业破产法这一特殊规定。二是认为主张担保债务停止计息无法理依据。从担保设置的目的来看，就是为了确保在主债务人偿债不能的情况下，债权人可通过担保债权实现来维系债权利益，而债务人进入破产程序，是其资不抵债最为典型的情况，该种情况并非免责条款，[④] 此时若债权人追偿的范围仅为本金而不涉及利息，意味着债权利益仅能得到部分保障，这不符合订立担保合同时各方的真实意思表示，亦与担保制度的法理相违背。司法实践中，部分案件亦是基于该观点，作出了不予止息的判决，如最高人民法院在“深圳品牌实业集团有限公司、中信银行股份有限公司哈尔滨分行金融借款合同纠纷”判决书中就明确指出：保证人按照约定的范

---

① 参见夏群佩、洪海波：《主债务人进入破产程序后连带保证人的责任范围》，载《人民司法·案例》2017年第14期。

② 参见最高人民法院（2010）民二终字第132号民事判决书。

③ 参见最高人民法院（2018）最高法民终673号民事判决书。

④ 参见彭立峰、田桂瑶：《论主债务人破产停止计息保证人责任的承担与追偿》，载《岭南学刊》2020年第6期。

围和方式承担保证责任，也未超出保证人订立保证合同的预期，不违反民法公平原则，故债务人进入破产程序后，主债务停止计息的效力不应及于保证人。[①]

三、《担保制度司法解释》第22条的定分止争

主债务人破产后担保债务应否停止计息问题，根源在于企业破产法对该问题没有规定，但《担保制度司法解释》第22条规定[②]明确将债务人进入破产程序后的利息排除在保证责任范围之外，这也为该问题的争议画上了句号。

如此规定，实际上有一定的合理性。从法理上而言，担保债务的从属性是担保法理的基础，也是担保关系的理论起点。企业破产法作为民事法律中的特别法，基于破产法律调整的特殊价值目标考量，若需要打破担保债务从属性规则的束缚，需以破产法律规范的形式予以明确，否则，在破产程序中仍应受担保法理的约束。而在企业破产法未明确规定担保债务是否在破产程序中停止计息的情况下，对待该问题就应当遵循担保法理作出解释，即以担保理论中担保债务不大于主债务作为判断依据。实际上，对于该观点，在企业破产法中似乎亦可以觅到身影，该法第124条作出如下规定："破产人的保证人和其他连带债务人，在破产程序终结后，对债权人依照破产清算程序未受清偿的债权，依法继续承担清偿责任。"依文义解释，可以理解为保证人的保证责任应限于债权人在破产程序中未受清偿的部分，而对于确定债权金额之外的其他责任包括破产后的债务利息显然不属于依照破产程序可确定的债权，担保人自然也无须承担责任。

四、《担保制度司法解释》第22条的溯及力考量

立法法第93条规定了新增法条的溯及适用问题，即所谓法律"空白追溯"原则[③]，是指在以前的法律有空白时，新的法律本着有利当事人原则可以追溯适用，其实质是一个以新的法律填补过去法律漏洞的规则。依据立法法第93条的

---

① 参见最高人民法院（2019）最高法民终1710号民事判决书。

② 《担保制度司法解释》第22条规定："人民法院受理债务人破产案件后，债权人请求担保人承担担保责任，担保人主张担保债务自人民法院受理破产申请之日起停止计息的，人民法院对担保人的主张应予支持。"

③ 参见王利明：《一部及时配合〈民法典〉事实的重要司法解释——评〈最高人民法院关于适用《中华人民共和国民法典》时间效力的若干规定〉》，载《人民法院报》2021年1月2日。

规定，“空白追溯”原则作为“法不溯及既往”的例外类型可适用于法律施行前由法律事实引起的民事纠纷案件中，而有利溯及的司法适用一般情况下不会损害当事人的信赖利益和合理预期，还会起到统一裁判尺度、稳定社会秩序的作用，故其在司法实践中得到推崇与普遍适用。

而《担保制度司法解释》第 22 条能否在本案中适用，其实质是新增法条的溯及力考量问题。对此，最高人民法院在《关于适用〈中华人民共和国民法典〉时间效力的若干规定》里作出了回应，其第 3 条规定：“民法典施行前的法律事实引起的民事纠纷案件，当时的法律、司法解释没有规定而民法典有规定的，可以适用民法典的规定，但是明显减损当事人合法权益、增加当事人法定义务或者背离当事人合理预期的除外。”《担保制度司法解释》第 22 条可否追溯适用民法典施行前法律事实引起的民事纠纷案件中的讨论，理应囿于该规定的调整范围内，即以“空白追溯”为原则，以法条但书情况为例外。联系本案，实际上在《担保制度司法解释》出台前，最高人民法院及浙江省高级人民法院对于前述争议问题的意见是趋于统一的，即“破产止息”规则的效力不及于保证人，[①] 相关法院在乙公司其他债务案件中亦判决认定保证人对债务人进入破产程序后的债务利息承担责任，甲公司作为乙公司的关联企业，而某资产公司作为专门从事不良资产收购处置、资产管理的公司，理应在知晓上述情况，并在上述司法意见及生效文书司法评价的基础上产生破产止息效力不及于担保人的合理预期。现因该预期与现行《担保制度司法解释》第 22 条的规定意见相佐，显然已背离双方当事人在订立合同时可预见的范畴，故本案无法予以追溯适用。本案二审法院正是基于以上原因，支持了债权人关于享有担保债务利息的主张。

---

① 参见贺小荣主编：《最高人民法院第二巡回法庭法官会议纪要》，人民法院出版社 2019 年版，第 209 页。

信托持股关系中受托人是否应以固有财产承担股东出资不实的法律责任

刘 佳*

【基本案情】[①]

2006年，委托人委托某信托公司依法设立某职工持股资金信托计划（以下简称信托计划），以零对价受让委托人持有目标公司34.145%的股权（人民币9560.65万元，尚未履行出资义务），以实现目标公司的职工信托持股目的。信托公司遂代表信托计划登记为目标公司的股东之一。其中，目标公司股权尚有部分出资款未实缴到位，委托人承诺将根据法律法规和目标公司的章程规定的出资期限向信托公司交付信托资金，由信托公司履行对目标公司的出资义务。2009年，因经营不善，目标公司无法清偿大量到期债权，并长期处于歇业状态，委托人亦没有履行约定的实缴出资义务。2017年来，鉴于信托公司已登记为目标公司的股东，目标公司的多个债权人，遂以信托公司出资不实为由诉至法院、请求判令信托公司对目标公司的债务承担清偿责任，或在执行案件中申请追加信托公司为被执行人、请求信托公司对目标公司的债务在出资不实范围内承担清偿责任。

【争议焦点】

本案一审、二审的争议焦点主要在于，信托公司基于设立信托而持有目标公

---

* 中信信托有限责任公司法律合规部主管，法学博士，高级经济师。

① 案情及裁判结果节选自北京市高级人民法院（2017）京民终601号民事判决书。

司股权，如果所持股权存在出资不实问题，是否应当以固有财产承担相应责任。

庭审中，信托公司认为其系基于信托关系持有目标公司的股权，该股权属于信托财产。信托是一种特殊的法律关系，如果信托公司基于信托所持股权存在出资不实问题，对应责任依信托法也只能由信托财产来承担，而不应由信托公司的固有财产承担责任。

目标公司的债权人则认为，本案是股东损害公司债权人利益责任纠纷，关于股东的出资责任应当根据公司法以及公司法相关司法解释来作出认定，故本案不适用信托法。此外，作为目标公司的债权人，从目标公司的工商档案中并不能看出信托公司与目标公司之间的信托关系。信托公司是目标公司在工商登记中记载的股东，根据《最高人民法院关于适用〈中华人民共和国公司法〉若干问题的规定（三）》（以下简称公司法解释三）第26条规定，公司债权人以登记于公司登记机关的股东未履行出资义务为由，请求其对公司债务不能清偿的部分在未出资本息范围内承担补充赔偿责任，股东以其仅为名义股东而非实际出资人为由进行抗辩的，人民法院不予支持。所以，信托公司既然已经工商登记为股东，则应当明知在未履行出资义务的情况下，当然要承担股东出资不实的法律责任。

【裁判结果】

两级法院经审理后均认为，信托公司基于何种原因持有公司股权，涉及的是公司的内部关系，无法以此理由来对抗公司外部债权人，故判决信托公司就目标公司对其债权人的债务不能清偿的部分，在未出资本金以及利息范围内向目标公司的债权人承担补充赔偿责任。最高人民法院经提审后认为：（1）信托公司系依据信托合同作为受托人，为委托人持有股权，其与委托人分别属于目标公司的名义股东和实际出资人；（2）名义股东和实际出资人之间的约定只具有内部效力；（3）上海信托登记中心是区域性登记机构，并非全国统一正式的信托登记机关，不具有法定的公示效力；（4）信托公司所持股权在外观上并不具备信托财产的标识，隔离效果无法得到保障，目标公司的债权人无从知晓作为股东的信托公司是否是实际投资人，故从公示制度的完善程度而言，应优先适用公司法的相关规定，因此最高人民法院认为二审判决并无不当，应予维持。

【案例评析】

本案折射的是，信托持股纠纷案件正在面临着法律制度的适用冲突、法益保护的裁判选择以及裁判生效的社会影响等问题。虽然《公司法司法解释三》确立了股东出资不实的责任追究制度,[①] 但不同法院审理信托持股纠纷案件时遭遇法律解释和法律适用的困境，对于信托持股问题，出现了不同观点。有的法院认为，受托人依据信托关系名义持股应视为委托人的实质持股，委托人应当承担股东责任。[②] 受托人依照信托合同约定，基于股权信托而受托持有目标公司的股权，并未行使股东权利，股东权利实际仍由委托人行使；同时委托人系目标公司的发起人股东，负有公司设立的原始出资义务且承诺履行出资义务，故应当由委托人承担出资不实的法律责任，受托人对委托人应当履行的出资义务不承担补充清偿责任。有的法院则认为，受托人已登记为股东，未足额实缴注册资本金，应当在其未出资本息范围内对标的公司的债务承担补充连带责任。[③] 受托人依照信托合同约定受让目标公司的股权，实际股东权利由委托人行使，可认定为受托人系目标公司的名义股东、委托人系目标公司的实际出资人；同时受托人已对外登记公示为目标公司的股东，受托人与委托人有关委托人承诺补足出资的内部约定不得对抗善意第三人，故受托人作为目标公司的股东，应当在未履行出资范围内对目标公司的债务承担补充赔偿责任，受托人承担前述责任后可向实际出资人即委托人追偿。

股权信托中，受托人同时具有公司法上的股东身份和信托法上的受托人身份。[④] 因而，信托持股纠纷涉及股权转让关系、信托法律关系等重大实体法律关

---

① 《公司法司法解释（三）》第13条第2款规定："公司债权人请求未履行或者未全面履行出资义务的股东在未出资本息范围内对公司债务不能清偿的部分承担补充赔偿责任的，人民法院应予支持。……"第18条规定："有限责任公司的股东未履行或者未全面履行出资义务即转让股权，受让人对此知道或者应当知道，公司请求该股东履行出资义务、受让人对此承担连带责任的，人民法院应予支持；公司债权人依照本规定第十三条第二款向该股东提起诉讼，同时请求前述受让人对此承担连带责任的，人民法院应予支持。受让人根据前款规定承担责任后，向该未履行或者未全面履行出资义务的股东追偿的，人民法院应予支持。但是，当事人另有约定的除外。"第26条规定："公司债权人以登记于公司登记机关的股东未履行出资义务为由，请求其对公司债务不能清偿的部分在未出资本息范围内承担补充赔偿责任，股东以其仅为名义股东而非实际出资人为由进行抗辩的，人民法院不予支持。"

② 参见北京市高级人民法院（2018）京民初9号民事判决书、北京市朝阳区人民法院（2020）京0105民初65264号民事判决书。

③ 参见北京市第三中级人民法院（2020）京03民终4486号民事判决书、北京市高级人民法院（2020）京民申3915号民事裁定书、湖南省高级人民法院（2013）湘高法民二初字第23号民事判决书。

④ 参见杨祥：《股权信托受托人的特别谨慎义务及其免除的合法性》，载《银行家》2020年第2期。

系的交叉及冲突，并牵涉公司法、信托法等实体法的衔接和适用。最高人民法院在审理信托持股案件时曾认为，因信托目的引起的股权变动兼具股权交易与股权信托的双重特征，还引发了应当适用信托法还是公司法的争议，信托法与公司法在该问题上如何协调，不仅关系到个案中当事人权利的平衡与保护，也关系到信托行业的健康发展，是一个现实难题。①

一、信托持股关系中受托人责任的讨论纷争

为明晰信托持股纠纷案件的法律适用原则和裁判规则，明确信托持股关系的法律实质，法学理论界及实务界广泛热议，并逐渐形成了两种截然不同的学说。

其一为股权说或股权代持说。该学说源自“原则上，信托受托人对第三人应当承担个人无限责任”“受托人对信托债务原则上应当承担无限责任”的基本论断。② 其认为，信托持股关系中的受托人受让目标公司股权，但目标公司实际生产经营仍由原股东控制，故应当认定在信托当事人之间形成股权代持法律关系，其中受托人为名义股东，原股东为实际出资人。目标公司的其他债权人以其信赖工商登记记载的内容为由，依据《公司法司法解释三》第 26 条主张信托公司享有股东权利并应承担目标公司股东义务的，应当予以支持。③

其二为债权说或让与担保说。其认为，信托受托人持有股权的真实意图，是为了担保债权实现，应当认定为成立让与担保法律关系。④ 信托持股关系中的受托人受让目标公司股权系以转让股权的方式担保债权实现之目的，故应当认定在信托当事人之间成立让与担保法律关系，受托人实际为目标公司的债权人而非股东。目标公司的其他债权人以信托公司登记持有目标公司股权为由，主张信托公司享有目标公司股东权利、承担目标公司股东义务的，应不予支持。⑤

2019 年 11 月，最高人民法院在第九次《全国法院民商事审判工作会议纪要》中部分采纳了债权说，其第 89 条第 2 款规定，当事人在相关合同中同时约定采用信托公司受让目标公司股权、向目标公司增资方式并以相应股权担保债权

① 参见最高人民法院（2016）最高法民终 475 号民事判决书。

② 参见赵廉慧：《信托受托人对第三人责任机理研究》，载《广东社会科学》2016 年第 4 期；张淳：《对我国信托法关于信托债务清偿责任的规定的修改》，载《社会科学家》2014 年第 2 期。

③ 参见吴潇敏、孙美华、郑扬：《“名股实债”的司法裁判路径探析——以“新华信托—港城置业”案为例》，载《法律适用》2019 年第 12 期。

④ 参见刘贵祥：《民法典关于担保的几个重大问题》，载《法律适用》2021 年第 1 期。

⑤ 参见窦冬辰：《让与担保的信托法解释》，载《科学经济社会》2020 年第 1 期。

实现的，应当认定在当事人之间成立让与担保法律关系。然而，上述法律文件虽部分采取债权说并认为信托持股关系中委托人与受托人内部之间构成让与担保，但能否以此对抗善意第三人、如何界定委托人、受托人与外部第三人之间的法律关系及责任划分，尚未明确。信托财产是受托人名下的财产这一状态会给信托受托人的债权人造成不少误解，因此需要不少技术性条款加以调整，比如信托登记、分别管理等。[①] 这也再次表明有关信托持股关系的争议依然较大，有关法律实质的认识尚难以统一。

二、信托持股观点的辨析与反思

由上述债权说与股权说可知，我国对信托持股关系的法理解释和研究分析主要以传统大陆法系民商事法律范畴中的债权股权二元结构为依据和准绳，即信托关系不是股权便是债权，抑或不是债权便是股权。债权说与股权说，更多侧重于解释股权因信托关系被转让后所产生的法律效果，强调股权被转让后在信托当事人之间形成的法律关系，继而判断如何分配各方之间的法律关系。目标公司股权被转让后，如若认定委托人与受托人之间构成股权转让关系，则依据公司法适用名义股东、实际出资人以及第三人的法律规则；如若认定委托人与受托人之间构成担保关系，则依据担保法适用债权人、债务人以及第三人之间的法律规则。

然而，一方面，债权说与股权说虽分别寄望于内部关系和外部关系的扩张适用，但难以通过统一的理论打通内外部关系，否则会出现内部关系对抗第三人与第三人信赖利益保护的悖论。债权说与股权说是对信托持股关系的不同维度解释，看似两立实则合一。其结果是股债融合兴起，导致一股一权规则悖谬以及相关主体认定的困难。[②] 另一方面，信托持股关系的核心要素在于股权转让因信托关系而产生，即股权被信托，其不同于传统意义上的股权转让，否则容易混淆信托关系与转让关系。信托持股关系中，“信托关系”是原因行为，“股权转让”是结果行为。债权说与股权说仅关注了股权转让的客观事实，却忽视了股权被信托的法律事实，并未覆盖信托持股关系的全貌，亦未正视信托关系之于民商事法律关系的特殊性。

---

① 参见赵廉慧：《信托财产独立性研究——以对委托人的独立性为分析对象》，载《法学家》2021 年第 2 期。

② 参见李安安：《股债融合视域下的公司治理：现实检讨与法制回应》，载《西南民族大学学报（人文社科版）》2020 年第 4 期。

三、信托持股关系的正本清源

信托法律关系因其法律思想、法律文化及司法环境等特殊性，与传统大陆法系的民商事法律关系有所不同，因而在法律移植过程中易与既有法律关系、法律制度和法律思想形成交叉乃至滋生冲突，信托持股关系即是如此。信托持股纠纷的不同认识仅为表象，领悟信托制度的独立法律地位、弥合信托法与民商法的冲突、厘清信托关系的特定法律内容，或许有助于系统且科学地认知信托持股关系、化解信托持股纠纷。

信托持股纠纷虽表现为信托法与担保法、公司法的法律冲突，但其核心问题在于如何正确看待信托持股关系及其特殊性。信托持股关系中，受托人以“受人之托、忠人之事”为己任，接受财产授予人①之信托和托付，代为管理财产授予人交付的目标公司股权，并将目标公司股权登记公示为信托财产，最终形成受托人占有、使用和处分目标公司股权并向受益人分配所获收益的法律效果。显然，信托持股关系是不同于传统债权或股权关系的特殊法律关系，即信托持股关系与其他信托关系并无二致。我国信托法第7条亦明确规定，设立信托时必须有确定且合法的信托财产（权利）。财产授予人按照信托合同约定向受托人交付信托财产，是成立信托关系的必要前提条件。财产权利人已移转之标的物有瑕疵时，使其负担瑕疵责任，乃为增进交易信用及保护交易安全所必要。② 信托财产自交付时存有权利或物的瑕疵，受托人基于理性管理之义务可以发挥专业素养尽可能修复或减小瑕疵，但实际仍应当由财产授予人就此承担瑕疵担保责任。此时如由受托人承担责任，不仅显失公平，亦可能促使财产授予人恶意转移债务，有碍交易安全。简言之，受托人是受益人享受信托财产利益的管道，受托人可视为受益人的财产管家，仅对接手后的信托财产承担管理职责，不应对财产接手前的原始瑕疵担责。因而信托持股关系中，一方面，财产授予人负有股权（信托财产）的交付及瑕疵担保义务，如交付股权（信托财产）是财产授予人设立信托持股关系的主要义务、财产授予人应当对交付的股权（信托财产）承担瑕疵担保的附随义务；另一方面，受托人负有股权（信托财产）的公示告知及理性管理义务，

① 英美法系信托制度中的信托财产最为核心，因而发起信托关系的当事人称之为财产授予人（settlor），实际并无委托人之概念。我国引入信托制度时将其译为委托人，不仅易与委托关系中委托人相混淆，还模糊了财产授予人负有提供信托财产的核心义务，导致大众部分误解信托制度及其实质的同时，亦阻碍了信托制度的发展，具体不再赘述。

② 参见史尚宽：《债法各论》，中国政法大学出版社2000年版，第9页。

受托人应当登记公示信托财产并主动告知相关方信托财产的相关情况，但并无弥补信托财产瑕疵之责任。

2021 年，中国人民银行、中国银保监会已组建信托法立法后评估小组，着手启动信托法律制度修订完善计划，可谓弥合信托法与传统民商法的法律冲突、解决信托持股纠纷的较好契机。期待未来，一方面能完善股权及信托财产登记制度，通过配套规范和技术操作，打破股权工商登记与信托登记的公示隔阂，实现股权等依法应予登记财产作为信托财产的公示效果和法律效力，建立信托财产登记体系，普及信托制度文化。另一方面，顺应我国系统性修改信托法之契机，紧密结合新时代经济社会发展情况，以特别法规范和强制性规范的形式突出强调信托法律关系的特殊性和适用性，丰富信托关系的法律内容，提升信托法的法律位阶，实现信托制度的本土化立法。

专题研讨

编者按：2022年9月28日，最高人民法院民二庭、人民法院出版社在北京金融法院召开“资产支持证券”研讨会。最高人民法院审判委员会专职委员刘贵祥出席会议并讲话，会议由最高人民法院民二庭庭长林文学主持。最高人民法院、北京市高级人民法院、北京金融法院、上海金融法院、“一行两会”相关领导及部分专家学者参加活动。

会上，中国银保监会法规部主任綦相，中国人民银行条法司副司长谢丹，中国证监会法律部副主任杨明宇，中国社科院法学所研究员、商法研究室主任陈洁，清华大学法学院教授汤欣，北京大学法学院副教授洪艳蓉等与会人员围绕资产证券化过程中各主体的法律责任、资产转移过程中的法律风险控制、资产支持证券的监管模式问题等进行了深入研讨。陈洁教授围绕交易结构差异、资产支持证券纠纷的审理思路等发表观点；汤欣教授从美国法的视角，论述资产支持证券的管理人等对持有人的义务及损害赔偿问题；洪艳蓉副教授主要以我国企业资产证券化操作为例，阐述对资产证券化法律结构与虚假陈述主体责任的思考。随后，“一行两会”领导结合监管实践进一步发表看法。

刘贵祥专委指出，对于资产支持证券相关法律问题要结合司法实践，进一步加强研究，形成更为明确、更加细致的裁判尺度，充分发挥金融审判规范金融市场、防范金融风险、支持金融创新、维护金融稳定和安全的重要作用。

资产支持证券的管理人等对持有人的义务及损害赔偿

——美国法的视角

汤　欣*

案例研究表明，美国法上资产支持证券（ABS）持有人的损害赔偿类型较为

* 清华大学法学院教授。

有限。一方面，ABS持有人对管理人、销售机构等不能以其违反信义义务为由主张损害赔偿，因为ABS持有人与管理人、销售机构之间不存在信义关系；另一方面，ABS持有人虽然可以对管理人和发行实体主张违约损害赔偿，但该损害赔偿请求受到合同相对性原则的严格限制，在ABS持有人与相对人不具有合同关系时，美国法院并不承认ABS持有人能够主张利益第三人合同地位的违约损害赔偿。① 同时在美国司法实践中，ABS持有人的违约损害赔偿请求常常因无法证明其存在损害以及因果关系而被法院驳回。需要注意的是，ABS持有人仍有可能以管理人、销售机构等存在故意欺诈为由主张侵权损害赔偿。从论证逻辑来看，美国法在认定ABS及证券持有人的法律地位时，采取了股权、债权二分的思路，并延续股东为受托人而债权人非受托人的判例规则发展了ABS等民事纠纷的裁判逻辑。此外，美国司法实践中基于证券法上的一般性反欺诈条款追索管理人责任的案例也较为少见。

一、ABS法律关系中是否存在信义关系

其一，ABS法律关系中ABS管理人或作为销售机构的银行与持有人之间是否存在信义关系？ABS持有人能否以管理人或销售机构违反信义义务而主张损害赔偿？

美国法上的案例检索表明，ABS持有人与管理人和销售机构之间不存在信义关系。② 例如在纽约上诉法院审理的Oddo诉Barclays案中（以下简称Oddo案），法院对SIV（Structured Investment Vehicle，译为“结构性投资工具”，一种ABS）的持有者以SIV管理者违反信义义务为由主张的损害赔偿不予支持，并认为持有人本质上为债权人，并不是SIV资产的股东，因此SIV的管理人对持有人也不具

---

① 该利益第三人地位的违约损害赔偿类似我国民法典第523条指向的真正利益第三人的违约责任。民法典第523条规定，当事人约定由第三人向债权人履行债务，第三人不履行债务或者履行债务不符合约定的，债务人应当向债权人承担违约责任。从条文上来看民法典第523条的真正利益第三人需合同当事人明确约定，这一点与美国法具有类似性；一般而言，民法典第523条的违约责任是否包含损害赔偿仍有争议。

② Oddo Asset Mgmt. v. Barclays Bank PLC, 19 N. Y. 3d 584, 973 N. E. 2d 735 (2012); Loughlin v. Goord, 558 F. Supp. 3d 126 (S. D. N. Y. 2021); Simons v. Cogan, 549 A. 2d 300 (Del. 1988).

有类似于董事的信义义务。[①]

其二，为何 ABS 销售机构和管理人与 ABS 持有人之间不存在信义关系？

美国法中的信义关系（Fiduciary Relation）指的是一方需为另一方的利益而行事或提供建议。[②] 信义关系必须针对具体的内容，因为信义关系只在双方存在超出正常交易关系的信任时才存在，正常交易的当事人之间不存在信义关系，[③] 合同关系中的债务人对债权人亦不存在信义义务。[④] ABS 持有人与管理人之间没有直接接触，两者之间不存在高度支配和信赖。[⑤] 基金管理人在特定情形中有可能对持有人负有信义义务，这是因为基金管理人是基金的受托人，而基金是份额持有人的受托人，基金对持有人的信义义务通过代理关系传递到了基金管理人，但这种延伸方式仅限于股权管理，不会延伸至债权债务关系。[⑥]

二、ABS 管理人能否对发行实体、管理人以及销售机构等主体主张违约损害赔偿

其一，ABS 持有人与 ABS 管理人存在合同关系时，ABS 持有人能否主张违约损害赔偿？

在 ABS 法律关系中，ABS 持有人如与发行实体和管理人签订了信托合同，[⑦]

---

① 原告 Oddo 资产管理公司通过巴克莱银行 Barclays 购买了 Golden Key（标普评级 AAA）以及 Mainsail（标普评级 AAA）的夹层票据。Oddo 是一家法国的大型资产管理公司，而巴克莱银行创立的 SIV-Lite 实体发行了该两种票据，该票据属于一种 ABS。巴克莱银行为 Oddo 挑选了两家资产管理人（本案中称为 collateral managers），在 Oddo 与 SIV-Lite 的管理协议中（其与两家管理人没有签订合同），管理人需以忠实、相当注意、相当技能履行其合理注意。在 2007 年金融危机中原告持有的票据遭到大幅贬值，原告因此起诉索赔。Oddo Asset Mgmt. v. Barclays Bank PLC, 19 N. Y. 3d 584, 973 N. E. 2d 735 (2012).

② Roni LLC v. Arfa, 18 N. Y. 3d 846, 963 N. E. 2d 123 (2011).

③ Schonfeld v. Thompson, 243 A. D. 2d 343, 663 N. Y. S. 2d 166 (1997).

④ Ne. Gen. Corp. v. Wellington Advert, Inc, 82 N. Y. 2d 158, 624 N. E. 2d 129 (1993)；特拉华州法认为，债券持有人以及认股权证持有人等均不是股东。Simons v. Cogan, 549 A. 2d 300 (Del. 1988); In re Nine Sys. Corp. S'holders Litig, No. CIV. A. 3940-VCN, 2013 WL 771897 (Del. Ch. Feb. 28, 2013).

⑤ SNS Bank, N. V. v. Citibank, N. A, 7 A. D. 3d 352, 777 N. Y. S. 2d 62 (2004).

⑥ Oddo Asset Mgmt. v. Barclays Bank PLC, 36 Misc. 3d 1205(A), 954 N. Y. S. 2d 760 (Sup. Ct. 2010); Schneider v. Lazard Freres & Co, 159 A. D. 2d 291, 552 N. Y. S. 2d 571 (1990).

⑦ 资产支持证券的发起人（originator）通过设置发行实体来发行资产支持证券，发行实体的设立方式包含信托（Trust）。See Securities and Exchange Commission, Asset-Backed Securities, 70 FR 1506-01, Rules and Regulations, 2005.

则持有人可向管理人主张违约损害赔偿。[①] 然而 ABS 持有人在举证责任上可能面临相当困难，例如原告难以证明管理人或发行实体违反了合同约定的勤勉义务；[②] 又如原告若主张管理人的损害赔偿责任，需举证证明其持有的 ABS 证券价值的下跌系由管理人造成，而如果 ABS 证券价值的下跌是源于还款导致的本金余额减少或利率波动，则价值下跌与被告行为之间不存在因果关系。[③]

其二，ABS 持有人与 ABS 管理人之间不存在合同时，ABS 持有人能否基于发行人与管理人所签合同的“利益第三人”的法律地位主张违约损害赔偿请求权？

在前文所述 Oddo 案中，法院认为持有人与管理人之间没有签订合同，而发行人与管理人之间的管理合同并没有明确授予原告任何利益第三人地位。[④]

三、ABS 持有人能否以 ABS 销售机构故意侵害债权为由主张损害赔偿

在美国法相关判例中，原告主张 ABS 销售机构通过欺诈的方式故意侵害债权（tortiously interfered with plaintiff's contracts），但法院认为原告主张侵害债权时需举证证明合同有效、行为人知情、行为人存在故意干扰行为以及违约及其损害，因管理人与持有人之间没有直接合同关系，所以销售机构不因故意侵害债权承担损害赔偿责任。[⑤]

---

① Super Future Equities, Inc. v. Wells Fargo Bank Minnesota, N. A, No. CIV A 306-CV-0271-B, 2007 WL 4410370 (N. D. Tex. Dec. 14, 2007). SFE（Super Futures Equities）资产管理公司通过富国银行（Wells Fargo）购买了 CMBS（一种 ABS），SFE 与管理人和发行实体（信托）之间存在合同（Pooling and Servicing Agreement）。2006 年至 2007 年间，SFE 持有的 CMBS 的证券价值从 163875 美元大幅回落到 25464 美元。

② Ellington Credit Fund, Ltd. v. Select Portfolio Servicing, Inc, 837 F. Supp. 2d 162 (S. D. N. Y. 2011); Peak Partners, LP v. Republic Bank, 191 F. App'x 118 (3d Cir. 2006). Super Future Equities, Inc. v. Wells Fargo Bank Minnesota, N. A, No. CIV A 306-CV-0271-B, 2007 WL 4410370(N. D. Tex. Dec. 14, 2007). 在 SFE 案中，SFE 主张发行实体（信托）挑选了不合适的管理人（Orix），但该主张被法院驳回。MBIA Ins. Corp. v. Royal Indem. Co, 519 F. Supp. 2d 455 (D. Del. 2007), aff'd, 321 F. App'x 146 (3d Cir. 2009). 又如在 MBIA 案中，法院认为发行实体不具有及时通知债务人履行债务情况的义务。

③ Super Future Equities, Inc. v. Wells Fargo Bank Minnesota, N. A., No. CIV A 306-CV-0271-B, 2007 WL 4410370 (N. D. Tex. Dec. 14, 2007).

④ Oddo Asset Mgmt. v. Barclays Bank PLC, 19 N. Y. 3d 584, 973 N. E. 2d 735 (2012).

⑤ Ibid.

四、ABS管理人和信托实体是否应对投资者承担证券虚假陈述民事责任

一方面，一般认为资产证券化过程中发行的ABS属于“证券”从而适用美国联邦证券法的规定，[①]同时，资产证券化的发起人可能因欺诈而存在10b-5项下的责任。[②]

另一方面，对于发行实体（Trust），美国法上暂无判令该种实体承担证券虚假陈述损害赔偿责任的判例。[③]对于管理人（Servicers，也翻译为服务商），也基本没有支持投资者以未披露相关文件为由要求管理人承担证券虚假陈述损害赔偿主张的判例。2008年的一项由纽约南区法院作出的判决指出，ABS持有人对管理人的损害赔偿请求的不适用1934年证券交易法Rule 10b-5，法院认为管理人所涉虚假陈述的信息并不是发行ABS的信息基础，且某些管理人的披露信息仅为观点而非事实，因此原告没有证明Rule 10b-5民事赔偿中的信息重大性以及知情（Scienter）。[④]

---

① 具体的证券化项目中的特定ABS是否属于“投资契约”，从而属于“证券”，仍然需要法院在个案中依据荷威测试（Howey Test）进行判断。同时，即便此时ABS被界定为美国1933年证券法上的证券，其公开发行仍然可能豁免在该法项下的注册义务。See Joseph C. Shenker & Anthony J. Colletta, Asset Securitization: Evolution, Current Issues and New Frontiers, 69 Tex. L. Rev. 1369 (1991), notes 39 and accompanying text.

② See Originator Exposure to Federal Securities Law Liability When Structuring Asset Backed Securities Transactions, 20 Ann. Rev. Banking L. 271, 305 (2001).

③ § 4: 36. Tort claims—Securities laws—Trustee, Mortgage and Asset Backed Securities Litigation Handbook § 4: 36.

④ Good Hill Partners L. P. ex rel. Good Hill Master Fund, L. P. v. WM Asset Holdings Corp. CI 2007-WM2, 583 F. Supp. 2d 517 (S. D. N. Y. 2008).

资产证券化法律结构与虚假陈述主体责任的思考

洪艳蓉*

随着我国资产证券化市场的发展壮大，市场参与主体触犯法律出现虚假陈述等违法违规行为，甚至欺诈发行也屡有发生，严重侵害了投资者的合法权益及其对证券化市场的信心。在主管部门加强资产证券化行政执法，加大行政惩戒力度的同时，有必要探讨虚假陈述之下资产证券化参与主体的民事责任，为投资者提供相应的法律救济途径。下文主要以我国企业资产证券化操作为例，分析在证券法这一资本市场法律框架下追究资产证券化虚假陈述主体侵权民事责任应考虑的特殊事项，提出未来问责及立法的几点思考。

一、证券法对资产证券化虚假陈述侵权民事责任的法律适用

所谓资产证券化，一般指发起人（主要指原始权益人）将可产生稳定现金流的基础资产，出售给特殊目的载体（special purpose vehicle，简称 SPV），由其重组资产收益与风险并辅以信用增级，转化成资产支持证券（asset-backed securities，简称 ABS），销售给资本市场上的投资者。在这一过程中，SPV 以证券销售收入偿付发起人的资产销售价款，以基础资产产生的现金流偿付投资者的 ABS 权益。

在我国，目前在多部门监管下形成了多元的资产证券化操作模式，除了中国人民银行、银保监会主导的信贷资产证券化，中国银行间市场交易商协会自律监管的非金融企业资产支持票据/资产支持商业票据之外，很重要的一类资产证券化类型是证监会主导下的企业资产证券化。这类资产证券化在操作上，主要由具备客户资产管理业务资格的证券公司/基金管理公司子公司等（以下简称证券公

* 北京大学法学院长聘副教授。

司）作为管理人，发起设立资产支持专项计划向投资者募集资金，之后运用所募资金向原始权益人购买基础资产并聘请资产服务机构进行管理，以基础资产产生的现金流及必要的信用增级措施向投资者偿付其持有的 ABS 权益。根据规定，企业资产支持证券只能向合格投资者私募发行，但可在沪深交易所等证券交易场所挂牌、转让。

不同于信贷资产证券化采用的财产信托模式，企业资产证券化采用由投资端发起的专项计划而被业内称为“反向模式”，但二者主要都倚重基础资产产生的现金流偿付投资者的 ABS 权益，性质上属于资产信用融资，是原始权益人依靠资产信用向资本市场筹措资金的金融活动，与企业运用自身商事信用发行股票/债券融资异曲同工。也因此，尽管融资信用基础迥异，但资产证券化与股票/债券发行本质上都属于直接融资，是企业向资本市场融通资金的有效途径，有别于接受投资者委托进行的资金/资产管理业务。基于此，中国人民银行等机构于 2018 年发布的《关于规范金融机构资产管理业务的指导意见》第 3 条明确将资产证券化业务排除于调整范围之外。

2019 年证券法进行重大修订时，在第 2 条第 3 款规定：“资产支持证券、资产管理产品发行、交易的管理办法，由国务院依照本法的原则规定。”由此，资产支持证券纳入证券法调整范围，成为“法定证券”，受其约束，然而不宜简单地将证券法的内容全盘套用于融资信用基础有别的资产支持证券，监管者也指出这类证券的发行和交易无法直接适用证券法的具体规定。① 申言之，证券法为维护资本市场秩序和安全，保护投资者权益提供了法定救济，投资者进入资本市场进行交易，即享有免受欺诈的权利并受到法律的严格保护；一旦信息披露义务人、保荐人、承销商及证券服务中介等主体实施了虚假陈述（欺诈）行为，那么不管投资者是参与一级发行市场的认购，还是参与二级市场的交易，无论证券是公募发行，还是私募发行，无论是购买股票、债券，还是购买资产支持证券或其他法定证券品种，都应依据证券法承担相应的法律责任。基于保障证券交易连续性和维护市场秩序的需要，受欺诈的证券交易通常不具有可撤销性，证券法对受欺诈交易提供的普遍性救济主要表现为投资者有权向实施欺诈行为的责任人请求损害赔偿，以此恢复被侵害的权益。因此，证券法有关欺诈的法律责任条款同样可适用于资产支持证券投资者的权益保护，只不过其中有关证券发行、交易的行为条款承继传统，主要围绕以商事信用作为融资基础的股票、债券等制定，不宜直接适用于资产支持证券的发行、交易行为，而应根据证券法第 2 条第 3 款的

① 程合红主编：《〈证券法〉修订要义》，人民出版社 2020 年版，第 8 页。

授权规定，由国务院遵从证券法的基本原则制定相应的行为规范予以管理，并借以评判相关主体的行为及其过错等要素，准确适用证券法责任条款，完成对投资者的有效保护。

二、资产证券化法律结构对虚假陈述民事主体责任的影响

作为20世纪70年代以来创新的金融工具，资产证券化体现出精巧的资产信用融资设计和围绕SPV这一核心，链接诸多法律制度形成的比较优势，在外观上呈现为复杂的法律结构和多元的市场参与主体，不同于传统的以企业作为发行人，通过发行股票/债券进行融资的单环节操作，由此带来对追究虚假陈述民事主体责任在侵权行为构成方面需要考虑的因素。具体而言，资产证券化一般具有如下法律结构特点并可能对虚假陈述民事责任产生相应的影响。

其一，证券化具有资产信用融资特点，有别于以商事信用作为融资基础的股票和债券等传统融资方式，其在法律结构上需要隔离资产信用专门服务于投资者权益的实现，并通过聘请管理人/资产服务机构管理/运营基础资产完成整个投融资过程，投资者的权益求偿止步于基础资产组成的资产池而无法再穿透至原始权益人。也因此，专项计划管理人虽然是资产支持证券的法定信息披露义务人，却不是传统证券下的公司发行人，身份或行为性质属性不同，从而直接影响其履职的标准及其法律责任边界；而以基础资产产生的现金流实现自我清偿资产支持证券权益的本质属性，也直接影响了投资者权益受损的求偿对象及其获赔的责任限额。

其二，证券化具有结构化融资特点，进一步体现为：（1）参与主体的结构化。证券化将本由融资人（发行人）与投资者之间的单一融资结构分解为众多参与者分别承担的活动，除了原始权益人、专项计划管理人和投资者这些主要当事人外，还有资产服务机构、信用增级提供人、流动性安排提供人、财务顾问等专门性服务机构，以及会计师事务所、律师事务所、评级机构、评估机构、证券交易及登记结算机构等一般性服务机构，共同构成了以SPV为核心，以合同关系为基础的法律群落。在细化分工，提供高质专业服务的同时客观上也带来较为复杂的主体关系，并因各方在资产证券化业务中所起的作用不同而带来对他们基于服务行为而追究相应责任的差异。（2）资产信用的结构化。证券化的资产信用融资本质决定了基础资产在资金池构成上的核心地位，但为平顺资金回流和权益偿付而设置的信用增级和流动性安排，无论是在内部还是在外部，都进一步复杂化了融资结构并形成责任主体的多元性，由此也影响了责任追究的对象及其责

任限制。（3）投资者的结构化。不同于传统证券的单一品种设置，证券化融资往往通过设置优先或劣后级进行信用增级，由此形成固定收益的优先级资产支持证券和提供风险安全垫，但也享受剩余资产权益类似股票的劣后级资产支持证券。这两类投资者在虚假陈述损害赔偿上的请求权可能存在差异；同时，证券化可能存在发行期限不一、利率有别或条件有所差异的多种优先级资产支持证券，这些持有不同优先级证券的投资者在进行损害求偿时，也会存在差异。

其三，证券化具有表外融资特点，如果符合资产真实出售条件，基础资产将移出原始权益人的资产负债表，独立存续并服务于投资者所持资产支持证券权益的偿付，其后续的资产信用表现与原始权益人无关；但如果无法实现真实出售，那么证券化将构成原始权益人的表内融资，甚至需要原始权益人未来继续履行相应的义务才能使基础资产产生相应的现金流用于偿付资产支持证券权益。在出表或不出表的情况下，投资者与证券化资产池、原始权益人的关系完全不同，客观上将影响投资者的求偿对象与求偿路径。

三、资产证券化虚假陈述侵权民事主体责任的新问题与思考

基于投资者与管理人在企业资产证券化中签署有《专项资产管理计划资产管理合同》，二者之间存在合同法律关系，即使投资者从二级市场买入资产支持证券，这种与管理人之间的合同关系仍然存在，在损害赔偿请求权上始终可以运用违约之诉，但管理人之外的其他主体，例如原始权益人或相关证券服务中介，可能在一级市场未必就存在与投资者的合同关系，更遑论二级市场发生的交易。因此，以侵权之诉寻求损害赔偿可能更有利于扩大投资者保护范围和涵摄更多有过错的责任主体的救济途径，但上述证券化独特的融资信用基础和复合的法律结构，可能带给资产证券化虚假陈述侵权民事责任构成一些新问题，应引起注意并审慎处理，以真正实现责过相当，平衡各方主体的利益与负担。

其一，谁是资产支持证券发行人的问题。企业资产证券化在操作上由证券公司设立专项计划发行资产支持证券销售给投资者，再用所募基金购买原始权益人的基础资产，帮助后者实现资产融资目的，不同于传统的公司作为发行人利用自身商事信用进行融资，由此带来到底是专项计划管理人还是原始权益人是资产支持证券发行人的争议。如果将管理人视为发行人，那么按照证券法的规定，通常发行人应对证券虚假陈述行为承担无过错责任，这无疑将加大管理人的责任负担，影响其开展业务的积极性；但如果将管理人作为一般市场中介而在尽职调查和管理运作上仅作普通要求，势必存在脱责的空间而影响投资者对证券化产品的

信赖。由此，在专项计划不具有法定主体资格而由管理人作为名义发行人的操作外观下，有必要在发行人严格责任与市场中介过错责任之间进行适当平衡并在某种程度上提高管理人勤勉尽责的标准，以防范道德风险并建立市场信任。

其二，谁是资产支持证券信息披露义务人的问题。结构性融资使证券化除了管理人之外，还有资信评级机构、托管人、资产服务机构、信用增级机构、流动性支持机构等多种服务机构，《证券公司及基金管理公司子公司资产证券化业务管理规定》虽然规定管理人是资产证券化的法定信息披露义务人，但也规定了“其他信息披露义务人”，这并不完全对标于除管理人之外的其他服务机构，其是否列入“信息披露义务人”范畴从而需要按证券法的责任条款进行问责应具体分析。对于那些依法负有出具相关报告给投资者参考的服务机构（例如托管人、资信评级机构）自然属于“其他信息披露义务人”（证监会对此也明文作了规定）；对于那些没有义务向投资者提供相关文件，但因制作、出具的文件内容被管理人引用入《计划说明书》或持续信息披露文件的服务机构（例如律师事务所、会计师事务所）来说，由此建立投资者对他们专业服务内容的信赖，其身份从服务机构转变为“其他信息披露义务人”，需要保证其对投资者所披露信息的真实、准确和完整，并对此承担相应的责任；对于那些不存在上述两种情形，只是在证券化业务中为专项计划运营提供特定服务的其他机构（例如资产服务机构、信用增级机构、流动性支持机构），他们主要与管理人通过签署合同提供服务并报送服务信息内容，管理人对这些相关信息进行整理加工后向投资者披露，因与投资者之间并未建立直接联系或存在信赖而没有导致他们也转变成“其他信息披露义务人”。如果因这些信息存在虚假陈述问题，那么投资者诉求的信息披露责任人应是管理人而非这类服务机构。但如果这类服务机构提供的报告内容被准确、完整地以他们的名义发布并成为投资者决策的重要参考，那么应按第二类情况进行处理。

其三，企业资产证券化中原始权益人的地位及其问责问题。对于基础资产能够出表的资产证券化而言，管理人运用所募资金买断资产之后，原始权益人获得融资并完全脱离专项计划，其对基础资产承担的是一般买卖合同上的瑕疵担保责任，不应按证券虚假陈述侵权责任进行追责。对于基础资产未能出表的证券化，一般认为是原始权益人的担保融资，特别是那种证券化过程中仍然需要原始权益人继续运营基础资产才能产生持续现金流的情形（即特定原始权益人），那么特定原始权益人并未置身事外，仍是证券化过程中不可或缺的一环，其实质意义上可能构成资产证券化的发行人，是基础资产信息最核心的生产者和提供者，那么特定原始权益人对投资者承担的信息披露义务及责任应与其身份地位相当，而不应仅被视为基础资产的出售者。

其四，企业资产证券化中财务顾问的地位及其问责问题。基于资产证券化的专业复杂性和效率、经验、资源等要求，一些项目操作中常设有财务顾问提供专门的服务。在追究责任时，有必要区分是管理人为专项计划成功运作而聘请的财务顾问，还是原始权益人自身为实现证券化融资而自行聘为己用的财务顾问。尽管两类财务顾问的信息都有可能向投资者披露，但前一类服务于专项计划，与投资者之间建立有信赖关系并负有勤勉尽责义务，后一类服务于原始权益人，是其内部专家，对专项计划并不负有勤勉尽责和信息披露的义务。当进行追责时，投资者基于信赖可以向第一类财务顾问索赔，但可能无法穿透原始权益人，向不属于证券化局内人的第二类财务顾问请求损害赔偿。

其五，证券化市场服务中介的勤勉尽责标准及其问责问题。市场中介以提供专业服务安身立命，在问责上通常以其已经勤勉尽责，不存在过错为衡量标准，资产证券化操作中也应不例外，以激励中介机构提供更好的服务并管理执业风险。然而，证券化业务操作复杂于传统直接融资且有着更长的信用链条和参与主体，市场中介之间多有合作且彼此参考相关服务判断或结论的情形可能更常见，此等场景下需要区分服务机构的主辅功能，将争议点嵌入法律结构全面评价特定服务机构是否尽到应有的专业审慎义务并排除合理的怀疑，特别是在原始权益人与基础资产交易对手方联合欺诈的情况下，更要甄别其营造的客观环境即使专业机构也无法评判真假，还是只要遵循必要的行业操作标准就能察觉蛛丝马迹，捅破欺诈面纱，从而真正评价市场中介的服务质量，令其对自己的过失负责。

其六，资产支持证券投资者的诉讼权利及其求偿对象问题。通常，为保障管理人更好地运用专项计划资产，投资者不得主张对此进行分割和要求管理人回购资产支持证券，但可通过在二级市场交易满足变现需求。如专项计划因虚假陈述受损，通常应由管理人代表全体资产支持证券投资者向相关责任主体追偿，将所得归于专项计划之后再作分配，投资者个体无法越过管理人自行起诉维权；同时，专项计划因未清算也无法确定最终损失，投资者即使有权向管理人问责，也可能因损失未明而不满足侵权构成要件。此外，如上所述，资产证券化因内部信用增级设计而常有优先级投资者和劣后级投资者，后者为前者提供风险安全垫，权益劣后但可享有专项计划的剩余财产，因此在诉权先后顺序上，劣后级投资者可能要让位于优先级投资者（或者说即使可以行使诉权，那么所获得的偿付也应先用于保障优先级投资者权益的实现），而各类优先级投资者如果专项计划合同没有特别约定，那么他们主要是在偿付利率与期限长短方面存在差异，在对相关责任主体主张损害赔偿方面应处于同等地位。

域外金融

金融稳定立法国际经验实践及思考

谢　丹[*]　鲁　晨[**]

党的二十大报告指出，要强化金融稳定保障体系，守住不发生系统性金融风险的底线。金融稳定立法是强化我国金融稳定保障体系的组成部分，对于建立健全维护金融稳定的长效机制，保障金融发展和安全具有重要意义。2008 年国际金融危机暴发后，国际社会聚焦防范和化解系统性金融风险，出台国际指引性文件或国家专门立法，完善维护金融稳定的制度安排，为我们提供了研究金融稳定立法的国际视角。当前处于百年未有之大变局，我国经济金融发展面临的不确定性与挑战增多，金融风险仍然可能易发多发，有必要立足我国金融稳定工作实际，总结打好防范化解金融风险攻坚战中的成功实践和行之有效的做法，借鉴国际有益经验，推进金融稳定法律规则体系的构建和完善。

一、国际金融稳定领域的立法实践

在深刻反思危机应对经验教训的基础上，巴塞尔委员会（BCBS）发布《增强银行和银行体系稳健性的全球监管框架》和《后危机改革的最终方案》，金融稳定理事会（FSB）发布了《金融机构风险有效处置机制核心要素》。美国、英国、欧盟等经济体出台专门立法，对传统金融监管体系进行重大变革。美国于 2010 年出台《多德-弗兰克法案》（Dodd-Frank Act），对金融监管体系进行了自大萧条以来最重大的调整和变革，组建专门行使宏观审慎职责的金融稳定监督委员会（Financial Stability Oversight Council，简称 FSOC），统筹协调联邦层面各相关部门间的分工与配合。英国于 2012 年出台《金融服务法案》（Financial Serv-

---

* 中国人民银行条法司副司长。
** 中国人民银行条法司干部。

ices Act 2012)，改变以金融监管部门（金融服务监管局，Financial Service Authority，简称FSA）为主的监管模式，使中央银行（英格兰银行）逐步成为金融稳定治理体系的核心。欧盟于2010年出台一系列法规，健全和完善欧盟层面的金融稳定法律制度，包括成立欧洲系统性风险委员会（European Systemic Risk Board，简称ESRB)，形成集中统一的金融监管体系，强化欧洲中央银行的监管职能，并陆续建立欧洲金融稳定机制（European Financial Stabilisation Mechanism，简称EFSM）和单一处置机制（Single Resolution Mechanism，简称SRM)。在欧盟法律框架下，德国于2012年出台《金融稳定法案》（Financial Stability Act)，成立金融稳定委员会，增强德国央行的宏观审慎和风险监测职能，加强部门协调。即使是一些受危机影响相对较小的国家，也对原有金融法律制度作出调整。例如，韩国2011年修订《韩国银行法》（The Bank of Korea Act)，强化韩国中央银行维护金融稳定职能，丰富宏观审慎政策工具；新加坡2017年修订《新加坡金融管理局法》［Monetary Authority of Singapore（Amendment）Act 2017］，进一步强化新加坡金融管理局对所有金融机构进行监管的职权，授权其在紧急情况下可以对金融机构实施处置。从上述立法实践来看，改革的目标和方向主要包括以下几点。

（一）明确由专门委员会或中央银行负责应对系统性金融风险、维护金融稳定

成立专门委员会统筹防范、化解和处置系统性金融风险，维护金融稳定。例如，欧盟ESRB由欧盟以及各成员国两个层面的央行和金融监管当局负责人等担任委员，主要职能是建立早期风险预警机制，监测所有能对金融稳定产生影响的潜在因素及其危害，聚焦系统性风险，制定针对性的政策措施。德国金融稳定委员会赋予德国央行更多防范系统性风险的职能，在加强财政部、德国央行和联邦金融监管局在金融稳定领域的协调与合作方面也发挥着重要作用。

也有部分国家授予中央银行相关职能和工具。例如，英国改革原有制度，将中央银行作为金融稳定治理体系的核心，下设金融政策委员会（Financial Policy Committee，简称FPC）与审慎监管局（Prudential Regulation Authority，简称PRA)，加强宏观与微观审慎监管间的统筹和协调，共同维护整个金融体系的稳定。新加坡规定其金融管理局以促进金融稳定为核心目标，负责防范和处置金融风险。

（二）强化系统重要性金融机构监管，防范“大而不能倒”

第一，全面、大幅提高系统重要性金融机构（SIFIs）的监管标准。FSB和

BCBS 等国际金融组织针对 SIFIs 在资本、流动性、杠杆率等方面提出了一系列更加严格的监管要求，制定全球系统重要性金融机构（G-SIFIs）名单并附加更高的合规标准。

第二，强化对系统重要性非银行金融机构和系统重要性金融基础设施的监管。美国 FSOC 有权认定具有系统重要性的证券公司、保险公司、金融控股公司等非银行金融机构，并授权美联储对其进行统一监管。同时，FSOC 还有权认定系统重要性金融基础设施，并在保留行业监管部门主监管责任的同时，授权美联储将其纳入宏观审慎管理。

第三，要求 SIFIs 建立处置预案，实现有序退出。金融稳定理事会和发达经济体要求 SIFIs 制定恢复和处置计划，以防范和控制其经营失败的负外部性和道德风险，实现有序退出。例如，美国建立“生前遗嘱”制度，SIFIs 据此应当定期提交和更新风险处置预案，并在监管部门的指导下修改至满足预期处置效率。如果认为 SIFIs 提交的预案无法满足可行性标准，监管部门可以强制其剥离相关业务或精简相关业务结构来提升处置效率。欧盟、英国、澳大利亚、新加坡等经济体也制定了关于提交恢复和处置计划的监管指引。

（三）强化风险监测预警和早期纠正

第一，健全宏观审慎政策框架，加强逆周期调节。巴塞尔银行监管委员会及发达经济体制定了一系列宏观审慎政策工具，包括逆周期资本缓冲、流动性覆盖比率等逆周期政策工具，以及针对房地产市场的贷款价值比、贷款收入比等工具，防止和避免风险顺周期积累。

第二，建立一体化全覆盖的金融风险监测预警体系。发达经济体在立法中加强了风险监测职责、方式、手段等机制性的规定。例如，美联储建立了系统性金融风险综合指标，评估金融体系的稳健性水平和发展趋势，并特别重视影子银行对金融稳定的影响。ESRB 构建了一套衡量系统性金融风险的指标体系，涵盖了系统性综合风险、宏观风险等八大类共 100 余项指标，将原本处于监管真空的影子银行纳入监测范围。

第三，充分发挥存款保险的早期纠正作用。发达经济体通常授权存款保险机构在发现金融机构问题的早期及时采取与其风险水平相适应的纠正措施。例如，美国联邦存款保险公司（Federal Deposit Insurance Corporation，简称 FDIC）在投保机构指标出现异常时，可以独立或联合其他监管机构迅速启动早期纠正。FDIC 根据银行的资本充足率、杠杆率等指标，可以分类采取限制分红、支出、资产增长、要求资本重组、剥离子公司、强制接管等一系列措施。韩国存款保险公司

(KDIC) 有权对银行进行单独检查，并根据检查结果要求金融监督院采取经营改善劝告、要求、命令等多样化的纠正措施。

(四) 健全风险处置机制，实现问题机构有序退出

发达经济体建立起一整套针对问题机构的风险处置机制，确保风险处置稳妥有序。例如，欧盟方面，欧洲金融稳定机制负责救助经济困难的欧盟成员国，具体方式包括但不限于购买成员国政府债券、注资、不良资产担保等；单一处置机制负责处置银行机构的风险，由欧盟单一处置理事会负责处置欧洲银行联盟内的100多家大型银行，指导各成员国处置当局处置所有其他银行，在必要时可采取早期干预措施，或采取接管、剥离业务和资产、过桥银行、内部纾困等多种处置措施。英国针对出现风险的银行机构设有特别处置机制（Special Resolution Regime，简称SRR)，包括稳定化措施（Stabilisation Options)、管理程序（Bank Administration Procedure)、破产程序（Bank Insolvency Procedure）三部分。稳定化措施即司法程序之前的行政处置，根据收购承接的方式不同可分为私人部门收购、设立过桥银行和临时国有化等；管理程序是稳定化措施的配套制度，在问题银行部分业务出售后，对剩余的基础性业务实施阶段性管理，在经营稳定后再将剩余业务处理退出市场；破产程序则类似于一般企业破产清算程序，但将破产申请权授予监管机构。

(五) 设立专门的风险处置基金

部分国家专门设立了风险处置基金，灵活采取事前或事后收费方式。例如，美国设立有序清算基金（Orderly Liquidation Fund)。联邦存款保险公司在接管问题机构后可向有序清算基金发债融资，但借款金额受到严格限制并应提供详尽的偿付计划限期偿付。若联邦存款保险公司到期不足偿付借款，可以向大型金融机构（资产超过500亿美元）收费。英国金融服务补偿计划（Financial Services Compensation Scheme，简称FSCS）从原存款保险计划等发展而来，是一项金融领域综合性的赔付制度，由英国金融行为监管局（Financial Conduct Authority，简称FCA）统一管理，资金来源包括机构成员缴纳的初期资金、续增资金和应急基金，必要时还可以向英格兰银行借款但需经英国金融行为监管局同意。欧盟的单一处置基金资金来源于欧洲银行联盟19个成员国相关金融机构的年度事前缴费，如不足还可进行事后收费。新加坡金融管理局的处置基金，资金来源包括新加坡金融管理局的贷款、使用基金的收入及利息、收益等，还可向被处置机构的同类市场机构收费。

也有部分国家依托存款保险基金处置风险。例如，日本系统重要性银行出现可能对日本金融业产生重大不利影响的经营危机时，由首相召集金融危机处置会议，决定由日本存款保险公司对问题银行采取注资、全额存款保护或临时国有化等处置措施。

二、国际金融稳定立法实践的主要特点

（一）聚焦系统性金融风险应对，预防与处置并重

危机表明，传统金融监管体系在防范化解系统性金融风险方面存在严重的监管缺位。传统理论关注的价格稳定和个体审慎稳健并不代表金融体系的整体稳健，[①]“合成谬误”现象普遍存在。加杠杆和“羊群效应”又进一步加剧了金融市场的顺周期性，放大了整个金融体系内生的周期风险。混业经营和金融创新进一步模糊了市场边界，加剧了金融风险在不同部门、领域、行业之间的扩散和蔓延。这些因素交互作用最终导致国际金融危机的暴发，严重威胁金融稳定且处置成本十分高昂。

因此，一方面，国际社会普遍注重“防患于未然”，建立风险防范制度安排，以期从源头上减少系统性金融风险的发生；另一方面，由于引发金融风险的因素复杂多变，金融风险一定程度上具有“测不准”特点，事前预防无法避免所有风险，因而也非常重视建立和完善风险处置机制。风险的预防与处置同等重要，如车之双轮、鸟之双翼，不可偏废。

（二）加强金融稳定工作的统筹协调

通过总结危机的经验教训，发现缺乏明确负责识别防范系统性金融风险的主体，是导致监管失灵的重要因素。微观审慎监管机构缺乏监控金融体系系统性风险的职能和资源，而传统上中央银行主要专注于货币政策，缺乏宏观审慎管理和维护金融稳定的手段和工具。只有中央银行与监管机构之间建立有效的协调机制，优势互补，才能在金融风险发生时形成监管合力，实现快速反应和风险处置。有鉴于此，危机后各国的一项重要改革举措就是建立起一整套防范和认定系

① 参见周小川：《金融政策对金融危机的响应》，载中国人民银行官网，http://www.pbc.gov.cn/hanglingdao/128697/4213328/128719/128766/2856019/index.html，2022 年 6 月 17 日访问。

统性金融风险的制度性安排。部分经济体选择由专门委员会统筹负责金融稳定，强化委员会的权威，同时赋予其在监测、识别、评估和协调处置系统性金融风险方面的广泛权力。

从实践来看，金融稳定工作纵向涉及中央与地方金融监管之间，横向涉及中央银行、金融监管部门、财政部门等相关部门之间的职能分工与协调配合。因此，部分经济体在专门委员会的机制设计上，纳入中央银行、金融监管部门、财政部门等作为委员会成员。通过委员会统筹协调，加强成员单位间的协调合作和信息共享，委员会有权建议成员单位加强特定领域的监管和风险防范。成员单位要向委员会报告风险状况和各项监管措施的落实情况。部分国家还要求中央银行、监管部门之间签订合作备忘录，对协作机制作出有约束力的规定。

（三）健全金融风险监测预警与早期纠正制度

对于危机中发现的风险监测范围过窄、监测手段有限、风险警示和早期纠正缺失的问题，国际社会主要采取以下应对措施：其一，坚持风险监测全流程全覆盖，将金融各行业、机构、市场、业务均纳入监测范围内，高度重视对影子银行体系、金融创新活动等传统监管重点以外风险因素的监测；其二，丰富监测手段，提高监测能力，突出压力测试在风险监测中的重要作用，构建衡量金融体系风险状况的指标体系、预警模型，评估整体稳健水平，识别金融体系的出险概率和风险来源；其三，健全风险警示和早期纠正制度，由金融监管部门、存款保险机构依照法定职责，根据风险严重程度采取道义劝告、限制分红、控制资产增长、叫停业务等早期纠正措施，及早消除风险苗头隐患。

（四）注重发挥宏观审慎在系统性金融风险防范中的重要作用

危机处置经验表明，微观审慎监管对于金融体系的宏观失衡无力纾困，在维护金融稳定方面具有相当的局限性。[①] 对此，国际社会通过立法建立健全宏观审慎政策框架和宏微观审慎协调监管制度安排，基于宏观、逆周期和防传染的角度，采取措施遏制无序加杠杆和投机行为，抑制金融体系中的风险传染。其一，确立宏观审慎政策的治理架构，明确中央银行作为宏观审慎政策的牵头机构和相关责任部门；其二，探索建立宏观审慎政策工具箱，创立逆周期资本缓冲、流动性覆盖比率等工具，开展房地产金融、居民部门杠杆率等重点领域宏观审慎管理；其三，对系

---

① 参见陈雨露、马勇：《宏观审慎监管：目标、工具与相关制度安排》，载《经济理论与经济管理》2012年第3期。

统重要性金融机构、金融基础设施进行识别并提高资本和流动性等监管要求，合理限制机构规模和业务范围，降低杠杆率和风险敞口，防范风险跨机构、跨市场传染。

（五）将影子银行全面纳入监管

在发达金融市场，对冲基金、私募股权基金、特殊目的实体（SPV）等影子银行的规模已经超过了传统商业银行，与此同时，它们普遍具有透明度低、资金来源不稳定、高杠杆率、低流动性等特点，且长期游离于监管之外，积累了较大的风险隐患。同时，影子银行与传统商业银行业务盘根错节，又多通过跨境投资在全球范围配置资产，很容易引发系统性风险。影子银行带来市场繁荣的同时，风险隐患也日渐显现，并最终成为金融危机的重要推手。[①] 由此可见，防范系统性金融风险不能仅局限于银行体系，危机后发达经济体强化对影子银行体系的监管，填补监管空白，具体措施包括：其一，关注所有非银行信用中介组织和业务，明确各类影子银行监管责任主体，确保覆盖具有风险隐患的影子银行领域；其二，重点监测能够引发系统性金融风险和存在监管套利情况的非银行中介机构，对机构规模和风险趋势进行评估；其三，识别影子银行体系的风险状况，重点关注期限转换、流动性转换、信用风险转移和杠杆率四类关键风险因素；其四，评估影子银行体系在重大压力情境下或破产时对金融体系的潜在影响；其五，引入资本和流动性要求、杠杆率限制等政策工具，有针对性地加强日常监管，统一同类机构和产品的监管标准，防范资金空转套利。

（六）加强中央银行在防范、化解和处置系统性金融风险中的作用

危机后，国际社会加强中央银行防范、化解和处置系统性风险的职能，主要包括：其一，明确中央银行负责系统性金融风险监测、评估和预警，监控和评估影响金融稳定的因素，识别和判断系统性金融风险。部分国家由负责金融稳定的专门委员会审议中央银行提出的系统性金融风险认定建议和处置方案建议。其二，由中央银行牵头制定并实施宏观审慎政策，防范、化解和处置系统性金融风险。其三，在系统性金融风险识别和危机救助方面，充分授权中央银行对发现的系统性金融风险可以及时采取必要的处置措施，防止错失稍纵即逝的处置时机。其四，危机救助中，如金融市场出现集中抛售或交易停滞情形，考虑将中央银行的最后贷款人职能

---

① 参见周小川：《金融政策对金融危机的响应》，载中国人民银行官网，http://www.pbc.gov.cn/hanglingdao/128697/4213328/128719/128766/2856019/index.html，2022 年 6 月 17 日访问。

拓展到最后做市商（Market Maker of Last Resort，简称 MMLR）职能，对更广泛的金融市场和金融产品进行救助，以防止风险急剧恶化和传染。其五，注重防范道德风险，明确中央银行救助仅在出现系统重要性金融风险时才可实施。在使用中央银行资金时，坚持不承担损失原则，以可靠抵押品或其他方式保障中央银行资金安全，实施惩罚性利率约束措施。此外，健全其他处置资金储备，防止过度依赖央行再贷款等公共资金。其六，明确中央银行善意履职法律保护原则，为保障中央银行及其职员及早识别、果断处置系统性金融风险，法律规定其在风险处置中勤勉履职、尽职尽责，最终因难以预见的因素仍出现不利后果的，中央银行及其职员无须承担法律责任。

（七）建立高效、有序的金融风险处置机制

发达经济体在金融稳定理事会《金融机构风险有效处置机制核心要素》指导框架下，通过专门立法对金融风险有序处置机制安排作出明确规定，具体包括以下方面：其一，覆盖范围，处置机制应全面覆盖金融机构、金融基础设施以及 G-SIFIs 在本国境内的机构；其二，处置当局，指定专门的部门负责金融风险处置，并将维护金融体系稳定作为首要处置目标，提高处置的可问责性；其三，触发机制，当金融机构不能再继续经营时，及时介入并采取处置措施，避免破坏被处置机构的价值和风险加速传染；其四，处置权力，明确接管问题机构、强制转移资产及负债、建立过桥机构确保业务不中断、要求被处置机构实施“自救”等处置性权力；其五，权益保护，有关债权抵销、追加担保及客户资产与自有资产隔离的安排不应成为有序处置金融风险的障碍；其六，处置资金，处置成本首先由股东及无担保债权人承担，其次由行业收费形成的基金进行救助，最后才以公共资金作为兜底并有相应的资金保全机制；其七，跨境合作，问题机构母国和东道国应加强处置部门的信息共享和政策协调，推动对司法破产程序中司法行动及效力的互认；其八，特殊安排，对于全球系统重要性金融机构，要求建立总损失吸收能力工具（TLAC），制定和提交恢复和处置计划，定期对可处置性进行评价和测试，加强各国风险处置政策的跨境协调等。

三、健全我国金融稳定立法的建议

总体而言，危机后国际社会普遍加强了金融稳定立法，对防范和化解金融风险发挥了积极作用。但由于各国国情和发展阶段、历史传统的不同，金融稳定立法并无统一的标准，其中的一些做法也有待实践的进一步检验。我国健全金融稳定立法

要坚决贯彻落实党中央的决策部署，发挥党的集中统一领导的政治优势，坚定走好中国特色金融发展之路。立足我国金融稳定工作实践，参考国际有益经验，针对当前工作机制不够健全，各方职责不够清晰、市场化法治化处置手段不足等问题，提出解决方案，补齐制度短板，为防范、化解和处置金融风险提供法治保障。

（一）加快推进以金融稳定法为重点的金融稳定法律体系建设

金融稳定法重在对金融稳定法律制度进行顶层设计，强化跨行业跨部门的统筹安排，对维护守住不发生系统性金融稳定、保障金融安全具有重要意义风险的底线。2022 年 12 月，十三届全国人大常委会第三十八次会议对金融稳定法（草案）进行了第一次审议，并向社会公开征求意见。下一步，有关部门将配合持续推进立法进程，推动金融稳定法早日出台实施。在做好金融稳定法立法工作的同时，也要抓紧修改中国人民银行法、商业银行法、保险法等相关法律规定，与金融稳定法各有侧重和互为补充，共同形成有机整体，充分发挥法治固根本、稳预期、利长远的作用。

（二）健全金融稳定工作机制并明确国家金融稳定发展统筹协调机制的职能定位

前期防范化解重大金融风险攻坚战中，在党中央、国务院的坚强领导下，国务院金融稳定发展委员会统筹协调和靠前指挥，成功将集中力量办大事的制度优势转化为金融治理效能，确保攻坚战取得重要阶段性成果。因此，有必要将实践中行之有效的经验做法制度化，推进金融治理体系和治理能力现代化，在法律层面明确坚持党对金融工作的集中统一领导，由国家金融稳定发展统筹协调机制统筹金融稳定和改革发展，指挥开展重大金融风险防范、化解和处置工作的职能定位，强化各部门、各地方之间的协调配合。

（三）加强金融风险防范、预警、处置、问责制度体系建设

明确金融机构及其主要股东和实际控制人的准入要求和行为规范，国务院金融管理部门规定的金融机构按要求事先制定恢复与处置计划。人民银行发挥宏观审慎政策的作用，有效防范系统性金融风险。金融监管部门建立所监管行业、机构、业务和市场的金融风险监测预警机制，按照“管合法也要管非法”原则，依法将各类金融活动全部纳入监管，金融管理部门和省级人民政府及时互相通报发现的金融风险隐患。存款保险基金管理机构和行业保障基金管理机构依法监测相关行业金融风险。

明确金融机构出现风险时，金融机构及其主要股东和实际控制人应当首先采取措施主动化解风险。清晰界定各部门职责，金融管理、发改委、财政等统筹协调机制成员单位，以及其他行业主管部门、司法机关等分别依照法定职责分工履行金融风险化解和处置责任。地方人民政府履行属地和维稳责任，承担辖区内农村合作金融机构风险处置等职责。充分发挥存款保险基金等管理机构的早期纠正和风险处置作用。坚持市场化法治化的处置原则，丰富处置措施和工具，加强风险处置的司法衔接，保障高效有序处置风险。建立追责问责机制，强化责任追究。

（四）建立处置资金池，夯实资源保障

金融风险处置阶段，压实问题机构及其主要股东、实际控制人的主体责任，要求其积极自救化险，采取必要措施清理债权债务，按照监管承诺或恢复与处置计划补充资本。同时，以市场化方式引入资金参与问题机构收购重组，发挥存款保险基金、行业保障基金的市场化、法治化处置平台作用。地方人民政府依法依职责处置金融风险的，履行组织清产核资、挽回损失、协调处置资金等职责。探索设立金融稳定保障基金，与存款保险基金和行业保障基金双层运行、协同配合，共同构成我国金融安全网的重要组成部分。当金融风险可能严重危及金融稳定，且穷尽市场化手段、压实相关方责任后，按照规定使用金融稳定保障基金，以切实防范道德风险，严肃市场纪律。

数智金融

三年之镜：从司法大数据看证券虚假陈述责任纠纷案件疑难问题变化

——证券虚假陈述则责任纠纷大数据分析报告

北京金融法院金融司法大数据报告课题组*

2021 年是中国共产党建党一百周年，也是实施“十四五”规划的开局之年。面对复杂的国际、国内形势和新冠肺炎疫情对国民经济发展的挑战，我国在科学统筹疫情防控和“双循环”发展战略下，总体经济保持了恢复态势。证券行业同样经受了多重冲击考验，在监管部门的指导下，筑牢合规风控底线，夯实注册制改革基础，呈现稳中有进的整体发展形势，证券公司的专业服务能力和水平得到进一步增强，业务规模和资本实力也稳步增长。

2021 年，在全面深入贯彻 2019 年证券法精神基础上，证券行业围绕投资者保护基础制度建设、投资者保护理念推广、投资者保护机制完善、投资者纠纷投诉处理等方面，不断提升投资者权益保护的有效性，全力服务资本市场高质量发展，为构建新发展格局提供了良好的金融支持。

与此同时，随着证券行业的快速发展，进入司法程序的证券纠纷也呈现出总量上升、增速加快、地域差异明显等特点。2021 年，全国法院证券纠纷案件收案总量突破 35000 件，比上年同期增加 53.2%（见图 1）。

从地域分布来看，2021 年全国法院受理的证券纠纷案件中，上海、北京的案件数量分列前两位，占比均超过 10%（见图 2）。

近年来，随着证券监管趋势从严，越来越多的上市公司及其他市场主体因信息披露违法违规被行政处罚，引发大批投资者提起证券虚假陈述民事赔偿诉讼数

---

* 北京金融法院金融司法大数据报告证券章课题组成员：蒙瑞、周易、王玫、冯海瑞、孙妍、石雨冰。执笔人：王玫、冯海瑞、石雨冰。

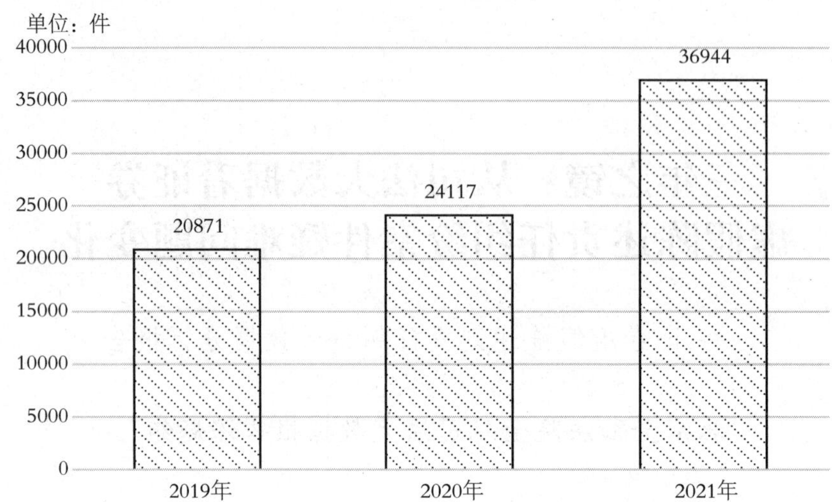

图1　2019年至2021年证券纠纷案件收案总量

数据来源：人民法院大数据管理和服务平台

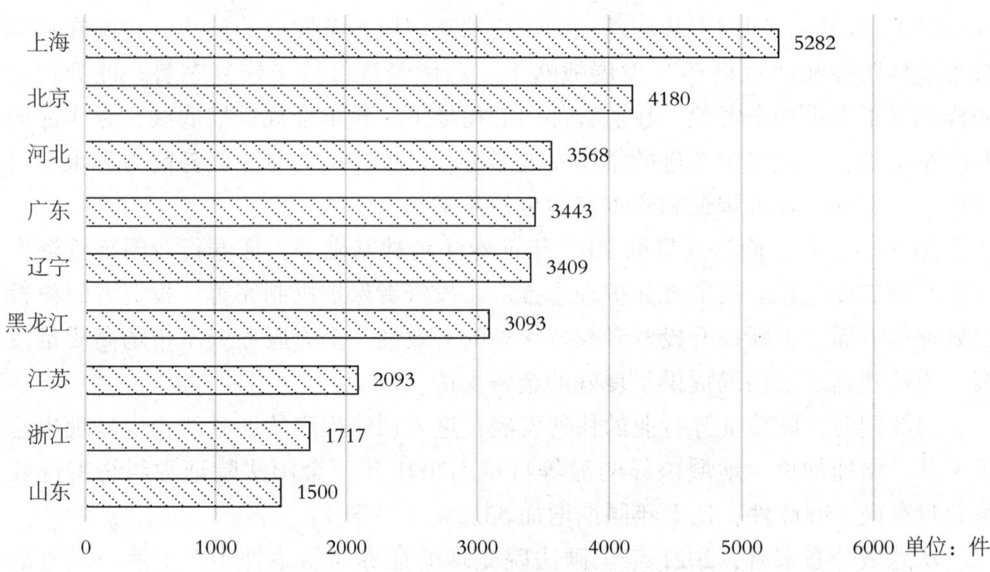

图2　2021年证券纠纷案件收案量前9位地域分布

数据来源：人民法院大数据管理和服务平台

量也呈递增趋势，尤其是近三年来，人民法院受理的证券纠纷案件中，证券欺诈责任纠纷占绝对多数，其中最主要就是证券虚假陈述责任纠纷。

一、证券虚假陈述责任纠纷案件特点

以“证券虚假陈述责任纠纷”为关键词，课题组在中国司法大数据服务网、中国裁判文书网和威科先行等数据库，对2018年1月1日至2021年12月31日期间人民法院审理的证券虚假陈述责任纠纷案件、金融监管部门对信息披露违法行为作出行政处罚案件进行数据抓取和分析，对近三年来的证券虚假陈述责任纠纷案件进行了整体画像，呈现出如下特征。

（一）证券虚假陈述责任纠纷案件数量和索赔金额日渐增加，居高不下

自2018年以来，信息披露违法行为行政处罚和证券虚假陈述责任纠纷案件数量均较往年有明显增长，且诉讼案件数量三年来增幅明显。

1. 信息披露违法行为处罚案件情况

中国证券监督管理委员会及各地监管局网站公开信息显示，近年来针对信息披露违法行为的行政处罚案件数量逐年上升，年均处罚案件数量超过100件（见图3）。

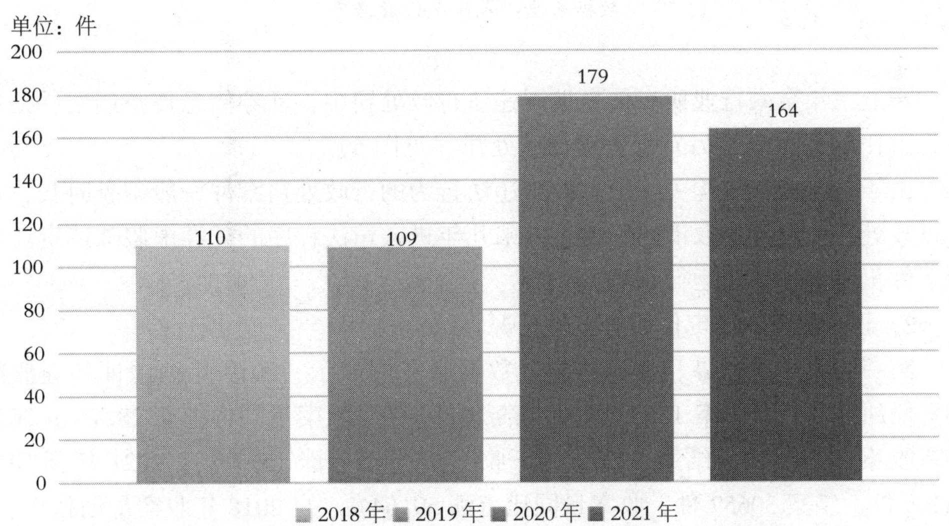

图3　2018年至2021年信息披露违法行政处罚案件数量

数据来源：威科先行数据库

其中，个人（含个体户）受处罚 340 人，法人及其他组织受处罚 221 人（见图 4）。

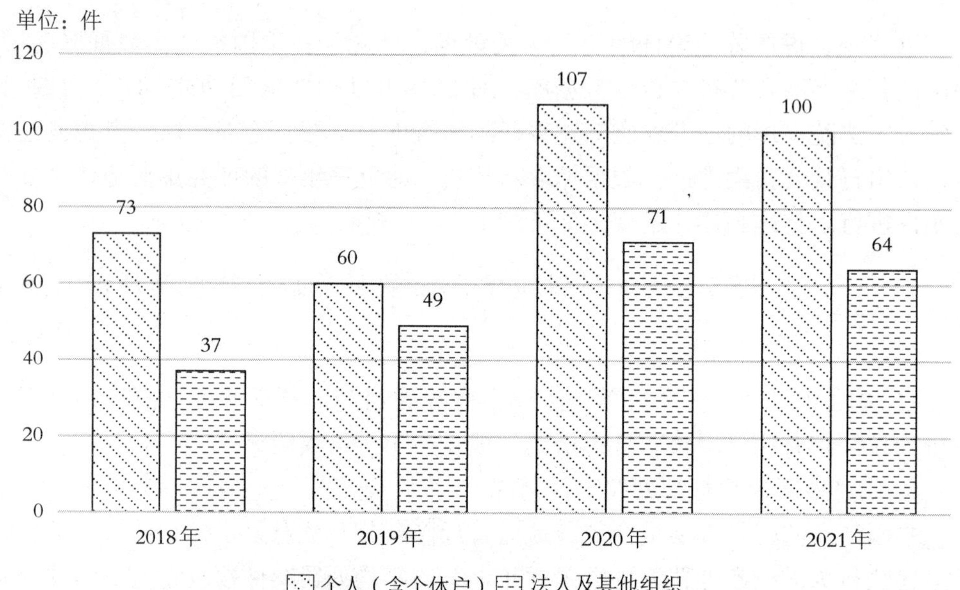

图 4　2018 年至 2021 年因信息披露违法受行政处罚主体情况

数据来源：威科先行数据库

在近三年金融行业所有信息披露违法行政处罚中，证券信息披露违法受处罚行为占比超过 90%，另有少量银行受处罚（见图 5）。

由于金融监管机构关于信息披露违法行为的行政处罚案件一般调查时长，加上行政处罚前置程序取消的影响，未来几年进入司法程序的证券虚假陈述责任纠纷案件仍将保持高位运行态势。

2. 证券虚假陈述责任纠纷案件情况

第一，收结案态势。中国司法大数据服务网显示，2019 年全国证券虚假陈述责任纠纷共计新收案 18653 件，结案 20119 件，收案量同比上涨 28. 7%；2020 年新收案 21591 件，结案 22277 件，收案量同比上涨 15. 75%；2021 年新收案 34468 件，结案 30657 件，收案量同比上涨 59. 64%。自 2018 年收案量创新高后，三年来收案数量持续上涨，并在 2021 年突破 3 万件（见图 6）。

除去二审和再审案件，一审新收证券虚假陈述责任纠纷案件情况如图 7 所示。

从中可见，近三年来证券虚假陈述责任纠纷案件收案量持续增长，且 2021

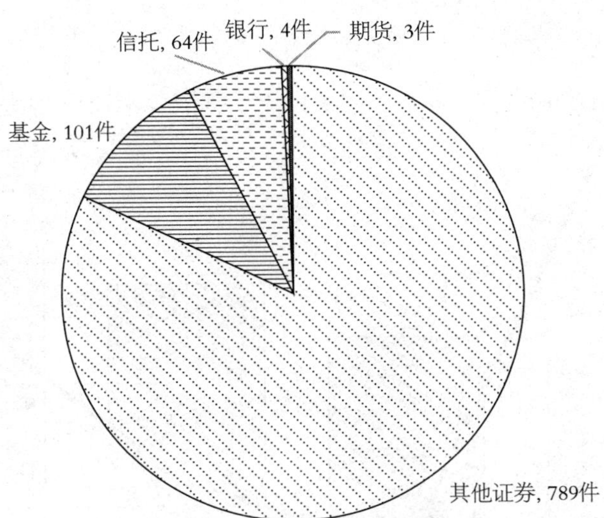

图 5 不同主体的信息披露违法行政处罚情况占比

数据来源：威科先行数据库

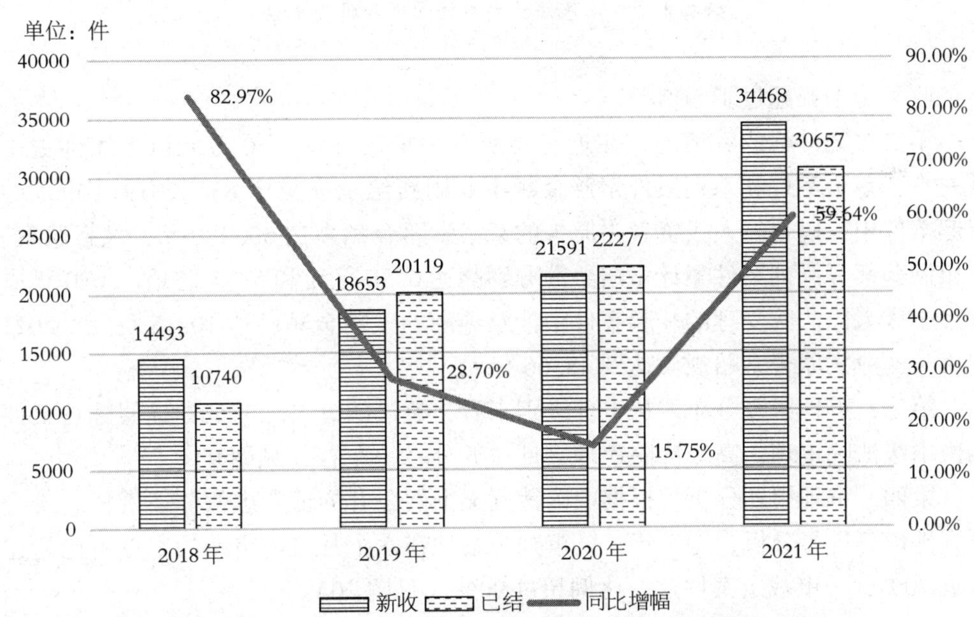

图 6 2018 年至 2021 年证券虚假陈述责任纠纷收结案情况

数据来源：人民法院大数据管理和服务平台

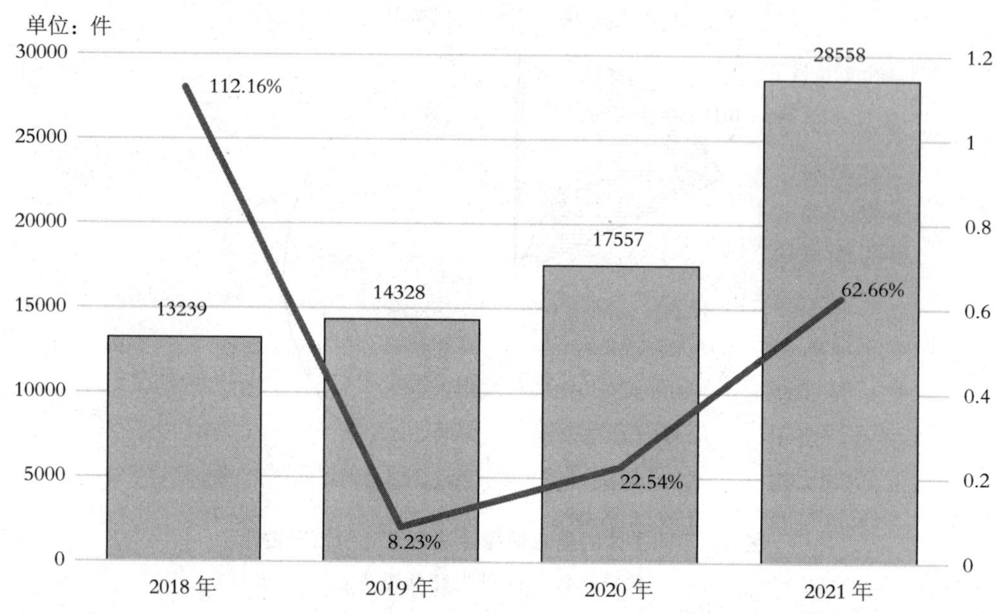

图 7　2018 年至 2021 年证券虚假陈述责任纠纷一审收案及增幅

数据来源：人民法院大数据管理和服务平台

年的收案量增幅超过了 50%。

第二，案件标的额情况。在近三年所有一审案件中，50 万元以上案件占一成左右，单个案件和系列案件索赔金额不断刷新纪录（见图 8）。2019 年审理的单起案件中，以自然人投资者为原告的某案索赔金额高达 6600 万元，大智慧案、尔康制药案等系列案件累计索赔金额分别高达 6. 38 亿元和 5. 35 亿元。2020 年成都市中级人民法院受理的一起案件中涉及券商的索赔金额已达 10. 15 亿元。2021 年康美药业案原告索赔规模达到 48. 66 亿元。

第三，审理层级分布。从审理级别来看，超过四分之三的证券虚假陈述案件均由中级法院审理，高级法院审理案件占五分之一左右（见图 9）。

第四，审理周期分析。根据中国裁判文书网公开的证券虚假陈述责任纠纷公开案件信息进行分析，近三年，一审判决案件在六个月之内审结的案件占比超过将近 70%，一审裁定案件这一比例超过 90%（见图 10）。

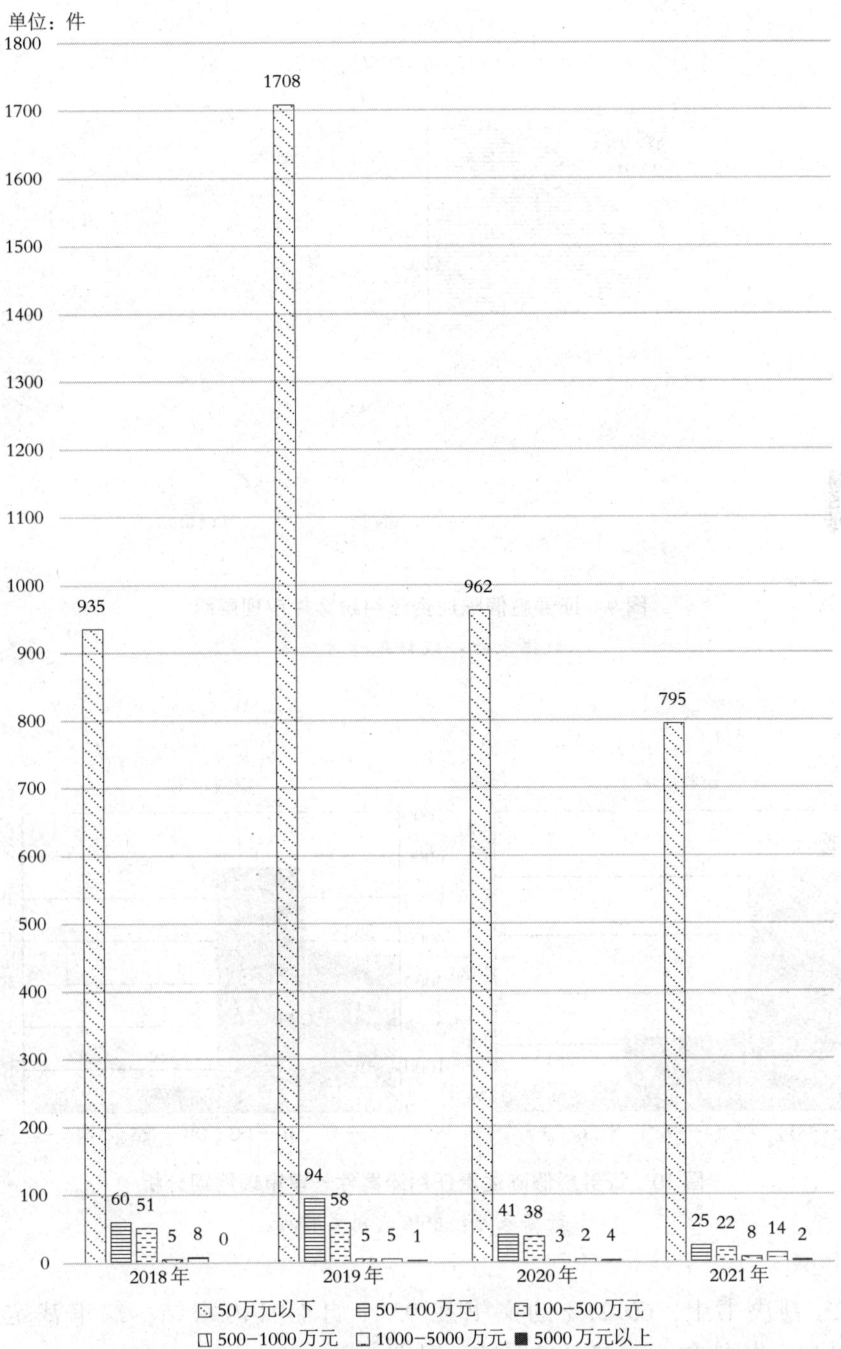

图 8　2018 年至 2021 年证券虚假陈述责任纠纷案件标的额

数据来源：威科先行数据库

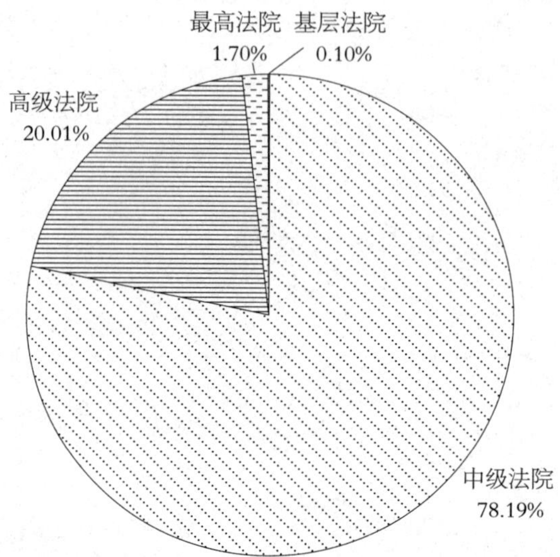

图9 证券虚假陈述责任纠纷案件审理层级

数据来源：威科先行数据库

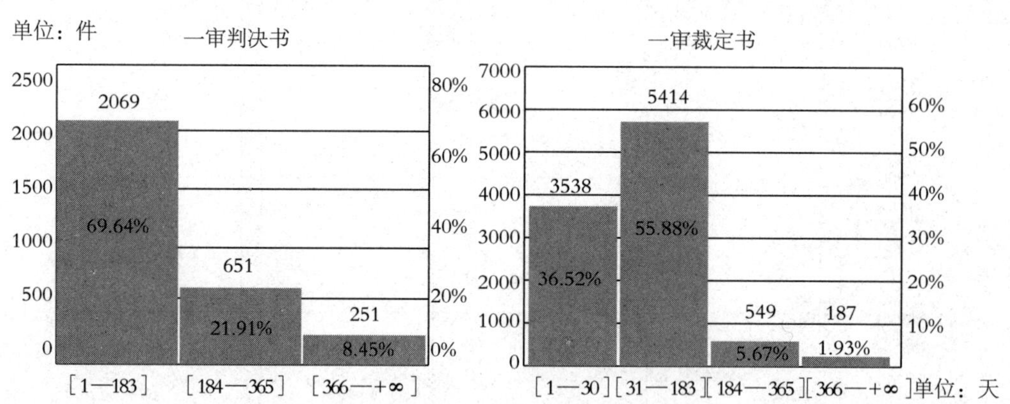

图10 证券虚假陈述责任纠纷案件一审审理周期分析

数据来源：中国裁判文书网

二审判决书中，60.21%的文书在93个自然日内审结；二审裁定书中，37.50%的文书在30个自然日内审结（见图11）。

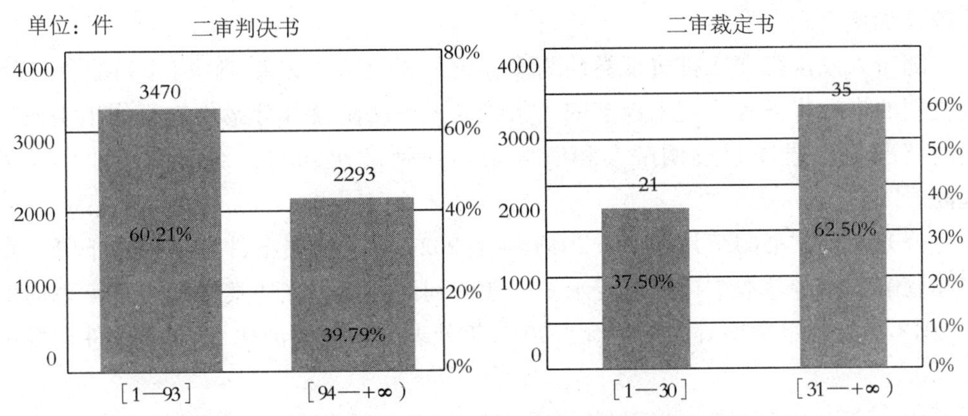

图 11 证券虚假陈述责任纠纷案件二审审理周期分析

数据来源：中国裁判文书网

（二）证券虚假陈述责任纠纷案件呈现出地域高度集中化特征

中国裁判文书网的公开文书数量（不包含调解书）显示，全国各省市证券虚假陈述责任纠纷案件呈现高度地域化分布的现状，各地案件发生量差异明显。

具体而言，文书集中在东部沿海省份的上海市、山东省、浙江省等地，西南地区的四川省文书量排名第二，北京文书量排名第三。

排名前 10 的省份近三年审结的证券虚假陈述责任纠纷案件总量占全国的 87.62%，接近九成。这与近三年受到金融监管部门处罚的案件的地域分布类似。

从各自年份来看，2019 年至 2021 年，上海市法院系统受理证券虚假陈述责任纠纷案件增量连续三年居于全国第一位，2021 年，北京市法院系统受理证券虚假陈述责任纠纷案件同比上涨 505.2%，居于全国 31 个省市自治区的第二位。

四川省受理的证券虚假陈述责任纠纷案件 99%以上由成都市中级人民法院和四川省高级人民法院受理，从案件审理数量方面佐证了成渝金融法院设立的必要性。

（三）证券纠纷示范判决机制渐趋普遍，“示范判决+平行案件”多元纠纷化解效果明显，调解结案案件数量和占比均有所提升

2019 年，上海金融法院审理了全国第一起适用证券纠纷示范判决机制的案件。此后，全国各地法院均选择尝试通过示范判决或类示范判决的方式审理案件，先选取具有代表性的示范案件先行判决，而后根据示范案件确定的事实和裁判标准对平行案件进行判决或调解，以集中司法力量、明确争议焦点、提高裁判

质效、加快审理节奏。

随着人民法院深入推进证券纠纷多元化解机制和“示范判决+平行案件”审理机制的进一步完善，越来越多的当事人在人民法院就部分案件先行作出生效判决的情况下，选择通过调解、和解等渠道快速解决纠纷，纠纷解决效率显著提高。

公开裁判文书的统计显示，2018年至2021年，判决案件数量稳步下降，裁定和调解案件量基本维持在恒定水平。考虑到证券虚假陈述案件的通常审理周期和2018年收案量骤增等实际情况，2019年处理的案件中消化2018年案件存量不在少数。

2018年至2020年，调解结案数量随结案数量逐年增加，且占当年诉讼案件总量的比例亦逐年提高；2021年整体结案数量略有下降，调解案件数量亦有所下降的，但仍维持在7%左右（见图12）。

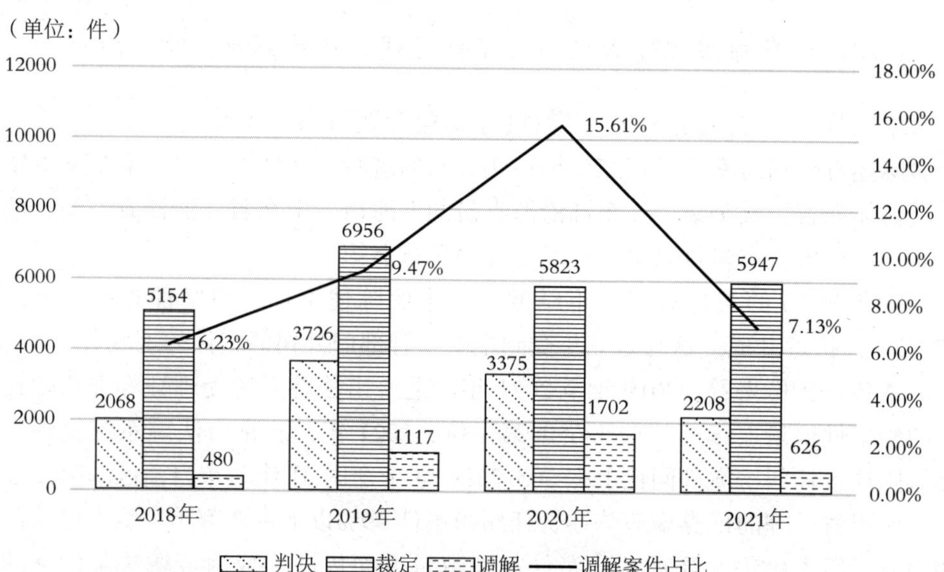

图12　2018年至2021年证券虚假陈述责任纠纷结案方式对比

数据来源：中国裁判文书网

（四）证券纠纷代表人诉讼制度正式落地

自2019年证券法专门规定证券纠纷代表人诉讼机制、最高人民法院于2020年7月31日正式发布《关于证券纠纷代表人诉讼若干问题的规定》（以下简称

《代表人诉讼规定》）以来，上海金融法院、深圳市中级人民法院、南京市中级人民法院、北京金融法院相继发布证券纠纷代表人诉讼规定。杭州市中级人民法院在五洋债债券虚假陈述诉讼案中，率先适用代表人诉讼机制。此后，多地法院陆续采用人数不确定的代表人诉讼制度审理证券纠纷，例如，北京金融法院审理的乐视网案，南京市中级人民法院审理的澄星股份四案，厦门市中级人民法院审理的中创环保案，等等。

2021 年是证券纠纷代表人诉讼制度全面铺开的一年。2021 年 11 月 12 日，广州市中级人民法院就康美药业案作出一审判决，标志着我国首例特别代表人诉讼案件正式落地。上海金融法院审理的飞乐音响案也已在 2021 年作出一审判决。相比传统的单独诉讼模式，代表人诉讼的索赔人数与索赔金额明显提高，震慑力不容小觑。

从一审裁定案件的结案方式中，也能看出证券纠纷代表人诉讼制度得到了广泛适用。在全部一审裁定中，具体结案方式分类占比如图 13 所示。

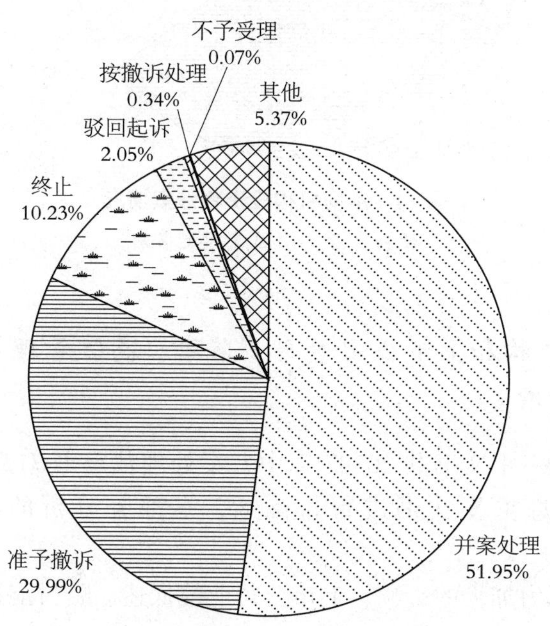

图 13　证券虚假陈述责任纠纷裁定结案理由

数据来源：中国裁判文书网

（五）自然人投资者占比高，机构投资者中以资产管理公司和投资公司为主

对一审公开文书中证券虚假陈述责任纠纷原告情况进行分析，原告中含有机构投资者的共计 62 篇，仅占一审文书总量的 0.31%，其他均为自然人。

不同机构投资者涉及的文书数量及占比如图 14 所示。

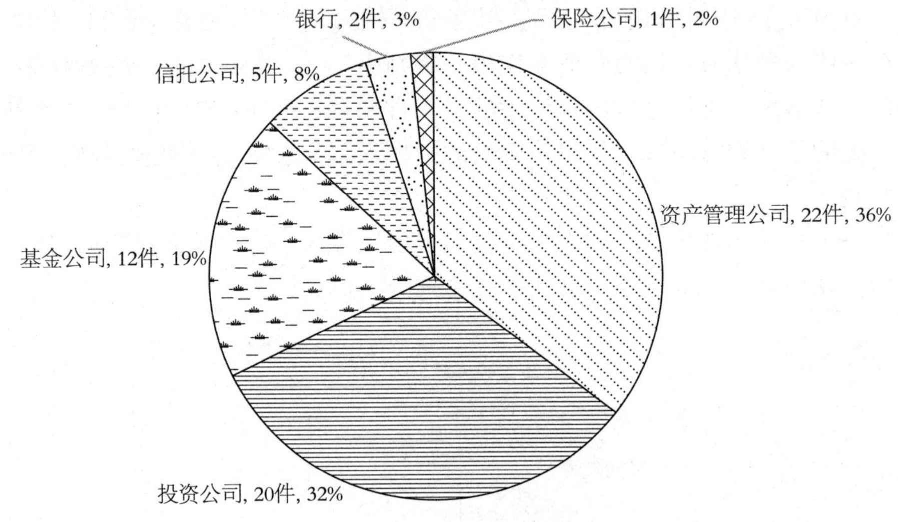

图 14　不同机构投资者涉案情况

数据来源：中国裁判文书网

（六）中介机构和上市公司董事、监事、高级管理人员被列为共同被告的案件数量增多

在对本次采集一审文书共 20387 篇中并案处理裁定书 7123 篇、移送管辖裁定书 456 篇等信息重复文书进行排除后，本部分分析的文书样本数量为 19931 篇。

受经济下行压力加大的影响，上市公司业绩低迷、赔付能力下降，因而在越来越多的案件中，投资者已不再将上市公司作为起诉索赔的"保底"选择，而是将中介机构和被行政处罚的董事、监事、高级管理人员一并列为共同被告，进一步提高了责任人员的违法成本，也与证监会提出的"抓关键少数""惩首恶"的指导思想契合。不过，只要上市公司被行政处罚，投资者通常不会放弃这一"首要选择"。基于对董事、监事、高级管理人员个人赔付能力和执行能力的顾虑，即使上市公司退市或丧失赔付能力，投资者也更倾向于向有责任的券商、会

计师事务所等中介机构索赔。

在被告当中，发行人被起诉的文书量最大，超过 18000 篇，占比超过 90%；作为提供会计服务的会计师事务所，作为保荐人、承销商的券商文书数量分别位于第二位和第三位（见图 15）。

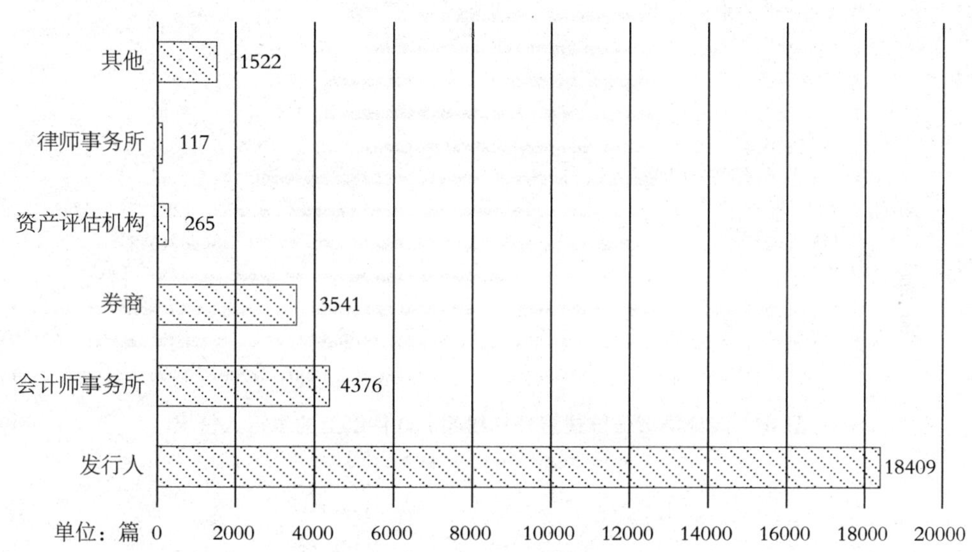

图 15 证券虚假陈述责任纠纷被告类型

数据来源：中国裁判文书网

（七）涉诉发行人沪、深两市和主板占比大，虚假陈述行为主要以不正当披露和虚假记载为主

以发行人为观察维度，近三年的涉诉文书主要涉及 180 家上市公司，6 家非上市公司，与我国目前 4000 余家上市公司的总量相比，占比不足 5%。其中，有 7 家发行人的涉案文书量超过了 1000 篇，有 15 家发行人的涉案文书量超过了 500 篇（见图 16）。

如前所示涉诉发行人中，在深圳证券交易市场上市的占比 64%，在上海证券交易市场上市的占比 32%（见图 17）。以截至 2021 年年底在深圳证券交易市场上市的 2668 家公司作为分母，交易所上市的公司因证券虚假陈述涉诉的比率为 4. 35%；以截至 2021 年底在上海证券交易市场上市的 2113 家公司作为分母，交易所上市的公司因证券虚假陈述涉诉的比率为 3%。

涉诉发行人为主板上市公司的占比 79%；为创业板上市公司的占比 17%。以

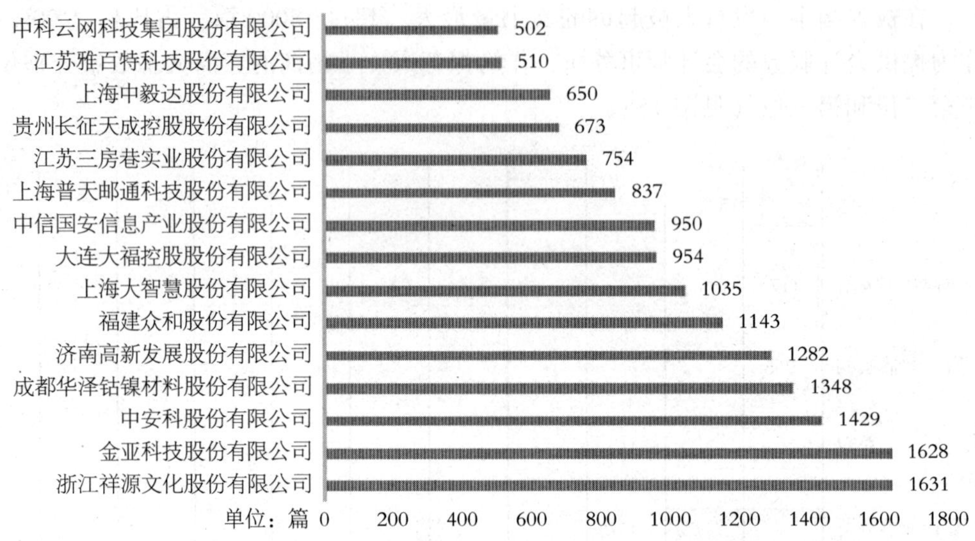

图 16　涉证券虚假陈述责任纠纷案 500 件以上的发行人情况

数据来源：中国裁判文书网

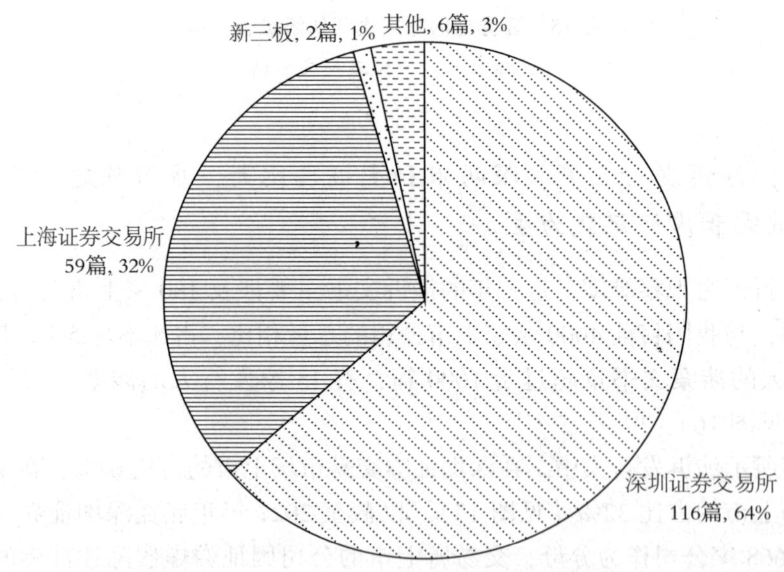

图 17　涉诉发行人所在市场占比

数据来源：中国裁判文书网

截至2021年底上市的3306家主板公司作为分母，主板公司因证券虚假陈述涉诉的比率为4.39%；以截至2021年底上市的1009家创业板公司作为分母，创业板公司因证券虚假陈述涉诉的比率为2.97%。(见图18)

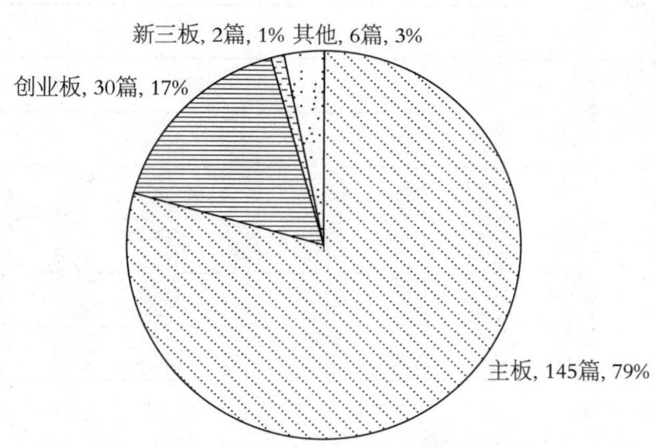

图18 涉诉发行人公司类型占比

数据来源：中国裁判文书网

从涉诉发行人的行业分布（所属申万一级行业）来看，机械设备、医药生物和传媒为涉诉主要行业类型（见图19）。

根据2019年证券法①对虚假陈述行为的分类，本次统计的文书中，认定的虚假陈述行为主要为不正当披露和虚假记载（见图20）。

二、案件主要法律问题及审理思路

证券虚假陈述责任纠纷，是指证券市场上证券信息披露义务人违反证券法规定的信息披露义务，在提交或公布的信息披露文件中作出违背事实真相的陈述或记载，侵犯了投资者合法权益而发生的民事侵权赔偿纠纷。

近三年来，全国人大和最高人民法院陆续发布了多项关于证券虚假陈述民事赔偿的法律、司法解释和指导意见，证券纠纷审判思路也在审判中不断发展更新。《最高人民法院关于审理证券市场虚假陈述侵权民事赔偿案件的若干规定》（以下简称《证券市场虚假陈述若干规定》）即对2001年《最高人民法院关于

① 因本次数据统计期间新司法解释尚未施行，故根据证券法第85条的规定进行数据抓取和分类。

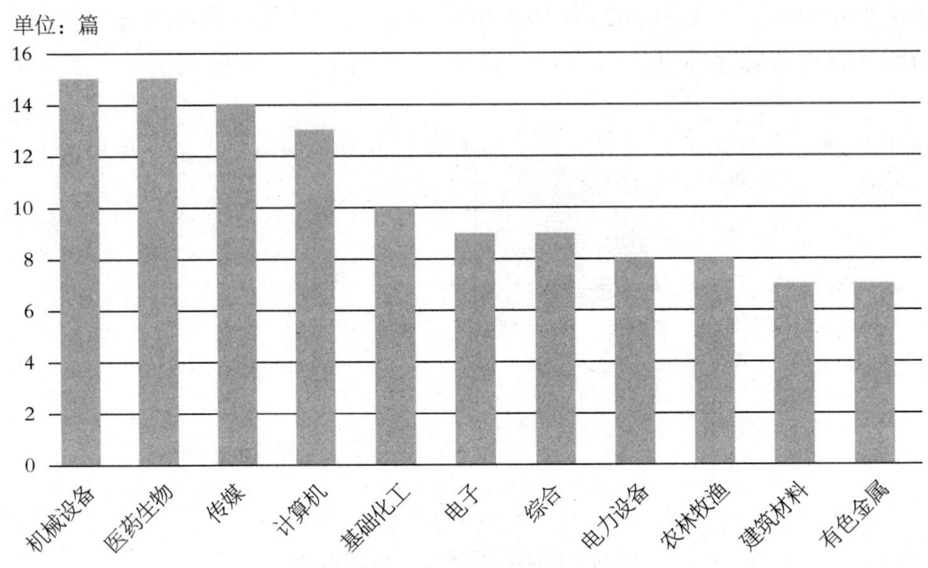

图 19　涉诉发行人行业类型

数据来源：中国裁判文书网

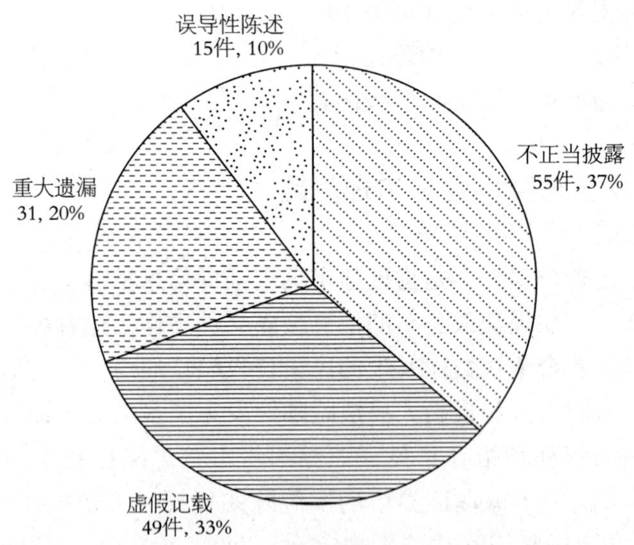

图 20　涉诉虚假陈述行为类别占比

数据来源：中国裁判文书网

受理证券市场因虚假陈述引发的民事侵权纠纷案件有关问题的通知》和2003年《最高人民法院关于审理证券市场因虚假陈述引发的民事赔偿案件的若干规定》进行的全面修订和完善，充实和完善了证券市场民事责任制度，进一步强化了资本市场制度供给，畅通了投资者的权利救济渠道，夯实了市场参与各方归位尽责的规则基础，健全了中国特色证券司法体制，为资本市场的规范发展提供了更加有力的司法保障。《证券市场虚假陈述若干规定》是对近二十年来我国证券民事司法审判领域重大理论和实践问题的积极回应和系统总结，是构建具有中国特色的投资者保护机制的重大理论创新成果，是我国资本市场迈向法治化、成熟化进程的重要标志。

按照传统民法理论，侵权责任的构成要件包括侵权行为、行为人过错、损害结果、侵权行为与损害结果之间的因果关系四个要件。基于证券市场虚假陈述侵权行为的特殊性，证券法理论发展出了重大性和交易因果关系两个独立的构成要件。民事赔偿的侵权责任要件，成为司法实践中着重审查的内容。与2003年《最高人民法院关于审理证券市场因虚假陈述引发的民事赔偿案件的若干规定》相比，《证券市场虚假陈述若干规定》废除了案件受理的前置程序，进一步明确了虚假陈述的内涵和外延，细化了过错认定、重大性、交易因果关系、损失因果关系等民事责任的构成要件，增加了财务造假的“首恶”和“帮凶”等责任主体，这些都是近年来证券虚假陈述责任纠纷在司法实践中遇到的主要问题。以下主要结合《证券市场虚假陈述若干规定》，对近年来证券虚假陈述责任纠纷案件的裁判思路从实体方面加以梳理。

（一）关于虚假陈述的重大性的认定

证券虚假陈述具有重大性，是虚假陈述行为人承担民事责任的基本要素。[①]以往的司法实践中主要存在两种倾向性意见，有的判决以虚假陈述已经刑事裁判认定或由证监会课以行政处罚为由直接认定具有重大性，有的则认为即时虚假陈述已由相关部门进行处理，法院在民事诉讼中仍应审查其是否具有重大性。

《全国法院民商事审判工作会议纪要》（以下简称《九民会议纪要》）第85条规定：“重大性是指可能对投资者进行投资决策具有重要影响的信息，虚假陈述已经被监管部门行政处罚的，应当认为是具有重大性的违法行为。”此后，各地法院对重大性要件形式审查比例逐渐增大，但仍有部分法院对重大性进行实质

① 参见陈洁：《虚假陈述民事赔偿制度的新发展理念及其规范实现》，载《法律适用》2022年第3期。

审查。究其原由，概因行政机关的处罚，系实施行政管理行为，出于“维护公共利益和社会秩序的需要，并非对民事侵权法律关系中因该事件而导致投资人损失做出直接认定”[①]，整体倾向于对虚假陈述行为的行政违法性进行论述，缺少对重大性的论证。因此，对于虚假陈述民事侵权的赔偿责任，还需要依照侵权法理论来认定该重大性是否对侵权损害后果产生影响。但在《证券市场虚假陈述若干规定》取消前置程序的当下，法院在审理相关案件时，就需要对相关信息的重大性作出认定。

从域外经验来看，成熟证券市场对虚假陈述信息重大性的认定通常有两种标准，即“影响投资者决策”标准与“影响市场价格”标准。前者侧重于虚假信息的披露是否会对投资者的投资决策产生实质性影响；后者则落脚在虚假信息的披露是否会对相关股票价格产生实质性影响。

从我国现行立法来看，目前对虚假陈述重大性的认定标准并不统一。在 2015 年的第八次全国法院民商事审判工作会上，《最高人民法院关于当前商事审判工作中的若干具体问题》中明确了虚假陈述重大性的司法判断原则：结合虚假陈述对投资者决策的影响程度和对证券市场的影响进行综合判断。中国证监会发布的《上市公司信息披露管理办法》同时采取了两个标准[②]；2019 年《证券法》第 80 条、第 81 条采用“影响市场价格”标准；《九民会议纪要》第 85 条采用“影响投资者决策”标准。

从我国监管实践来看，虚假陈述重大性的认定标准主要有两点：一是理性投资者标准。即法律拟制的“正常而谨慎的投资者”在虚假陈述行为中，能够通过对已经披露的信息进行投资分析从而作出最大化自身利益的投资决策。如该信息的披露将实质性地影响理性投资者的交易决策，那么该信息具有重大性。二是价格敏感性标准。也即观察虚假陈述实施或者被揭示后，证券价格是否发生明显波动。[③] 如该信息的披露将会对相关股票价格产生实质性的影响，那么该信息具有重大性。

例如，北京市高级人民法院在“无线天利案”[④] 的判决中认为，首先，无线天利发布股权收购公告属于对公司经营范围和经营方针的重大调整和变化，应予以公告；其次，无线天利的公告未披露其与股权收购对象的关联关系，属于对重

① 参见江苏省南京市中级人民法院（2018）苏 01 民初 3561 号民事判决书。

② 参见《上市公司信息披露管理办法》第 5 条、第 12 条、第 22 条。

③ 樊健：《证券虚假陈述重大性要件的再厘清：基于司法实践的批判性思考》，载《深圳社会科学》2021 年第 4 卷。

④ 参见北京市高级人民法院（2017）京民终 535 号民事判决书。

大事件的不正当披露；最后，该股权收购属于利好信息，致使京天利股票当日收盘价相较前一交易日上涨5.24%，且在此后的4个交易日中，京天利股票的涨幅均达到10.00%。而同期的上证指数和深证成指均除一天涨跌幅为上涨外，其余几日均处于下跌状态。综上，北京市高级人民法院认为无线天利发布的上述公告中披露的收购事项，已对投资者购买京天利股票的意愿产生了实质影响，同时对京天利股票的交易价格产生了重大影响，具有重大性。

又如，深圳市中级人民法院在“中航三鑫案”[①]的判决中认为，中航三鑫被采取行政监管措施的递延所得税资产确认和资产减值准备计提所依据的盈利预测数据不一致等问题所涉金额占总体资产比例很小，造成影响也较小，尚不足以影响投资者对该公司的判断；且无充分证据证明中航三鑫对海南特玻公司2016年递延所得税资产确认审慎性不足的预测系有意为之，故中航三鑫被责令整改的行为不属于对“重大事件”的虚假陈述。上海市高级人民法院在“界龙实业案”[②]的判决中认为，证券侵权责任有自身独立的构成要件，法院应根据案件具体情况对侵权行为和损失的因果关系进行独立判断，界龙实业虽未披露其增持股票的行为，但实际增持股票数量很少，没有证据证明该增持行为对界龙实业股价产生实质性影响；且在界龙实业对虚假陈述进行准确、完整、全面披露后，股价并未出现与上证指数明显不同的走势，也能在一定程度上说明虚假陈述行为对投资交易决策未产生实质影响。据此，上海市高级人民法院支持了一审法院以虚假陈述行为人持股比例作为判断虚假陈述所涉信息不具有证券侵权因果关系上的重大性的论述。

在结合上述国内外司法审判和行政处罚实践的基础上，《证券市场虚假陈述若干规定》第10条明确了主客观相结合的重大性认定标准：一是属于证券法规定的重大事件的信息；二是未按国务院证券监督管理机构规定的信息披露内容；三是虚假陈述实施或揭露后对相关证券的交易价格和交易量产生了明显影响。同时还规定，对前述第一项、第二项所列情形，被告提交证据足以证明虚假陈述并未导致相关证券交易价格或者交易量明显变化的，人民法院应当认定虚假陈述的内容不具有重大性。

据此分析，《证券市场虚假陈述若干规定》构建了以“影响市场价格”为核心尺度的主客观相结合判断标准体系。客观地来说，由于价格敏感性标准更直观，容易以“事后的、客观化地指标对虚假陈述地效果进行检验”，便于司法实

① 参见深圳市中级人民法院（2019）粤03民初2031号民事判决书。

② 参见上海市高级人民法院（2019）沪民终275号民事判决书。

践操作。但也需要注意两点：一是实践中存在虚假陈述内容被揭露时相关证据已经停牌或处于无法交易等特殊状态，可能导致“影响市场价格”的标准难以实施；二是在证券市场中，股票成交量放大而股价不变的情况并不鲜见，但损害赔偿仍需落回到投资者损失的层面，无损失则无赔偿。

（二）交易因果关系的认定

一方当事人故意告知对方虚假情况，或者故意隐瞒真实情况，诱使对方当事人作出错误意思表示的，可以认定为欺诈行为。① 据此，欺诈行为和错误表意之间应当存在因果关系。这一因果关系延伸到证券法领域，即虚假陈述行为人该种实施欺诈的行为，导致投资者根据虚假陈述的信息作出了错误的投资决策（即意思表示），并由此造成了投资者的损失。

我国证券市场投资者人数众多、情况各异，机构投资者整体规模偏小，投资者结构不合理、不平衡现象突出，导致投资者往往举证困难。尤其是在二级市场中，证券交易的信息交流主要通过招股说明书、定期报告等信息披露文件进行，并无传统商业生活中的面对面谈判，投资者往往难以提供证据证明自己信赖了信息披露文件这一事实。②

为避免陷入这一困境，证券法在经济学有效市场假说的基础上发展出欺诈市场理论，确立了一个可反驳的推定：市场受到了欺诈即推定投资者受到了欺诈，但实际情况证明投资者并未受到欺诈的除外。此即为推定信赖与实际信赖，推定信赖主要是根据信息披露时点和交易时点等客观证据判断；实际信赖则以个体投资者的实际知情程度为准，由被告提出反证。③

2003年《最高人民法院关于审理证券市场因虚假陈述引发的民事赔偿案件的若干规定》基于上述考量，对因虚假陈述引发的民事赔偿案件中因果关系的认定规定了因果关系推定条款，即只要上市公司存在虚假陈述行为，投资人在虚假陈述期间买进或持有股票，在虚假陈述曝光后卖出受到损失的，就可以认定因果关系的存在，但并未对交易因果关系和损失因果关系进行明确区分。

由于证券交易的特殊性，前述推定条款是在没有确凿事实的情况下进行的假设，属于“可辩驳的推定”，被告可以提供证据加以反驳。根据“谁主张，谁举

---

① 参见《最高人民法院关于贯彻执行〈中华人民共和国民法通则〉若干问题的意见（试行）》第68条。

② 林文学、付金联、周伦军：《〈关于审理证券市场虚假陈述侵权民事赔偿案件的若干规定〉的理解与适用》，载《人民司法》2022年第7期。

③ 参见《证券市场虚假陈述若干规定》第8条第4款。

证”的原则，为完成证明责任，投资者需要首先证明投资决策系因信赖虚假陈述而作出，其次证明其损失系基于信赖而产生，二者的判断标准、证明责任不同，抗辩事由也不尽相同。如将二者合一，则可能致使法官在案件审理中不能准确把握虚假陈述侵权行为与损害结果之间的双重因果关系，在减轻原告举证责任的同时，损害被告的抗辩权利，造成双方利益失衡。因此在司法实践审查中，法官们根据案件实际对二者进行了明确和区分。

在我国证券虚假陈述责任纠纷的审判实践中，贵州省高级人民法院最早在“朱某强与国创能源案”① 中对交易因果关系进行了明确，认为因果关系包括虚假陈述与交易决定之间的交易因果关系和虚假陈述与投资者损失之间的损失因果关系，两者缺一不可。此后，各地法院陆续接受了“交易因果关系”的概念，并将其作为证券虚假陈述民事赔偿案件中的一个侵权责任构成要件进行审查。例如，在“游久游戏案”② 中，上海金融法院认为，如果所涉信息不会对投资者的投资决策、股票价格产生实质影响致使投资者遭受损失，那么虚假陈述行为与投资者的损失之间即缺乏因果关系。被告刘某、代某因缔结婚姻形成一致行动关系而导致共同持有游久游戏股份比例上升需要报告和公告，但二人一致行动关系未改变公司第一大股东为天天科技的现状，刘某、代某未掌握公司的实际控制权，故二人因登记结婚而产生的一致行动关系对于公司的稳健持续经营无直接明显影响，难以得出可能会对投资者的投资决策产生实质影响，并致投资者损失的结论。重庆市第一中级人民法院在“北大医药案”③ 中、浙江省宁波市中级人民法院在“圣莱达案”④ 中，都对实施日后投资者的买入决策是否系受到案涉虚假陈述行为的诱导进行了分析，并对被告关于不存在交易因果关系的主张予以支持。又如，在“尔康制药再审案”⑤ 中，最高人民法院裁定认为，尔康制药 2015 年年报虚增的收入和利润占比极小，在信息发布后股价未出现大幅上涨，且卖出金额大于买入金额，发布一个多月后公司股价不涨反跌，且跌幅明显大于“深证综合指数”“创业板指数”的区间跌幅，进而认定 2015 年年报中的虚假记载未对公司股票的市场价格产生诱多影响，当时股价涨跌是市场交易的正常反应，与投资者的投资决策不存在因果关系。而最高人民法院第三巡回法庭在“顺灏股份再

① 参见贵州省高级人民法院（2012）黔高民商终字第 3 号民事判决书。

② 参见上海金融法院（2018）沪 74 民初 1185 号民事判决书。

③ 参见重庆市第一中级人民法院（2018）渝 01 民初 259 号民事判决书。

④ 参见浙江省宁波市中级人民法院（2018）浙 02 民初 967 号民事判决书。

⑤ 参见最高人民法院（2020）最高法民申 5877 号民事裁定书。

审案”[①] 中，认定原审判决未全面考量顺灏股份实施的两项虚假陈述行为与投资者交易决定之间的因果关系，属于认定基本事实不清，裁定撤销原判，发回重审。

基于此，《证券市场虚假陈述若干规定》将2003年《最高人民法院关于审理证券市场因虚假陈述引发的民事赔偿案件的若干规定》确定的概括性因果关系推定予以适当拆分，分别明确了交易因果关系和损失因果关系的认定规则。交易因果关系即认定若无行为人的虚假陈述便不会有交易的发生；损失因果关系则是认定投资者的损失系直接因虚假陈述造成的。

《证券市场虚假陈述若干规定》第11条明确规定了推定交易因果关系成立的事实要件；第12条系在对既往我国司法实践中的案例进行总结的基础上，结合原先的条文表述进行了充实，强调未受欺诈的投资者不享有索赔的权利，避免民事责任制度异化为保险制度；第31条则是关于损失因果关系认定的规定，并明确了与交易因果关系不同的抗辩事由，在强调投资者利益保护的同时，避免民事赔偿制度成为为投资者证券市场的损失提供保险的工具，通过因果关系规则的精细化维护了原告、被告间的利益平衡，是我国证券民事司法水平显著提升的重要表现。

（三）揭露日的确定

在证券虚假陈述民事赔偿中，“三日一价”[②] 决定了投资者能否获得赔偿以及获得赔偿的范围，其确定至关重要，可谓证券虚假陈述案件的“指北针”[③]，同时也是证券虚假陈述责任纠纷案件的争议焦点与裁判难点。而揭露日又是其中首先需要确定的事实。

2003年《最高人民法院关于审理证券市场因虚假陈述引发的民事赔偿案件的若干规定》将虚假陈述揭露日定义为“虚假陈述在全国范围发行或者播放的报刊、电台、电视台等媒体上，首次被公开揭露之日”。《九民会议纪要》提出了认定虚假陈述揭露日的“了解但无须准确”标准，并强调要考量“市场反应”

---

① 参见最高人民法院（2018）最高法民再339号民事裁定书。

② “三日一价”为审判实践中对实施日、揭露日或更正日与损失认定的基准日和基准价的简称。

③ 金琪睿：《证券虚假陈述揭露日的认定困境及其破解路径》，上海交通大学2020年硕士学位论文。

要素。[①]《九民会议纪要》确立的“非镜像规则”使得立案调查公告日更易被认定为揭露日，但立案调查公告日并非必然构成虚假陈述揭露日，在个案中审理法院仍会根据“首次性”“相关性”“广泛性”等要素进行考察并认定揭露日。

根据《证券市场虚假陈述若干规定》，虚假陈述揭露日是指虚假陈述在具有全国性影响的报刊、电台、电视台或监管部门网站、交易场所网站、主要门户网站、行业知名的自媒体等媒体上，首次被公开揭露并为证券市场知悉之日。[②] 根据该条，认定揭露日应当把握三个原则：一是首次；二是全国性影响；三是证券市场知悉。与2003年《最高人民法院关于审理证券市场因虚假陈述引发的民事赔偿案件的若干规定》相比，《证券市场虚假陈述若干规定》对“全国性影响”的表述进行了调整，并明确了该虚假陈述的行为后果，也即“为证券市场知悉”。

首次性标准自不必言，是对虚假陈述揭露的时间性要求，这是基于有效市场假说和市场欺诈理论的推定结论。只有在虚假陈述行为首次公开的时间节点上，证券市场的反应是最为激烈的，释放出的泡沫能够达到最大值，随后慢慢被市场吸收和消化，市场价格波动状态也逐渐平缓。由于虚假陈述所涉及的都是发行人内部的信息，虚假陈述行为的实施对象并不是针对某个特定的投资者，而是整个证券市场，因此也只有当此揭露是首次面向整个证券市场时，才能满足首次性的要求。而虚假陈述的揭露过程在大多数情况下都不是一次性完成的，往往呈现出不断接近真相的状态，在不同阶段存在不同程度的揭露信息，相应地也存在面对不同时段揭露下而作出投资决策的不同投资者群体。因此，在判断揭露行为是否符合首次性标准时可根据《九民会议纪要》，达到市场知悉即可，无须以“镜像规则”[③] 为必要。

市场知悉标准的审查，其实是审查揭露行为是否对证券投资者产生了强烈的警示作用。通常情况下，揭露行为将对证券交易价格发生实质性的影响，因此需要根据公开交易市场对相关信息的反应等证据来加以认定。虚假陈述被揭示的意

---

① 参见《九民会议纪要》第84条：“虚假陈述的揭露和更正，是指虚假陈述被市场所知悉、了解，其精确程度并不以‘镜像规则’为必要，不要求达到全面、完整、准确的程度。原则上，只要交易市场对监管部门立案调查、权威媒体刊载的揭露文章等信息存在着明显的反应，对一方主张市场已经知悉虚假陈述的抗辩，人民法院依法予以支持。”

② 参见《证券市场虚假陈述若干规定》第8条。

③ 镜像规则（mirror image rule），也称“完全一致规则”（ribbon matching rule），是普通法上的一项传统规则，即要求承诺的内容与要约的内容必须完全一致，没有任何改变或限制。引申到证券法领域，是指被揭露或更正的内容不需要与最后行政处罚决定书中确定的证券违法行为完全一致。

义，就在于对证券市场发出了警示信号，提醒投资者重新判断证券价值，[①] 进而对市场价格产生影响。

比如在“无线天利案”[②] 中，北京市高级人民法院认为，虽然2015年5月18日相关财经媒体以原创和转载的方式对无线天利的虚假陈述行为进行了一定程度的报道，但此后无线天利公司分别于2015年5月20日和2015年5月21日，针对上述媒体的报道内容，发布了《关于媒体报道的澄清公告》和《关于媒体报道的补充公告》，明确其股权收购不涉及关联交易情况，同时说明：“公司指定的信息披露媒体为中国证监会指定信息披露网站。有关公司的信息均以在指定媒体刊登的信息为准。”无线天利公司“继续隐瞒”的行为致使证券市场投资者对于上述媒体报道内容的可信度产生质疑。京天利股票在相关媒体报道了上述内容后的2015年5月18日至5月29日期间价格涨跌幅程度正常，并未出现异常波动亦可证明。因此，可以认定上述媒体报道内容对证券市场尚未起到足够的警示作用，故不应认定2015年5月18日为本案虚假陈述揭露日，而应认定无线天利公司2015年6月23日发布《关于收到中国证券监督管理委员会调查通知书暨复牌公告》之日为揭露日。

于此，在案件审理中，监管部门以涉嫌信息披露违法为由对信息披露义务人立案调查的信息公开之日，或者证券交易场所等自律管理组织因虚假陈述对信息披露义务人等责任主体采取自律管理措施的信息公布之日，原则上可以推定为揭露日，但当事人有相反证据足以反驳的除外。

在揭露传播范围标准方面，“全国性影响”显然比“全国范围发行（播放）”更符合实质审查的要求。在互联网和手机移动网络普及和发达的当下，各种数字媒体形式层出不穷，即使是一家不知名的地方媒体，或描述个人见解的自媒体平台，其解释行为仍可凭借互联网优势通过转载等方式呈现出指数级的传播和阅读量，从而达到“全国性影响”。而我国证券市场的特殊性使得任何一则证券信息都可能引发“蝴蝶效应”[③]。因此，对揭露主体的权威性和揭露范围的全国性需要结合揭露的警示作用（市场知悉标准）加以考察。

比如在“紫鑫药业案”[④] 中，面对多个媒体报道的揭露，长春市中级人民法院认为，虚假陈述被揭示的意义在于其对证券市场发出了一个警示信号，提醒投

---

① 曹明哲：《立案调查通知公告之日作为虚假陈述揭露日的正当性解释》，载《证券法苑》2019年第1期。

② 参见北京市高级人民法院（2017）京民终751号民事判决书。

③ 陈秋余：《论证券虚假陈述中的揭露日》，吉林大学2020年硕士学位论文。

④ 参见吉林省长春市中级人民法院（2016）吉01民初250号民事判决书。

资人重新判断股票价值，进而对市场价格产生影响，并非所有对上市公司不利的新闻报道均可被认定为对虚假陈述行为的揭露，而应根据各种具体情形判断媒体报道是否具有首次性和广泛性。在各类良莠不齐的网络新闻大量存在，并被以提高点击量增加受众为目的的各种网站不经核实即大量转载的网络现状下，2011年7月8日诸多网站的新闻报道虽提及紫鑫药业与其他公司存在关联关系，但并未全面揭露其重大遗漏的所有关联公司和关联交易，且内容简单，对于每天要阅读大量股市新闻的股民来说，并不具有可信度；同时，紫鑫药业也对该日网络不利报道进行了澄清公告，予以全面否认；下一个交易日紫鑫药业的股票价格也未受到网络报道的影响。但中国证券网2011年8月16日的报道内容详尽而且有记者的实地踏查和亲自调研，紫鑫药业于2011年8月17日停牌，至2011年10月24日复牌，复牌后股价连续三日跌停，此后股价仍持续下跌，正反映出虚假陈述被揭露后市场对于侵权行为的剧烈反应，符合虚假陈述揭露日的意义特征，故应当以2011年8月16日为揭露日。

同时，《证券市场虚假陈述若干规定》还对呈连续状态的虚假陈述行为的揭露和多个相互独立的虚假陈述行为的揭露日认定作出了明确规定。①

（四）损失的认定和计算

损害后果的存在是判断是否构成侵权民事责任的基础要件。证券市场瞬息万变，投资者的损失往往是市场多种因素综合叠加造成的，区分虚假陈述造成的损失和正常市场风险带来的损失是审理证券虚假陈述民事赔偿案件的一个难点。

2003年《最高人民法院关于审理证券市场因虚假陈述引发的民事赔偿案件的若干规定》第19条第4项规定，被告举证证明损失或者部分损失是由证券市场系统风险等其他因素导致的，人民法院应当认定虚假陈述与损害结果之间不存在因果关系。随着人民法院对“证券市场系统风险”认定思路的不断进步与完善，系统风险和非系统风险因素已经得到越来越多的重视和承认，“在证据充分的情况下考虑系统风险对投资者损失造成的影响并予以剔除”，在审判实践中已经基本形成共识。根据个案交易情况，借助专业机构力量，人民法院进一步量化了系统风险和非系统风险的致损比例，不断推动损失计算的精细化审理。

上海金融法院在审理“普天公司案”② 中，被告提出，除了虚假陈述外，投资者的损失还受到证券市场风险、公司经营状况恶化、充电桩概念、公司ST等

① 参见《证券市场虚假陈述若干规定》第8条第4款。

② 参见上海金融法院（2018）沪74民初1399号民事判决书。

其他因素的影响。在前述“顺灏股份再审案”中，最高人民法院裁定撤销原判、发回重审的主要理由之一，就是认为原审判决未区分不同投资者的交易情况而将市场风险因素的影响比例全部酌定为 20%，属于认定案件基本事实不清，适用法律错误。

在既往司法实践中，由于缺乏科学量化的计算方法，法院往往只能通过“相对比例法”或者“酌定比例法”统一确定系统风险因素和非系统风险因素给投资者造成的损失，不免受到“一刀切”的质疑。2019 年，上海金融法院在“方正科技案”中委托中证中小投资者服务中心采用“同步对比法”个案核定系统风险因素的致损比例，极大推动了精细化审理进程。后在处理“普天公司案”的过程中，上海金融法院在厘定交易因果关系后，创新性地首次采用“收益率曲线同步对比法”① 进行损失核定，并首次借助金融专家构建多因子模型②，对案件中涉及的国家因素、行业因素、风格因素（如上市公司的规模、价值、盈利等因素）等进行量化分析，并对非虚假陈述风险因素所造成的损失予以排除，科学核定投资者损失。

自 2018 年以来，扣除“非系统风险”所致损失，也逐步得到司法实践的认可，已有多个司法判例在系统风险核定结果基础上酌定扣除“非系统风险”影响比例。如湖南省高级人民法院在“北大方正案”中作出了全国首例量化非系统风险对投资者损失影响的判决③，判决认为，上市公司发布的一系列利空公告以及投资者在高位买入股票所应承担的投资风险等其他因素对原告投资者投资损失的影响比例为 5%，依法应予扣除。又如，在“国民技术案”④ 中，广东省高级人民法院认为，2015 年 11 月 27 日至 2017 年 11 月 28 日期间国民技术股票虽有下跌但走势与其所属的创业板指数的整体走势基本一致，跌幅还小于创业板指数跌幅。而在 2017 年 11 月 29 日国民技术发布相关人员失去联系、紧急安排向公安机关报案的重大事项停牌公告后，国民技术股票于 2017 年 11 月 29 日起停牌，至 2017 年 12 月 20 日起复牌，复牌后出现大幅下跌。据此，广东省高级人民法院认定国民技术股票价格的下跌，主要归结于相关人员失联引起的公司自身

---

① 收益率曲线同步对比法，是通过对比投资者实际投资的损益比例（名义损益比例）与排除虚假陈述因素的模拟损益比例，得出投资者受虚假陈述而产生的差额损失。计算公式为：投资差额损失金额=名义买入成本×（名义损益比例-模拟损益比例）。

② 多因子模型是关于资产定价分析的模型，其基本原理是认为股票的均衡收益可以有多个风险因素来解释。参见上海交通大学上海高级金融学院、中国金融研究院课题组、上海金融法院 2020 年度课题“证券虚假陈述案件的损失计算模型构建”。

③ 参见湖南省高级人民法院（2019）湘民终 519 号至 522 号民事判决书。

④ 参见广东省高级人民法院（2019）粤民终 1786 号民事判决书。

的非系统风险因素，而非涉案虚假陈述行为所致，并最终判决投资者的损失与案涉虚假陈述行为之间不存在因果关系。而在“联建光电案”① 中，深圳市中级人民法院在委托中证法律服务中心进行损失核定、剔除系统风险影响因素的结果基础上，进一步酌定扣除50%的其他因素造成的投资损失。这一处理对于损失核定机构无法核定非系统风险影响比例的案件无疑具有借鉴意义。

在2003年《最高人民法院关于审理证券市场因虚假陈述引发的民事赔偿案件的若干规定》的基础上，《证券市场虚假陈述若干规定》立足资本市场的发展变化，科学合理地认定了虚假陈述损害赔偿的责任范围，并以揭露日之后的价格变化作为确定投资者实际损失的依据，增补了诱空型虚假陈述的损失赔偿计算方法等，进一步完善了损失认定和处理规定。

一是在《证券市场虚假陈述若干规定》第25条②明确了以投资者的实际损失作为虚假陈述民事损害赔偿责任的范围，不再将资金利息纳入损害赔偿范围，有助于区分证券投资和储蓄的概念，强化“买者自负”的理念，③ 体现了证券虚假陈述侵权责任以填补损失为核心的价值追求。二是增加诱空型虚假陈述的损失计算方法，明确规定了在采用集中竞价的交易市场中，原告因虚假陈述卖出相关股票所造成的投资差额损失计算方法，并重构了基准日和基准价的认定规则，改变了部分诱空型虚假陈述案件中认为投资者损失与虚假陈述质检部具有因果关系进而对其诉讼请求不予支持的司法观点。④ 三是完善了非虚假陈述造成的损失减免规则，即“被告能够举证证明原告的损失部分或全部是由他人操纵市场、证券市场的风险、证券市场对特定事件的过度反应、上市公司内外部经营环境等其他因素所导致的，对其关于应当相应减轻或者免除责任的抗辩理由，人民法院应当予以支持”⑤，进一步扩大了被告可以减轻或免除责任的抗辩事由，更符合侵权责任的基本法理，对诉讼双方也更加公平合理。

在审判实践中，“买者自负”理念已在诸多法院审理的案件中得到应用。例如，上海金融法院在“上海岩石案”⑥ 判决中认为，在揭露日前市场已对上海岩

① 参见深圳市中级人民法院（2019）粤03民初2196号民事判决书。

② 《证券市场虚假陈述若干规定》第25条规定：“信息披露义务人在证券交易市场承担民事赔偿责任的范围，以原告因虚假陈述而实际发生的损失为限。原告实际损失包括投资差额损失、投资差额损失部分的佣金和印花税。”

③ 汤欣、李卓卓：《新修虚假陈述民事赔偿司法解释评析》，载《法律适用》2022年第3期。

④ 参见广东省高级人民法院（2015）粤高法民二终字第1058号民事判决书。

⑤ 参见《证券市场虚假陈述若干规定》第31条。

⑥ 参见上海金融法院（2018）沪74民初721号民事判决书。

石“三无式转型”提出质疑，原告对此视而不见，属于非理性投资行为，最终判决其自行承担投资损失的50%。又如，在“康美药业案”① 中，有投资者就2018年年报虚假陈述单独提起诉讼，广州市中级人民法院判决认为，在该原告买入康美药业股票前，已有大量媒体质疑康美药业财务真实性，康美药业已被立案调查、监管问询，且被出具保留意见审计报告，原告在此情况下仍买入康美药业股票属于“自甘风险”的投资行为，其投资损失与虚假陈述之间不具有因果关系。

（五）上市公司董事、监事、高级管理人员的责任认定

对虚假陈述侵权民事赔偿责任，除了2019年证券法第85条、第163条列明的民事责任主体外，《证券市场虚假陈述若干规定》根据民法典的规定，明确了“首恶”和“帮凶”的责任，以依法震慑财务造假活动。

“追首恶”，本意是指追究违法违规犯罪活动中的主谋和首要分子。在财务造假活动中，“首恶”首先是指发行人的董事、经理、财务负责人等核心高管团队，《证券法》第85条已经对其责任进行了明确。为进一步明确“首恶”的责任，《证券市场虚假陈述若干规定》明确上市公司承担责任后，有权向负有责任的控股股东、实际控制人追偿上市公司实际承担的赔偿责任和诉讼成本，以进一步压实组织、指使造假的控股股东和实际控制人责任。

此外，实践中，不少影响恶劣的上市公司财务造假案件是由控股股东、实际控制人组织、指使上市公司所为，对这类“首恶”，《证券市场虚假陈述若干规定》第20条第1款规定，在原告起诉请求直接判令相关控股股东、实际控制人依照本规定赔偿损失的，人民法院应当予以支持，免却嗣后追偿诉讼的诉累。

如在“康美药业案”中，刑事判决认定公司相关人员存在组织安排相关人员将上市公司资金转移到其控制的关联方，且未在定期报告里披露相关情况；为掩盖上市公司资金被关联方长期占用、虚构公司经营业绩等违法事实，组织策划康美药业相关人员通过虚增营业收入、虚增货币资金等方式实施财务造假等违法犯罪行为，因此被判决承担巨额连带赔偿责任；而部分兼职独立董事亦根据其参与日常经营管理情况和过失情形被酌情判令在10%和5%的范围内承担连带赔偿责任。

与此同时，《证券市场虚假陈述若干规定》对内部人过错的审查认定方法也

---

① 参见广州市中级人民法院（2021）粤01民初726号民事判决书。

作了明确规定。[①] 为保障异议董事、监事、高级管理人员的合法权利，《证券市场虚假陈述若干规定》第 15 条还规定了异议董事的免责抗辩事由，第 16 条规定了独立董事的免责和减责抗辩事由。这也是对在“康美药业案”判决独立董事承担责任这一社会关注的热点的更好回应。

在“协鑫集成案”[②] 中，南京市中级人民法院考虑到谢某杰系独立董事，不参与公司日常经营管理，不执行具体业务，只是通过参加董事会讨论决定各项决议来履行职务，其基于对超日公司内控制度以及专业审计报告的信任，未采取必要、合理的调查方法或追加必要的审计程序以避免不实报告的产生，虽然存有过失，但该种过失是一种轻微过失，综合考量谢某杰的身份角色、知情程度和主观态度、职责相关性、专业知识背景、担任独立董事的获益金额等因素，酌定谢某杰对陶某因超日公司定期报告虚假陈述导致的损失在 10%范围内承担补充赔偿责任。同样，在“海润光伏案”[③] 中，南京市中级人民法院曾综合考量独立董事的身份角色、主观状态、职责相关性、专业知识背景、获益金额等因素，认定独立董事在上市公司赔偿金额 10%范围内承担补充赔偿责任。

关于内部人过错的这一审查认定原则也在审判实践中得到了认可。2021 年，深圳市中级人民法院在“保千里案”[④] 中，结合董事、监事、高级管理人员知情程度、具体职责、分管范围、履职情况、专业背景等方面，认定不知悉违法行为、不分管案涉领域、不参与经营决策的部分被行政处罚的董事、监事、高级管理人员不对上市公司定期报告虚假陈述承担民事赔偿责任。这是我国首例针对上市公司自身信息的虚假陈述判决免除被罚董事、监事、高级管理人员民事责任的案例，具有突破意义。

（六）中介机构的责任认定

实践中，有的金融机构和上市公司串通，出具虚假的银行询证函回函、虚假

---

① 参见《证券市场虚假陈述若干规定》第 14 条：“信息披露义务人的董事、监事、高级管理人员或者履行同等职责的人员和其他直接责任人员主张对虚假陈述没有过错的抗辩理由，人民法院应当根据其在发行人中的实际地位、信息披露资料的形成和发布等活动中所起的作用、取得和了解相关信息的渠道、为核验相关信息所采取的措施等实际情况进行审查认定。前款所列人员不能提供其勤勉尽责的相应证据，仅以其不从事日常经营管理、无相关职业背景和专业知识、相信发行人或管理层提供的资料、相信证券服务机构出具的专业意见等理由主张其没有过错的，人民法院不予支持。”

② 参见南京市中级人民法院（2016）苏 01 民初 2066 号民事判决书。

③ 参见南京市中级人民法院（2016）苏 01 民初 539 号民事判决书。

④ 参见深圳市中级人民法院（2020）粤 03 民初 3225 号民事判决书。

银行回单、虚假银行对账单，欺骗注册会计师；一些上市公司的供应商和销售客户为上市公司财务造假提供虚假的交易合同、货物流转及应收应付款凭证，成为财务造假的帮手。

为明确上述帮助造假者的法律责任，《证券市场虚假陈述若干规定》第22条规定，有证据证明发行人的供应商、客户，以及为发行人提供服务的金融机构等明知发行人实施财务造假活动，仍然为其提供相关交易合同、发票、存款证明等予以配合，或者故意隐瞒重要事实致使发行人的信息披露文件存在虚假陈述，原告起诉请求判令其与发行人等责任主体赔偿由此导致的损失的，人民法院应当予以支持。

由于中介机构的行政处罚决定往往在上市公司的行政处罚决定之后作出，并且绝大多数法院仍严格适用2003年《最高人民法院关于审理证券市场因虚假陈述引发的民事赔偿案件的若干规定》关于证券虚假陈述民事诉讼前置程序的规定，所以此前中介机构被判决承担连带赔偿责任的案件比较罕见，之前仅有立信会计师事务所在"大智慧案"和"金亚科技案"中被判决承担连带赔偿责任。[①]对于未被行政处罚的包括中介机构在内的被告，由于前置程序的存在，各地法院通常裁定不予受理或者驳回起诉。在上市公司业绩低迷、重整退市多发的背景下，基于提高被告整体赔付能力的考虑，证券公司、会计师事务所等中介机构被列为证券虚假陈述诉讼的共同被告，甚至单独被提起诉讼，已呈常态化趋势。在"中安科案"[②] 判决未被行政处罚的中介机构承担责任后，越来越多的案件中原告将未受到行政处罚、监管措施或纪律处分的中介机构列为共同被告。从司法案例看，中介机构承担责任的形式与范围并不统一，存在"全额连带""按比例连带""按比例补充"多种认定方式。

随着债券违约事件频发，因发行人欺诈发行、信息披露违规导致的各类债券虚假陈述纠纷也层出不穷。2020年12月31日，杭州市中级人民法院对备受市场关注的五洋债债券欺诈发行民事索赔案作出一审判决[③]，判令各中介机构承担民事责任，尤其是在资信评级机构和律师事务所均未被行政处罚的情况下，杭州市中级人民法院判决资信评级机构和律师事务所分别在10%和5%范围内承担连带责任，引发资本市场巨大反响。

《证券市场虚假陈述若干规定》制定时，在走访调研过程中充分听取了会计

---

① 参见上海市高级人民法院（2018）沪民终240号民事判决书、成都市中级人民法院（2018）川01民初2997号民事判决书。

② 参见上海市高级人民法院（2020）沪民终666号民事判决书。

③ 参见杭州市中级人民法院（2020）浙01民初1691号民事判决书。

师事务所、律师事务所、资信评级机构、资产评估机构、财务顾问等证券服务机构的意见，并明确了过错审查的相关规定。如针对近年来会计师事务所责任案件审理中的实际情况，《证券市场虚假陈述若干规定》在《最高人民法院关于审理涉及会计师事务所在审计业务活动中民事侵权赔偿案件的若干规定》第 7 条规定的基础上，吸收财政部、证监会等监管部门的意见，在第 19 条规定了会计师事务所的免责抗辩事由，以保障依法执业的会计师事务所免于讼累。

三、证券虚假陈述特殊情况——债券虚假陈述

（一）债券虚假陈述责任纠纷案件的立法变迁

以 2019 年证券法和债券虚假陈述所确定的相关规则为时代背景，我国所涉证券虚假陈述纠纷案件已经有了新的发展。相较以往仅停留在股票虚假陈述形式出现，目前该类案件已经出现了新的发展形态。可以债券虚假陈述类案件为视角，解读该类案件审理司法实务情况及与普通证券虚假陈述类纠纷的不同之处。

从债券内涵的角度看。债券属于证券的一种，具有保本付息的特殊含义。证券则是一个总称，股票、债券是具体的某类证券的名称。总的来说，证券是指未来某种经济收入的凭证。

2019 年证券法第 2 条对于证券法适用的范围作了概括，即“在中华人民共和国境内，股票、公司债券、存托凭证和国务院依法认定的其他证券的发行和交易，适用本法；本法未规定的，适用《中华人民共和国公司法》和其他法律、行政法规的规定”。由上可知，债券是最典型的证券。债券具备证券的属性，同时有其特殊性，这也决定了法院在审理债券虚假陈述类案件过程中，需要在遵循证券虚假陈述类案件规律的基础之上，关注债券虚假陈述类案件审理的特殊性。

从监管机构的角度来看，从中国人民银行、国家发展和改革委员会、中国证券监督管理委员会制定的《关于进一步加强债券市场执法工作的意见》（银发〔2018〕296 号），可以看出证监会对两大债券市场享有执法权，可以针对债券虚假陈述行为进行处罚。

从适用法律的角度来看，2019 年证券法在就债券范围界定时，并未采取广义的债券而是沿用了公司债券的表述。狭义的公司债券仅指我国三大债券体系中由证监会监管发行、交易及违法违规追究的债券。由此可见，债券应受 2019 年证券法的规制。长期以来，因立法体系、交易体系等方面的原因，我国不同市场的债券法律性质与法律适用存在争议。银行间债券市场非金融企业债务融资工具

是否应当纳入《证券法》及相关司法解释的适用范围一直是业界争论的焦点问题。《证券市场虚假陈述若干规定》最终将交易场所界定为“证券交易所、国务院批准的其他全国性交易场所”，并未明确银行间债券市场非金融企业债务融资工具的法律适用问题，主要也是为未来该司法解释调整债券市场的法律适用问题留下空间。司法实践中已经有部分法院开始在审理债券虚假陈述类案件中适用《证券市场虚假陈述若干规定》。

从《全国法院审理债券纠纷座谈会纪要》明确对具有还本付息共同属性的三大债券适用相同的法律标准，再到中国人民银行、国家发展和改革委员会、中国证券监督管理委员会 2020 年公布的《公司信用类债券信息披露管理办法》统一了三大债券的信息披露标准，规定有关公开募集债券虚假陈述适用“连带责任”，可以看出司法及行政机关宽泛理解《证券法》中公司债券概念的明确倾向。法律解释上，或许可以认为证券法所称的公司债券是指公司信用类债券，从而将非金融企业债务融资工具纳入证券法的监管体系和责任体系之中。

（二）债券虚假陈述责任纠纷典型案例分析

以“罗某与广东海印集团股份有限公司证券虚假陈述责任纠纷案”① 为例，广州市中级人民法院认为，该案的争议焦点：一是虚假陈述揭露日、基准日如何认定，二是损失如何计算。

1. 关于揭露日、基准日的认定问题

《最高人民法院关于审理证券市场因虚假陈述引发的民事赔偿案件的若干规定》第 20 条规定，虚假陈述揭露日，是指虚假陈述在全国范围发行或者播放的报刊、电台、电视台等媒体上，首次被公开揭露之日。原告主张揭露日为 2019 年 6 月 25 日，被告主张揭露日为 2019 年 6 月 14 日，因此需要审查的是虚假陈述是否已于 2019 年 6 月 14 日被市场所知悉和了解。该案的虚假陈述行为是指被告发布的 54 号公告，该公告披露了被告拟与许某太及今珠公司合作开展用于防治非洲猪瘟的今珠多糖注射液产业化运营的相关事项。虽然行政处罚决定书最终认定 54 号公告所涉虚假陈述的具体违法事实包括七项，但如行政处罚决定书所述，当事人的专利权状态、今珠多糖注射液的预防有效性、今珠公司的未来业绩等是被告签署及履行合作合同的前提和基础，将对投资者的决策产生较大影响。54 号公告之所以引起社会广泛关注和市场重大反应，在于公告披露的主要内容为合作运营的产品是防治非洲猪瘟的今珠多糖注射液，大量的媒体报道亦聚焦于此。

① 参见广州市中级人民法院（2020）粤 01 民初 14 号民事判决书。

因此，54 号公告虚假陈述的基础和核心是其所称的今珠多糖注射液可有效防治非洲猪瘟，所对应的行政处罚决定书的违法事实包括第一、四、五项，其中对于第一项合同方专利技术申请状态与实际不符，2019 年 6 月 14 日之前的多家权威媒体已报道经查询国家知识产权局专利检索系统，证实合同方并不拥有专利权；对于第四项拟产业化运营标的的类别不准确，2019 年 6 月 14 日之前的多家权威媒体已报道被告工作人员确认今珠多糖不是疫苗，农业农村部也表示未受理过任何针对非洲猪瘟病毒的预防治疗药物或疫苗；对于第五项今珠多糖注射液预防有效率缺乏相关依据，2019 年 6 月 14 日之前的多家权威媒体引用农业农村部消息，该部明确表示今珠多糖可有效防治非洲猪瘟缺乏科学依据。综上，权威媒体已于 2019 年 6 月 14 日之前具体明确指出今珠多糖注射液不具有专利，不是疫苗，有效防治非洲猪瘟缺乏依据。在产品已存在虚假的情况下，就该产品的合作及因产品所带来的业绩增长，自然不足为信。因此，至 2019 年 6 月 14 日，权威媒体已经揭露被告发布的 54 号公告存在虚假陈述，且所揭露的内容是虚假陈述的基础和核心。上述揭露信息，足以对理性投资者产生警示作用，促使其重新判断股票价值、注意证券市场投资风险。而从交易市场的反应来看，案涉证券于 2019 年 6 月 14 北京华宇元典信息服务有限公司日至 6 月 18 日连续大幅下跌，证明揭露信息已对证券市场产生了实质性影响。虚假陈述被市场知悉、了解，其精确程度并不以“镜像规则”为必要，不要求达到全面、完整、准确的程度。原则上，只要交易市场对监管部门立案调查、权威媒体刊载的揭露文章等信息存在着明显的反应，对一方主张市场已经知悉虚假陈述的抗辩，法院依法予以支持。综上所述，被告主张揭露日为 2019 年 6 月 14 日的理据充分。自 2019 年 6 月 14 日起，海印转债累计成交量至 2019 年 6 月 25 日达到可流通部分的 100%，故 2019 年 6 月 25 日为基准日。

2. 关于损失的认定问题

（1）关于投资差额损失。《最高人民法院关于审理证券市场因虚假陈述引发的民事赔偿案件的若干规定》第 31 条规定，投资人在基准日及以前卖出证券的，其投资差额损失，以买入证券平均价格与实际卖出证券平均价格之差，乘以投资人所持证券数量计算。第 32 条规定，投资人在基准日之后卖出或者仍持有证券的，其投资差额损失，以买入证券平均价格与虚假陈述揭露日或者更正日起至基准日期间，每个交易日收盘价的平均价格之差，乘以投资人所持证券数量计算。揭露日至基准日期间海印转债收盘价平均价为 103. 738 元。原告于 2019 年 6 月 12 日和 13 日买入海印转债共计 17000 张均在可赔偿范围，其中 2019 年 6 月 14 日卖出的 15630 张的差额损失应按《最高人民法院关于审理证券市场因虚假陈述引发的民事赔偿案件的若干规定》第31条的规定计算为226509.96元，于2019年7月12日和7月16日卖出的共计1370张的差额损失应按《最高人民法院关于审理证券市场因虚假陈述引发的民事赔偿案件的若干规定》第32条的规定计算为17074.31元。因此，投资差额损失应为243584.27元。（2）关于佣金和利息损失。原告主张的佣金12.3元，符合按其交易的佣金比例计算的损资差额损失部分的佣金。上述投资差额损失及佣金的利息，自买入至卖出证券日或者基准日，按银行同期活期存款利率即0.35%计算为8.77元。

四、证券虚假陈述责任纠纷的前瞻与展望

《证券市场虚假陈述若干规定》的施行填补了此前证券虚假陈述责任纠纷案件审判中的诸多空白，将对我国证券虚假陈述纠纷的审理产生极为重要而深远的影响，尤其是前置程序取消带来的辐散效应，应当引起重视。

（一）取消前置程序的辐散效应及其处理①

围绕证券虚假陈述民事赔偿纠纷前置程序的取消，一方面将更有利于保护投资者诉权，另一方面也会引发一系列新情况和新问题，例如重大性的认定标准、欺诈赔偿诉讼时效的起算、民事诉讼与监管机构的行政调查协调衔接等，都需要理论和实务界进一步加强研究和实践，寻求规则上的新突破，从而更好地迎应政策环境的变化。

对于虚假陈述行为的认定，民事赔偿、行政处罚和刑事处罚应是一个审查标准逐渐递进的过程。因此，对于民事赔偿责任中虚假陈述行为重大性的审查标准，应构建独立于行政执法和刑事处罚程序的标准，以弱化的理性投资者标准和降低的影响性标准为核心。在具体案件中，裁判者可以围绕该标准，根据个案情况进行法律适用。

关于时效起算点的确定，应把握两点：一是可以一律以虚假陈述行为被揭露后的第一个交易日为时效起算点；二是原则上可以揭露日后个股首次发生与虚假陈述作用力相符的重大涨跌的交易日为时效起算点，如果合理期间内没有相应涨跌，则以揭露日之后的首个交易日作为时效起算点，除非原告能够证明个股价格没有相应涨跌是其他系统性或非系统性因素所致。

① 参见丁宇翔：《证券虚假陈述前置程序取消的辐散效应及其处理》，载《财经法学》2021年第5期。

前置程序取消后，投资者举证能力的不足将以通过申请法院调查取证的方式将调查举证的压力转嫁到法院，因此需要充分挖掘现有制度资源，利用好律师调查令制度、高度盖然性的证明标准、书证提出命令和法院调查取证等规则和机制，最大限度查明事实，以弥补投资者举证能力的不足。

虚假陈述民事诉讼不以行政执法的前置程序为必要，在时间维度上，证券行政执法程序与虚假陈述民事诉讼程序就可能呈现三种形态：一是行政执法程序完结后投资者提起虚假陈述民事诉讼；二是证券行政执法程序过程中投资者提起虚假陈述诉讼，或者虚假陈述诉讼中启动行政执法程序，此时构成证券虚假陈述民事诉讼与证券行政执法的程序竞合；三是虚假陈述民事诉讼完结后启动证券行政执法程序。无论哪种情况，都需要两个程序之间进一步的协调配合。

行政执法程序完结后启动民事诉讼的，原则上民事诉讼可独立判断是否构成虚假陈述。在程序竞合时，民事诉讼一般也不应中止，但虚假陈述行为被处罚人已经提起行政诉讼的，则可考虑中止。民事诉讼程序完结后启动行政执法程序的，行政执法机关应对民事判决关于不构成虚假陈述的认定予以重视。

（二）关于为深化新三板改革、设立北京证券交易所提供司法保障的若干意见实施

最高人民法院于2022年6月23日发布了《关于为深化新三板改革、设立北京证券交易所提供司法保障的若干意见》（以下简称《保障意见》）。2022年6月24日，北京证券交易所第100家公司上市，时机的巧合也彰显了《保障意见》出台的重要意义。

《保障意见》立足深化新三板改革、设立北京证券交易所的改革实践，围绕新三板挂牌公司、北京证券交易所上市公司的特征，主要从以下四个方面提供相关司法保障。

一是全面把握深化新三板改革、设立北京证券交易所的重要意义和总体安排，深刻认识多层次资本市场“层层递进”市场结构的司法需求，依法妥善审理相关案件，为中小企业健康发展和多层次资本市场体系建设营造良好的司法环境。

二是依法保障深化新三板改革、设立北京证券交易所重大部署顺利推进，明确法院可参照适用证券监管部门、证券交易场所经法定程序制定的、与法律法规不相抵触的规章、规范性文件和业务规则的相关规定，对北京证券交易所及其上市公司所涉案件集中管辖。

三是以优质司法服务支持中小企业通过资本市场做大做强，结合“层层递

进”的市场结构特征和创新型中小企业的创业期成长特点等准确认定发行人、主办券商等证券中介机构的虚假陈述民事责任，依法准确认定“业绩对赌协议”和“定增保底”性质条款的效力，优化审判执行程序降低创新型中小企业诉讼成本。

四是依法有效保护投资者合法权益，严厉打击违法犯罪行为，从严惩处假借新三板名义非法集资行为，切实防止上市公司、挂牌公司通过破产程序损害投资者合法权益，依法规范证券投资咨询机构的相关投资建议服务，进一步健全证券诉讼和纠纷多元化解机制等。

《保障意见》是落实党中央、国务院关于资本市场重大改革决策部署的重要司法举措，有助于充分发挥人民法院审判职能作用，为深化新三板改革、设立北京证券交易所保驾护航，支持中小企业发展壮大，助力资本市场高质量发展。

（三）进一步发挥代表人诉讼信息平台在证券纠纷中的作用

《证券纠纷代表人诉讼规定》第4条明确指出，人民法院应依托信息化技术审理证券纠纷代表人诉讼案件。当前，北京金融法院、上海金融法院、南京市中级人民法院、杭州市中级人民法院等均开启了证券虚假陈述纠纷代表人诉讼制度的司法实践。代表人诉讼信息平台一方面能够实现整个代表人诉讼流程的公开、实现司法的公开透明，发挥智慧法院在代表人诉讼案件审理中的优势；另一方面也可以为人民法院以及投资者均提供诸多便利。

1. 代表人诉讼信息平台的四大便利

（1）便利投资者权利登记。代表人诉讼开展的首要步骤即为权利登记，按照《代表人诉讼规定》第7条、第8条的规定，在人民法院指定范围内的投资者应进行权利登记；权利登记可以依托电子信息平台进行。信息平台可让权利人“足不出户”通过登录系统完成权利登记，法院也可在线审查。

（2）便利代表人推选。根据《证券纠纷代表人诉讼规定》第14条，代表人的推选实行一人一票，即代表人在一定条件下需要经过投票产生，并且首次推选不出的，还需要进行二次推选。通过信息平台，投资者即可在线上浏览候选人资料并进行投票。

（3）便利诉讼通知。在《证券纠纷代表人诉讼规定》中，有很多关于通知的内容，其中既有法院对代表人、全体原告的通知，也有代表人对全体原告的通知等。前者如法院应当向全体原告送达调解协议草案、应当将审核通过的权利人列入代表人诉讼原告名单并通知全体原告；后者如代表人拟作出诉讼请求变更等重大事项、一审结束后不再上诉的，均应当通知全体原告。法院传统的通知或采取书面邮寄，电子邮件或电话等方式，产生时间与金钱成本，也正是考虑到这一点，《证券纠纷代表人诉讼规定》第25条特别规定，证券纠纷代表人诉讼中原告可要求被告承担实际产生的“通知费”。这足见在代表人诉讼中“通知”的重要性以及其产生成本的必然性。如通过信息平台，则拟发送通知的诉讼参与主体可以一键向目标对象进行通知，节约大量时间与金钱成本。平台中还可嵌入常用的通知模板，便利投资者使用，司法实践中，如“上海金融法院拟定了权利登记公告、权利义务告知书、原告名单通知、代表人推选通知、代表人推选结果公告、调解协议草案等一系列格式化文本，为今后代表人诉讼制度的顺利实施提供了可供操作的示范文本，这些文本同步嵌入代表人诉讼在线平台，系统可根据案件实际情况自动生成相应文书，大大提高了诉讼效率”。

（4）便利赔偿款执行。投资者获得赔偿款是纠纷解决的“最后一公里”。通过信息平台，一方面可以直接收集投资者的账户信息，也可以通过信息平台向投资者发送执行分配方案，开展赔偿款的执行工作。近期，上海金融法院联合利用代表人诉讼在线平台与证券登记结算机构两级结算机制，向参加代表人诉讼投资者全额发放“飞乐音响证券虚假陈述责任纠纷案”的赔偿款，体现了代表人诉讼信息平台在便利执行方面的优势。

2. 代表人诉讼信息平台的四方面框架构建建议

信息平台有助于人民法院、投资者、代表人等诉讼参与主体高效、便捷地开展代表人诉讼制度，充分发挥代表人诉讼机制的制度红利。在具体构建信息平台中，课题组认为应注意以下四个方面。

一是入口设置应便于查找。为方便投资者查找以及防止金融诈骗，信息平台登录入口可以设置在受理案件法院的官方网站或者官方微信公众号，或者统一建立在高级人民法院官方网站入口；先设置权利登记入口，待人民法院审查通过后，给予投资者账号信息以便投资者登录信息平台获得操作面板。

二是环节设置应清晰简单。根据《证券纠纷代表人诉讼规定》所确定的流程，可以设置权利登记、投资者投票、法律文书送达、公告、通知、执行款项发放等模块。也可以给予每个投资者一个账号和操作面板，投资者在其中可接受人民法院或者代表人的通知以及完成特定的操作行为如推选代表人进行投票、对调解协议进行确认等。

三是提醒设置应容易接收。可设置重要环节的手机短信通知功能，即法院或者代表人每进行一步操作，如需要向原告通知或者需要投资者确认以及完成特定事项时，在系统中均可通过短信通知的方式告知投资者。

四是账户设置应有所区别。根据《证券纠纷代表人诉讼规定》，主要的诉讼参与主体有法院、普通投资者、代表人，且三者在代表人诉讼中享有各自的权利、义务以及职责，因此，应当根据《证券纠纷代表人诉讼规定》分别设置三类账户以作出区分。

（四）妥善处理证券虚假陈述责任纠纷案件的对策和建议

如前所述，前置程序的取消和《保障意见》的出台，都是完善我国证券市场的有力举措，短期内将可能引起证券虚假陈述责任纠纷案件数量的显著增加。为坚持市场化、法治化原则妥善应对和处理同类型案件，依法保护中小投资者合法权益，引导证券市场规范化发展，维护良好的金融市场秩序和法治化营商环境，课题组提出如下几方面对策建议。

1. 健全多层次资本市场体系，完善证券市场规范顶层设计

2020 年 4 月公布的《中共中央国务院关于构建更加完善的要素市场化配置体制机制的意见》明确，健全多层次资本市场体系。“更好发挥多层次资本市场作用”已多次写入政府工作报告中。目前，我国多层次资本市场建设已站上新起点，形成了包括主板、创业板、科创板、北交所、新三板、区域股权市场在内的多层次资本市场体系，初步形成了错位发展、各有特色、适度竞争的格局。应当不断在实践中完善与此相配套的制度体系，为创造满足不同类型投资者投资偏好、适应不同类型和发展阶段企业的融资需求的资本市场构筑日益完善的顶层设计。

2. 完善公司法人治理结构，有效提升上市公司质量

证券虚假陈述责任纠纷多因上市公司信息披露不符合法律规定和监管要求产生，当前纠纷中信息披露不真实、不及时、不准确等现象频发也反映出上市公司治理独立性不够、内控缺失等深层次问题。因此，大力发展不同类型、所有制和投资理念的投资者，改变机构投资者与公司治理的成本收益严重不对称的状况，优化中小投资者有效参与上市公司决策的路径，充分发挥投资者保护机构的作用，建立激励与风险对称的法人治理结构，进一步加强对控股股东、实际控制人及其关联方的约束，可从源头规范上市公司信息披露行为，减少信息披露违规引发纠纷的可能性。

3. 加大对证券虚假陈述行为的监管力度，严惩信息披露违法违规行为

进一步发挥交易所问询、现场调查等一线自律监管功能；进一步优化行业监管和功能监管，及时发现、及时制止上市公司控股股东资金占用、违规担保、关联交易等证券市场高风险点，从重处罚，提高信息披露违法违规成本，形成交易所和监管部门二级监管处置体系。加强监管与司法的协同效应，形成防范证券市

场风险的合力：一是强化行政执法与刑事司法的衔接，及时移送涉嫌犯罪的案件与线索，严厉打击证券市场违法行为；二是厘清虚假陈述行为的行政处罚和民事赔偿责任标准，妥善处理前置程序取消后信息披露违规行为性质认定，依法保护各级各类证券市场发展空间；三是在明确各部门职责分工和责任边界的基础上建立应急反应机制，应对证券市场各类突发风险，确保风险处置的及时性、合法性、有效性。

4. 提升证券纠纷审判队伍的专业化水平，加强对新类型案件的研究应对

近些年的司法实践表明，在案件较为集中的高级人民法院设立金融审判庭或设立金融专门法院，有利于加强对此类案件的调研指导和前瞻性研究，加强对类型化的新型交易提出司法裁判的应对方案，统一法律适用和裁判尺度，加强对区域性乃至全国性金融风险的研判和防范。要理性看待证券市场中的各类金融创新行为，协同监管部门进一步加强对各种证券创新产品和新类型纠纷案件的深入研究，不断推进金融审判专业化建设，提升证券纠纷案件审理质量和效率。要继续拓展大数据在证券纠纷案件中的应用，通过对案件数据的挖掘利用，有针对性地开展证券纠纷案件特点和趋势的调研应对，通过裁判规则提炼和大数据预警辅助决策，为证券市场的健康发展提供司法服务保障。进一步深化证券纠纷多元化解机制，继续发挥行业协会和投资者保护机构的作用，完善法院和行业调解组织、专业调解组织之间的诉调对接机制，优化“示范判决+专业调解+司法确认”程序，进一步缩短纠纷解决时长、降低维权成本，推动证券纠纷多元化解机制发挥实效。

金融数据治理的路径展望

王 锐*

一、引言

对数据的收集与使用自古有之，中外皆然。上古时我先民即以结绳记事，“结之多少，随物众寡”①；《圣经》中记载玛利亚也必须随约瑟回到其出生地进行登记，可见对人口数据的统计历史也长达数千年；我国学者则以《周礼》推考，预算制度、会计制度等在先秦时代或已出现，可能涉及更精细数据的收集与计算；②而巴比伦人堪称“记账方面的强迫症患者”，埃及的审计师则会仔细核验政府属下商店的各项支出等。③凡此种种史料记录，都反映了数据在人类早期社会的收集与使用。此后在社会演化的历程中，新理论与新技术也大大推动了数据收集与处理效率的提升。19世纪末，美国的赫尔曼·霍尔瑞斯（Herman Hollerith）根据织布机的原理开发了穿孔卡片制表系统，用于1890年美国人口普查数据，使得原本需要用8年的统计工作压缩至1年，该系统也被认为是现代计算机的雏形。进入20世纪90年代，随着数据处理量级不断推升，“大数据”概念开始萌芽，④逐渐深刻影响到当代社会的方方面面。

金融是典型的数据密集型产业。金融业本身既沉淀着大量的客户数据、资产

* 国家法官学院教授。

① “上古结绳而治，后世圣人易之以书契”，参见（清）王夫之：《周易·系辞下》，九州出版社2004年版。“古者无文字，其有约誓之事，事大，大其绳，事小，小其绳，结之多少，随物众寡”，参见（春秋）左丘明：《春秋左传集解》，凤凰出版社2020年版。

② 刘秉麟：《中国财政小史》，知识产权出版社2018年版，第14~15页。

③ Michael Chatfield, A History of Accounting Thought, R. E. Krieger Public Company, 1977, p. 5.

④ 刘晓星：《大数据金融》，清华大学出版社2018年版，第12~13页。

数据等，其业务开展也需要以数据作为支撑。例如，保险公司提供寿险产品需要人口的出生与死亡数据，商业银行提供信贷产品需要客户的信用履约能力相关数据，资产管理服务需要比对相关业务链条相关行业企业数据。尤其是伴随着信息技术进步，新来源、新形态数据大大提升了金融的潜力，推动金融的服务范围不断拓展，商业模式不断创新，运营效率不断提升，对其他经济领域的影响更为广泛深刻，导致金融在经济中的核心功能越发凸显。正如社会学家曼纽尔·卡斯特尔（Manuel Castells）指出，随着产业升级和知识经济时代的带来，信息（数据）密集型产业日益成为现代产业的核心。①

不仅如此，金融本身也高度依赖数据作为其度量。例如，2008 年全球金融危机爆发后，金融周期得以被引入作为危机预警指标，我们在判断金融周期时通常从债务、房价等数据中萃取能反映价值感知和风险感知的信息，以捕捉背后隐含的金融压力和经济资源错配程度；② 同理，贷款总额和货币增长、房地产和资产价格变化等数据也可支撑金融脆弱性的研究与判断。再如，后危机时代各国央行以压力测试为衡量并控制系统性风险的主流方法，③ 而其中无论会计法、市场价格法还是宏观金融法，均需要会计报表数据与市场价格数据的支撑。与之相应，宏观审慎监管者就可以从数据中获取信息，预判风险并制定有效治理对策，以消除脆弱性并防范化解风险，这方面最著名的范例莫过于《巴塞尔协议 III》对于国际银行业的形塑。④ 由此可见，数据不仅正在改变金融领域所提供服务的形态，而且在改变金融本身。

鉴于金融业既是数据的源头（收集者与加工者），又以数据作为其提供服务的基础，同时还深度依赖数据作为内生稳定性的外部衡量标准，则针对金融数据，尤其是新源流新形态的金融数据展开讨论就显得尤为必要。本文将结合近年来金融数据的发展趋势讨论金融数据治理的范围，定位数据应用中的法律问题与

---

① Manuel Castells, Materials for an Exploratory Theory of the Network Society, British Journal of Sociology 51, No. 1(2010).

② Borio, C, The Financial Cycle and Macroeconomics: What Have We Learnt?, Journal of Banking & Finance 45, No. 45(2014).

③ 杨凯生、杨燕青、聂庆平等：《中国系统性金融风险与防范》，中信出版社集团 2021 年版，第 44 页。

④ 2010 年 12 月 16 日，巴塞尔委员会正式发布了《全球更稳健的银行及银行体系监管框架》及《流动性风险计量标准及监管的国际框架》，简称《巴塞尔协议Ⅲ》。《巴塞尔协议Ⅲ》倡导提高银行业核心资本充足率要求、扩大风险资本覆盖范围、引入并更新整体杠杆比率等，旨在推动银行及银行体系稳健运行。我国银监会于 2012 年 6 月正式颁布《商业银行资本管理办法》，对《巴塞尔协议Ⅲ》内容予以统筹吸收。

风险，进而提出强化金融数据治理的具体建议，以期切实发挥数据作为数字经济关键要素和生产要素作用,[①] 为金融创新、金融治理与金融稳定赋能的积极作用。

二、逻辑起点：金融数据的演化趋势

伴随着信息技术的发展与应用，利用新源流新形态数据提升经济金融水平潜力已成数字时代金融业发展的普遍共识。较之传统数据，当代的金融数据在量级与时空维度上都呈现出一些显著的变化，通常体量更大，维度更全、形态更为多样，相应也对数据治理提出了较大挑战，但毋庸置疑数据与信息技术的结合也将为金融科技更新迭代与数字金融产业变革提供坚实的支撑。

（一）基于数据量级：从小数据到大数据的演化

传统上，金融机构积累了大量以财务数据为核心的小数据（small data），又称样本数据，这些数据围绕个体为中心，是具有个性化特征的信息资产，需要深度挖掘，在形式上体现出数据种类单一、结构较为统一、生命周期较短等特征。大数据（big data）与之不同，虽然关于大数据到底“大”到什么量级才可称为大尚无定论，但依据麦肯锡公司的定义，大数据指无法在一定时间内用传统数据库软件工具对其进行处理的数据集合。[②] 这一定义不仅说明了大数据体量巨大，还意味着其数据类型繁多、处理和流动速度快，均超过了传统系统处理的极限。从数据形态上，金融机构通过日常业务积累了海量的用户数据，以客户账户、资金收付交易等结构化和半结构化的交易数据为主；随着网络银行、网络保险等业务开展，又积累了网银交易记录、在线金融交易记录等；随着立法和监管规则的明确，依照“双录”“冷静期”“电话回访”等要求，又将积累数据拓展至音频视频等非结构化数据；金融科技的发展引入第三方机构与网络平台等，此后社交网站数据、公司企业记录等非结构化数据和交互数据也纳入金融大数据集合。从细分子行业观察，近年来银行数据、保险数据、证券数据、信用数据、支付清算数据等均实现了爆发式增长。

---

① 2017 年 12 月，习近平总书记在十九届中央政治局第二次集体学习时指出：“要构建以数据为关键要素的数字经济。”党的十九届四中全会通过的《中共中央关于坚持和完善中国特色社会主义制度　推进国家治理体系和治理能力现代化若干重大问题的决定》明确提出“健全劳动、资本、土地、知识、技术、管理、数据等生产要素由市场评价贡献、按贡献决定报酬的机制”，首次将数据增列为生产要素。

② 张华平等：《大数据大家谈》，电子工业出版社 2017 年版，第 9~11 页。

由此，金融领域的数据集合，已经从种类少、结构统一、规模小的样本数据逐步演化成为规模大、种类复杂、标准和格式不统一的大数据。数据的聚合应用提升了数据所蕴含的经济价值与公共价值；推动数据应用场景的丰富落地；同时，海量数据的收集与处理需求推动大数据技术提升，如在信贷服务领域，商业银行等利用区块链和云计算等技术对个体或企业信息进行收集存储，既能实现自动持续监控以提升数据获取的频率，确保数据的时效性，也可通过数据挖掘等技术，确保数据的多样性；一旦数据收集和处理技术能力显著提升，银行就能实现精准描摹用户画像、准确甄别各类信息、预判并规避坏账风险等。

（二）基于空间维度：从业内、区域数据向业外、全域数据的演化

1. 从行业内数据到行业外数据演化

传统金融数据多为金融机构在日常业务中所收集的数据，以客户身份数据和交易数据为主。其中，客户身份数据包括自然人身份数据和企业身份数据，前者体现为自然人客户的姓名、性别、身份证号等基本数据，以及指纹、人脸等生物识别信息；后者则包括企业名称、社会信用代码、住所地、送达地址等。交易数据则包含客户的财务数据如账号、密码、支付记录，客户的信贷历史数据如借贷、担保等。除客户身份数据与交易数据外，随着金融数据外延的扩大，部分金融数据实际由传统金融机构扩散至第三方支付平台等机构处理使用。

仅以个人信用风险预测与评估为例，该项评估对于商业银行降低坏账风险、对于个人家庭降低杠杆率都有一定意义。传统上，个人信用风险评估往往以客户财务指标为核心，主要围绕个人基本信息、财务数据、信贷历史数据等收集分析；虽然前述指标数据之间关联度高、耦合性强，但无法用于判断客户的偿债意愿与动态偿债能力，需要替代数据（alternative data）的补充与辅助。世界银行国际征信委员会（International Committee on Credit Reporting，ICCR）将替代数据定义为“通过非传统征信信息获取方式采集的信息，通常是在科技平台和电子平台采集的数字化形式信息”。市场发达国家的征信机构均广泛采集替代数据，纳入替代数据指标体系的包括客户财产信息、收支信息、履约信息、社交媒体信息、网页浏览历史信息和网络消费信息等，[①] 我国征信机构也有部分利用替代数据提升征信服务水平，由此金融数据呈现从行业内向行业外转移分散的演化特征。

---

① 杨帆：《个人信用保护的范式转换——基于平台信用评分视角》，载《重庆大学学报（社会科学版）》2021 年第 2 期。

对于这一发展趋势，确有实证研究给出肯定的评价：消费行为数据等能够弥补传统征信记录不足的弊端，提升征信历史信息不足人群的风险识别效果。[①] 但与此同时，也存在批评之声，如美国消费者金融保护局（Consumer Financial Protection Bureau，CFPB）认为此时存在个人信息滥用引发的金融歧视问题。[②]

2. 从区域数据向全域数据演化

经济地理学认为，以生产为主体的人类经济活动，包括生产、交换、分配和消费的整个过程，是由物质流、商品流、人口流和信息流把农场、矿场、工厂、乡村和城镇居民点、交通运输站点、商业服务设施以及金融等经济中心连接在一起而组成的一个经济活动系统。随着数据演化与信息技术发展，大体量数据的高效采集、存储、管理和挖掘成为可能，数据来源越来越丰富，形成信息流；而信息流又通过社会生活和商业模式带动资本、物质、人口等的流动；简言之，信息的流动和耦合改变了整个全球经济与金融行为。相应地，信息流动使得世界经济金融高度关联并产出溢出效应，全球金融市场的关联性和互动性由此大大增强；尤其在经济危机时，不但不同区域金融市场的关联性急剧上升，且不同市场几乎保持了同一方向运行，[③] 由此可见，空间和地理经由信息流媒介，深深嵌入金融体系之中。而流动的数据，从局部到全球，从区域到全域，都深刻影响着金融业，并成为形塑当代金融的信息流的一部分。

（三）基于时序维度：从静态、低频数据向动态、高频数据的演化

1. 从静态数据到动态数据的演化

传统金融数据的采集以人工调查为主，不仅具有一定的主观性，而且信息往往滞后而不具有时效性，难以凭借该数据对考察对象形成准确全面的认知；甚至有学者如是评价：传统对于静态数据、过时数据进行清洗拟合学习等，只能在一定程度上回答“静态结构”“行为模式”之类的问题，这种调查统计方法无异于把生活体验与生活本身割裂。[④] 而当代金融科技利用大数据和云计算等技术对信

---

① 王正位：《消费行为在个人信用风险识别中的信息含量研究》，载《经济研究》2020 年第 1 期；黄益平、邱晗：《大科技信贷：一个新的信用风险管理框架》，载《管理世界》2021 年第 2 期。

② Consumer Financial Protection Bureau, using alternative data to evaluate creditworthiness, https: //www. consumerfinance. gov/about-us/blog/using-alternative-data-evaluate-creditworthiness/, last visited on Feb. 1, 2022.

③ 朱民：《全球金融市场：结构性变化和波动》，载《国际金融研究》2017 年第 1 期。

④ 张华平等：《大数据大家谈》，电子工业出版社 2017 年版，第 49~51 页。

息进行采集和处理，有能力通过自动化技术持续监控提高数据获取的频率，做到实时创建、实时存储、实时处理和实时分析，确保及时有效地获得高价值的信息。西班牙研究者曾使用该国的信用卡交易数据来估算家庭消费支出水平，二者结果非常相近；但信用卡交易数据实时可得且获取成本低廉，而严格意义上的家庭消费支出数据须经全国家庭调查才能得到，且当调查作出时就已经丧失时效性。①

2. 从时序低频数据到高频数据的演化

高频或低频与时间序列相关。理论上说，金融市场中的信息会连续不断地对资产价格的动态过程产生影响，采集频率越高，信息丢失则相对越少。20 世纪 90 年代以前，通常对金融市场现象进行观察研究时，只能利用日、周、月、季度或者年度等频率的数据，即低频金融数据。近年来，信息技术的发展推动部分证券交易所、数据服务商等开始提供金融资产的日内交易数据，在金融市场运行过程中以小时、分钟、秒或更高频率采集的数据，即高频金融数据服务。从时序维度观察，数据采集频率逐渐增高时，其包含的资产价格信息渐趋接近理论上连续时间的资产价格模型，由此，高频金融数据包含金融资产价格更丰富的信息，能提供对金融市场更精准细密的分析。此外，高频金融数据还包含众多其他维度的信息，例如交易的时间间隔、交易量、买卖价差等，对于理解市场价格形成、信息传递机制等市场微观结构方面的特征也十分关键。尤其近年来全球金融市场剧烈震荡等极端事件频繁发生，资产价格的波动性和风险也时有加剧，既使金融机构和投资者遭受巨额损失，也给金融体系稳定及宏观经济政策设计带来了巨大挑战，在此背景下对我国金融市场价格运行规律、信息传导机制等市场微观结构进行深入研究，并在此基础上有效识别、测度与管理各种金融风险，对于有效防范与规避风险、控制恶性风险事件的冲击、维护金融系统安全具有重要意义。

综上，数字时代的金融发展加快了金融数据的产出与积累，推动数据在量级与时空维度上产生突破，构成金融数据从量变到质变的历程：从小数据到大数据，从区域数据到全域数据，从时序低频数据到高频数据……这种发展演化或对

---

① Gil, M., Pérez, J. J., Sánchez, A. J., & Urtasun, A., nowcasting private consumption: Traditional indicators, uncertainty measures, credit cards and some internet data, Working Paper No. 1842, Bank of Spain, https: //www. bde. es/f/webbde/SES/Secciones/Publicaciones/PublicacionesSeriadas/DocumentosTrabajo/18/Files/dt1842e. pdf; Bodas, D., García, J., Murillo, J., Pacce, M., Rodrigo, T., Ruiz, P., et al., measuring retail trade using card transactional data, Working Paper No. 18/03, BBVA Research, https: //www. bbvaresearch. com/wp - content/uploads/2018/03/Bodas - et - al. - 2018 _ BBVA. pdf, last visited on Feb. 1, 2022.

传统金融治理模式造成了挑战。

三、实践困境：金融数据演化对金融治理的挑战

（一）监管风险

对新类型新来源金融数据的治理，由于收集与处理数据的主体可能超过原有机构监管的范围，故需要秉承功能监管理念，实现数据责任主体的监管全覆盖，以规避监管套利风险。

首先解决数据责任主体的行业准入风险。部分新型金融数据并非来自传统金融业和金融机构，而是由科技公司、互联网平台公司等收集处理，系属未取得许可但实质开展金融数据业务。其中征信中的数据主体责任较为清晰，依照人民银行颁布的《征信业管理条例》可要求采集、整理、保存、加工和对外提供个人或企业信用信息的单位取得人民银行行政许可或办理备案，从而支持将监管覆盖延申至那些通过向其他传统金融机构提供大数据信贷风险评估服务、实质参与贷款业务的主体与行为。从监管执法角度，这固然是一种“事前主义”路径，“防重于治”；而另一种强化治理责任的“事后主义”的执法路径也可资借鉴，如澳大利亚联邦政府通过2009年颁布《联邦消费信贷保护法》（National Consumer Credit Protection Act 2009，NCCPA）[①]，引入负责任贷款（responsible lending）义务，要求助贷人（经纪人）与贷款者，在提供信贷服务或信贷建议时，有义务发现潜在借款人的目标和要求，并且仅能建议或提供“适当的”信贷，提供或建议不适当的信贷则会引发民事甚至刑事责任。[②] 这一监管路径采取更为实质主义的审查方式，对于贷款人和助贷人的“客户画像”准确度提出了要求。

其次是合规监管风险。互联网平台公司和科技公司的数据流转环节往往涉及多家机构，难以形成完整合规授权链条。一旦部分机构未遵循“最小、必要”原则，通过App违规采集个人隐私信息或敏感信息等，一方面大概率会发生数据的滥用，如数据责任主体所在企业集团内部或者关联单位之间共享信息，甚至个人信息可能被违规多次共享，另一方面会产生法律后果的不确定性。尽管当前对于所有侵犯用户权利的App处罚多为限期整改，对于已经发生过的违规收集行为

---

① The National Consumer Credit Protection Act 2009.

② 在立法技术上，NCCPA采用一种列举的方式，说明什么情况构成不适当（unsuitable）的贷款。

缺乏追责，但数据违规收集与处理是否会导致违规收集数据的流转自始丧失合法性，或者是否会产生某种责任人的回溯义务，要求其采取合理措施避免个人隐私或敏感信息的继续泄露或扩散，以及在违法行为被发现后如何回应消费者的维权或投诉请求等，都有待进一步讨论与澄清。

最后是催收监管风险。新形态新来源金融数据，辅以信息技术的应用，正在推动债务催收行业向着智能化方向发展转型。通过对金融数据的收集与分析、标准化运作、算法评分等，催收人可以远程控制、同步处理大量账户、提高债务回收率等。早在 20 世纪 60 年代，美国的债务催收机构就已经开始以自动化流程协助其与债务人的沟通，如自动准备催收通知、管理后续行动以及将通知转发至其他催收机构以寻求帮助等。[①] 然而实践中，新技术或被滥用，如催收人凭借强势地位或借助技术优势，强迫、误导、诱使债务人分享与债务清偿无关的个人敏感信息（如裸照）时，债务人面临信息或隐私的泄露与滥用风险大大增加，数据权益与人格权等均受到极大侵害。

（二）消费者失权风险

数据虽然依据我国民法典系属应受保护的财产，但民法典并没有确认数据权的属性、主体及权利位阶，这就导致在执法与司法实践中往往选择消费者保护法作为赋予当事人数据财产权益保护的基础与依据。这一路径在域外法中也不鲜见，如美国 1999 年《金融服务现代化法》明确要求：金融机构在对消费者发放贷款、提供保险服务、作出投资建议时需要对其解释金融机构的信息共享做法，并保护敏感数据。事实上也正是该法确立了金融数据保护的五项基本原则：通知、选择、安全、市场公开、强制执行。[②]

当代数据保护法以学者丹尼尔·索洛洛夫的隐私自我管理（privacy self-management）理念为逻辑底色，即消费者应对个人数据行使控制，并在知情后作出是否同意数据被使用的决定。[③] 实践中，通知与选择（notice and choice）就成了欧美等地广为接受的数据保护或隐私保护基本范式。“通知”一般是从信息实践的透明度角度描述，而“选择”通常是从同意的角度来界定的，二者都与企业的信息披露密切相关。尽管立法者明知大多数消费者既不会阅读也难以理解冗长

---

① Cǎtǎlin-Gabriel Stǎnescu, Asress Adimi Gikay: Discrimination, Vulnerable Consumers and Financial Inclusion, Oxford University Press, 2020, p. 185-205.

② Financial Services Modernization Act of 1999.

③ Daniel J. Solove, Introduction: Privacy Self-Management and the Consent Dilemma, 126 Harvard Law Review: 1880-1903.

和复杂的隐私声明，但仍普遍选择以信息披露作为数据保护的起点，这是因为：一方面，信息披露义务既有助于克服信息不对称，同时这种类似于征收“信息税”的做法又具有轻微监管和市场干预最小的特征；另一方面，强制披露可以保护消费者自决权并增强消费者权能，从而（至少在理论层面）最终将决策权交给消费者而非其他。而由于信息披露多蕴含在消费者保护法或政策中，因此当数据收集处理人未经充分披露或者未经消费者同意而获得、使用、处理数据时，其行为就构成对消费者权益的侵犯。①

数据滥用侵害消费者信息安全权。数据滥用，指未经当事人允许或未按照当事人同意或指定的方式使用处理其信息的情况。尽管通常情况下，数据使用条款、禁止滥用条款等在法律法规、行业标准或用户协议等文件中都详细列明，但由于数据使用人，尤其是金融机构或互联网平台公司，与消费者之间处于交易结构、交易地位严重不对等、不平等的格局之下，往往使这些条款沦为具文。由此引发数据使用人出于自利动机过度收集并滥用消费者信息，侵害其信息安全权的泛化现象。

数据垄断侵害消费者公平交易权，损害社会福祉。数据垄断使本可共享的数据具有人为的排他性，大大减损了数据的经济价值与社会价值；不仅如此，数据垄断背景下，数据使用人可通过对数据的排他使用，掌控消费者的交易需求和支付意愿等决策关键信息，进而采取利润最大、消费者剩余最小的差异化定价体系，导致“大数据杀熟”和消费者价格歧视等现象；更为严重的是，部分企业通过不正当竞争行为，如搜索竞价排名、阻断信息流动等方式阻碍更有竞争力的服务提供者进入市场，造成严重的社会福利损失，侵害消费者公平交易权。

算法诱导刺激消费者超前消费、不当消费，助推过度借贷，引发消费者困境。金融机构或互联网平台公司存在滥用智能算法，向消费者推送虚假广告，隐藏金融产品的实际价格或风险，误导金融消费者盲目过度消费的现象。如四川省成都市中级人民法院在案件审理中发现，互联网中介平台集中通过网络宣传与大数据应用，定位社会经验不足的刚成年消费者，以美容保理业务为名推荐劝诱医美服务，并为消费者推荐隐藏了高额息费条款的分期支付方案，“制造”消费者违约，导致很多年轻人在成年的起跑线上就背负了“失信”标签；更有甚者，互联网平台公司与诈骗犯罪嫌疑人合谋，以招聘为幌子要求应聘者购买美容服务，实施套路贷犯罪，致消费者于人身财产权益被剥夺的困境。这批案件充分暴

---

① 王锐：《对外投资中的数据法律责任及风险防范——基于我国主要投资目的地的法律分析》，载《政法论丛》2019 年第 4 期。

露了算法的双刃剑作用，算法并非法外之地，必要时需要监管与司法介入，以强化对消费者的保护。

（三）安全风险

没有网络安全就没有国家安全。数据是互联网的DNA和血液，数据安全既是网络安全的有机组成部分，同时也是国家安全的重要支撑。传统的信息安全理论关注信息的保密性、完整性与可用性。而伴随数字时代数据在量级与时空维度的演化，数据安全问题呈现出特殊性，引发数据安全的因素也更加复杂多样。如前述讨论的时序高频数据，其据以产生的高频交易行为可能因技术问题而引发市场动荡风险；[①] 同时，其交易数据本身（含所有交易记录、撤单记录等）也构成涉市场安全的重要数据，按照美国与欧盟监管机关的要求均需要存储以备审查。[②]

个体数据安全与隐私保护相互交织，主要仍体现为信息使用合规性问题。群体数据安全较隐私保护问题更为复杂，由于安全是较为抽象的概念，各国多授予执法或监管机构一定裁量权，用于判断某种具体情形是否够成安全风险。以美国FTC对TaxSlayer（美国一家大型税务软件公司）的执法调查为例，FTC的安全风险认定逻辑如下：TaxSlayer既未能实施足够的基于风险的身份验证措施，又未对消费者应选择加强密码作出提示要求，多种因素叠加导致恶意黑客能够完全访问TaxSlayer税务账户，利用获取信息进行身份盗窃，并通过提交虚假纳税申报单获得退税，仅在两个月内就对9000多税务账户进行了盗窃，[③] 由此FTC认定其违反了《金融服务现代化法》的数据安全条款。

金融数据引发国家安全风险的可能性高度存在，其具体形态既可能包括因有组织犯罪导致的金融数据大规模泄露风险；因商业交易导致的个人金融数据跨境流动风险；也不排除部分以监管合作为名开展的跨国金融数据请求，其中或隐藏

---

① 参见2013年光大“乌龙指”事件，由于光大证券自营业务输入错误、程序紊乱造成的市场大幅波动，引发严厉行政处罚。

② 参见美国金融监管局对另类交易系统（ATS）的规定：Alternative Trading Systems-Trading Information for Securities Executed within the Alternative Trading System, http://finra. complinet. com/en/display/display/_main. html?rbid = 2403&element_id = 11385; MEPs Vote Laws to Regulate Financial Markets and Curb High-Frequency Trading. European Parliament/. Liaison Office with U. S. Congress, https://www. europarl. europa. eu/news/en/press-room/20140411IPR43438/meps-vote-laws-to-regulate-financial-markets-and-curb-high-frequency-trading, last visied on Feb. 1, 2022.

③ FTC Gives Final Approval to Settlement with Online Tax Preparation Service, https://www. ftc. gov/news-events/press-releases/2017/08/operator-online-tax-preparation-service-agrees-settle-ftc-charges, last visied on Feb. 1, 2022.

数据安全风险；此外，还应高度关注投资政策、贸易政策与数据安全的互嵌问题。近年来，在多个国家项目间的科技型企业跨国并购中，均出现了因目的地国家对于他国科技进步存在担忧、采取科技反制政策而引发投资风险的情况，尽管往往托词于“人权、隐私、个人或公众自由”等意识形态表达。仅以美国为例，近几年美国加大投资审查力度，通过新《外国投资风险审查现代化法》，扩大投资审查范围，提升投资审查标准，对美与非美公司之间的技术合作实施全新管制体系，将涉敏感数据和网络安全交易均纳入安全审查范围。由此就把技术管制、数据安全考量伪装成为投资管理问题。这一做法值得反向借鉴，鉴于我国一直坚持加大金融开放力度，引进外资时也应警惕投资管理问题包装下的金融数据与敏感数据安全问题。

四、应然展望：加强金融数据治理的若干建议

（一）秉承系统思维、坚持数据共享与保护并重

党的二十大报告指出：“必须坚持系统观念。万事万物是相互联系、相互依存的。只有用普遍联系的、全面系统的、发展变化的观点观察事物，才能把握事物发展规律。”① 金融数据治理工作同样要处理好一般与特殊、全局与局部、当前与长远之间的关系，应坚持数据共享与数据保护并重，数据确权与数据利用并重。数据与传统生产要素不同，数据要素具有非竞争性，可以无限复制、重复使用，在价值创造上具有规模报酬递增、规模效应、质量依赖、高度异质等特点。确保海量数据的共享与利用，对于提升人工智能开发潜能至关重要。

这方面欧盟的负面经验教训应得到高度关注。为了确立对己有利的数据治理政策并打压竞争对手，美欧等国家地区都加速数据领域立法，以欧盟于 2018 年正式生效的《通用数据保护条例》（以下简称 GDPR）最为典型。② 然而该条例的实施效果并不尽如人意，尽管占据了数据高标准保护的道义高地，但实证研究显示该条例对欧盟内新型企业获得融资，从融资笔数、每笔融资规模和总融资金

① 《高举中国特色社会主义伟大旗帜 为全面建设社会主义现代化国家而团结奋斗——在中国共产党第二十次全国代表大会上的报告》，参见中国政府网，http：//www.gov.cn/gongbao/content/2022/content_5722378.htm，2022 年 12 月 2 日访问。

② 王锐：《对外投资中的数据法律责任及风险防范——基于我国主要投资目的地的法律分析》，载《政法论丛》2019 年第 4 期。

额等方面，短期内均产生了显著负面影响。[①] 在此背景下，2022 年 4 月，历经多轮磋商与政治协调，欧洲议会最终以压倒性多数"一读"通过《数据治理法》[②]，旨在创造可信赖的数据共享（data sharing）环境，使公司和初创企业可以获得更多数据开发新产品和服务，从而促进欧盟范围内数据共享和利用。[③] 虽然已经意识到此前立法过分赋权的问题，但《数据治理法》仍是一部合规要求极为繁重的立法，能否事实上发挥一定的纠偏作用，仍有待观察。

综合而言，数据保护与数据分享二者不可偏废。数据的高标准保护必然以数据技术的促进为前提，而数据技术发展的不二法门在于数据分享与利用。通过扩大共享，进而实现基于共享分享和再利用的技术迭代，最终通过技术进步解决数据产业发展中暴露出来的种种问题，才能真正发挥数据的社会价值与经济价值。数据保护确实是数据治理中不可或缺的重要面向，但数据保护不足问题的消弭需要通过制度保障与技术提升共同促成。

（二）打破"数据孤岛"、以数据协同推动治理协同

金融数据的量级与收集使用中跨部门、跨行业、跨区域的特征决定了对其治理亟须改变传统分业监管模式，全面推进各类业务数据高效采集与汇聚，同时加强与政府数据、公共数据、社会数据乃至商业数据等的关联分析、融合利用，打破"数据孤岛"，切实提升数据治理的精准性和有效性。近年来，金融监管大数据及大数据技术得到相当程度的发展，人民银行利用大数据技术，扩展传统金融统计范围，建设国家金融基础数据库等，利用数据助力宏观调控。中国银保监会设立监管大数据平台，对市场数据进行自动化集成和交叉验证，加强穿透性风险监测与分析。中国证监会利用各个异动指标数据，将交易异常数据和股价异动联系起来，构建证券市场监控的综合数据模型，全面提升对内幕交易、市场操纵、证券欺诈等文本信息的挖掘和监管等。

---

① Jian Jia, Ginger Zhe Jin & Liad Wagman, The Short-Run Effects of GDPR on Technology Venture Investment, NBER Working Paper, https://www.nber.org/papers/w25248, last visied on Feb. 2, 2022.。

② The Regulation (EU) 2022/868 of the European Parliament and of the Council of 30 May 2022 on European Data Governance，简称 Data Governance Act.

③ 在至关重要的公共部门持有受保护数据的再利用方面，条例采用的是"允许+列举再利用条件"的立法路径，要求公共部门通过个人数据匿名化等措施，确保数据受保护性质不变；同时，对数据的再利用必须在"安全处理环境"中进行，技术性能必须由公共部门机构验证，并且要求各公共机构在设定条件时必须满足"非歧视、透明、相称性和客观正当"要求。

与之同步，自 2012 年以来，中国的司法大数据建设也实现了跨越式发展，[①]涉金融司法数据汇聚已达相当规模。如果说金融监管大数据的优势在于可以准确掌握金融行业相关业务的实际情况，并从中发现和避免潜在风险，那么涉金融案件的司法大数据优势则在于可以相对准确地评估风险及其规模，预警风险重点领域和重点对象，提高风险处置的前瞻性、全局性。涉金融司法数据可以成为金融监管数据的有益补充。[②] 实践中，已有金融机构利用司法数据进行市场主体信用评估，及时发现交易对象涉诉风险；金融监管机关利用司法数据或司法建议书进行金融风险预警、评估，发现并处置金融风险；刑事侦查部门利用司法数据发现金融违法犯罪、尤其是涉众金融范围线索，如一些地方法院此前积极探索通过民间借贷纠纷案件相关数据查找套路贷犯罪的线索，并提供给公安机关，形成了较为良好的协同效应。

由此，为更好提升公共数据开放水平、释放数据红利，建议在确保数据安全的前提下，探索人民法院与涉金融职能部门之间的数据对接与制度衔接，建立起大数据协同利用模式。甚至可以考虑以金融监管数据与涉金融司法数据衔接为起点，深入落实习近平总书记关于“要健全风险监测预警和早期干预机制，加强金融基础设施的统筹监管和互联互通，推进金融业综合统计和监管信息共享”[③] 的重要指示精神，在未来继续探索构建多元主体参与、横纵向联结的公共数据共享平台，以充分且全面地利用广义的金融数据（含涉金融司法数据）。事实上，《金融稳定法》（草案征求意见稿）中也明确提出，中国人民银行推动建设国家金融基础数据库，并依法向国家金融稳定发展统筹协调机制成员单位共享数据资料。[④]

（三）发挥司法职能、积极推动消费者权益保障

对于数据领域显现暴露出的新型矛盾纠纷，各国司法均可发挥重要而关键的平衡作用。全球范围内的数据立法普遍时间不长，立法规定如何转化成为现实中

---

① 孙晓勇：《司法大数据在中国法院的应用与前景展望》，载《中国法学》2021 年第 4 期。

② 例如，北京金融法院将冒烟指数引入该院大数据中心，在对审判人员进行风险提示的同时，将金融司法大数据纳入冒烟指数后台的人工智能分析，进一步精准评价企业综合风险的量化等级。参见《提高审判专业化水平 服务国家金融战略实施》，载《法治日报》2022 年 4 月 18 日。

③ 习近平：《深化金融改革 促进经济和金融良性循环健康发展》，载《人民日报》2017 年 7 月 16 日。

④ 参见《金融稳定法》（草案征求意见稿）第 18 条第 1 款。

的法律责任，需要法院的认定与裁量。在重要且敏感的争议纠纷中，司法裁判往往一锤定音；人民法院通过案例的积累也可渐次形成较为统一的裁判规则与裁判尺度，引导当事人预期，形成社会共识，进而为立法的制定或修改提供可选择的蓝本。

从域外视角观察，欧盟法院与成员国法院对待数据权利问题的态度一如欧盟议会，同样十分积极。欧盟法院通过“谷歌西班牙公司案”裁判曾发挥了积极解释立法规定（被遗忘权）的作用。[①]

我国民法典虽规定了个人信息保护条款，但并没有明确信息的基本权属；个人信息保护法也没有对信息作出基本的权属定性；数据安全法虽然规定了侵害数据安全者可承担民事责任，但该法本身更侧重于管理而非保护。由此，实践中与自然人数据权益相关的案件主要类型包括三种：其一是因自然人被纳入征信黑名单而提起诉讼的名誉权侵权案件，当事人的诉求包括依据民法典规定请求采取更正、删除等必要措施；要求恢复名誉、赔礼道歉等；同时部分当事人也选择依据个人信息保护法提出损害赔偿请求。实践中，如银行等金融机构存在过错，法院通常会支持自然人提出的“停止侵害”“消除错误的信用信息”等请求；对于是否进一步支持其损害赔偿请求则存在不同裁判思路。其二为隐私权诉讼，[②] 对这类案件除考虑消费者隐私范围与受害后果外，审理法院多会考虑数据共享与隐私保护之间的冲突及利益平衡问题。其三为主张信息泄露而提起侵权诉讼的案件，主流裁判观点与域外观点相近，如消费者不能举证证明损害的存在，则其赔偿主张通常不会获得支持。[③] 例如，在“庞某某与北京趣拿信息技术有限公司等隐私权纠纷上诉案”、[④]“霍某慧与中国移动通信集团陕西有限公司榆林分公司侵权责任纠纷上诉案”[⑤] 中，人民法院虽然认定原告信息权利确因被告泄露而受到侵害，但仅支持了要求被告赔礼道歉的诉求，对于原告提出的精神损害赔偿诉求不予支持。最后，近些年有关企业之间数据纠纷的司法实践中，法院多通过竞争法

---

① Google Spain SL and Google Inc. v. Agencia Espaola de Protección de Datos (AEPD) and Mario Costeja Gonzúlez, C-131/12, 13 May 2014.

② 参见江苏省南京市中级人民法院（2014）宁民终字第5028号民事判决书等。

③ 如在“周某某与上诉人中国保险监督管理委员会、北京中联科技股份有限公司网络侵权责任纠纷案”中，二审法院确认了原告的个人信息遭到了泄露，但是否认了原告的损害赔偿请求权。裁判指出：“首先，对于精神损害来说，其前提是有损害事实，并且必须是确定的，即损害后果在客观上以认定的，而周某某以难以确定的、臆测将来可能发生的事件，作为精损害事实根据，没有法律依据。”

④ 参见北京市第一中级人民法院（2017）京01民终509号民事判决书。

⑤ 参见陕西省榆林市中级人民法院（2017）陕08民终622号民事判决书。

路径来承认和保护企业数据权益，[①] 其裁判逻辑包括维护公序良俗原则、尊重市场规律等。

综上，在我国现行民事法律制度体系下，立法机关与司法机关均认可信息权利的存在，司法救济路径较为畅通：自然人数据权益可通过名誉权保护、隐私权保护、侵权损害赔偿等救济路径实现；企业数据权益保护多通过竞争法救济路径实现；但权利保护的一致性裁判规则仍在形成之中，未来应结合信息权利与数据权益的具体特征，积极维护消费者权益，探索适度加强财产权益救济方面的力度。

五、结语

哈耶克指出："经济社会的首要问题，是利用好分散在个人手中的信息的问题。"可以说，人类社会经济史就是一部信息交换与分享的历史。金融是现代经济的核心，数据则是数字金融产业发展的基础元素。数字时代的金融发展加快了金融数据的产出与积累，推动数据在量级与时空维度上产生突破，构成金融数据从量变到质变的历程：从小数据到大数据，从区域数据到全域数据，从时序低频数据到高频数据。这种变化也给金融治理带来诸多现实问题，监管风险、消费者失权风险、安全风险开始显现。为了加强金融数据治理，切实发挥数据作为数字经济关键要素和生产要素作用，为金融创新、金融治理与金融稳定赋能，有必要秉承系统思维，坚持数据共享与数据保护并重；打破"数据孤岛"，以数据协同推动治理协同；发挥司法职能，积极推动消费者权益保障。

① 参见浙江省杭州市中级人民法院（2020）浙 01 民终 5889 号民事判决书。

政策文件

最高人民法院
关于为深化新三板改革、设立北京证券交易所提供司法保障的若干意见

2022 年 6 月 23 日 法发〔2022〕17 号

深化新三板改革、设立北京证券交易所，是中央全面深化资本市场改革、完善资本市场基础制度、提升资本市场功能、支持中小企业创新发展的重要安排，也是落实创新驱动发展战略、推进北京国际科技创新中心和国家金融管理中心建设的重大举措。为充分发挥人民法院审判职能作用，保障深化新三板改革、设立北京证券交易所顺利推进，保护中小企业和投资者合法权益，现就人民法院正确审理新三板挂牌公司、北京证券交易所上市公司相关案件等问题，提出如下意见。

一、提高认识，全面把握深化新三板改革、设立北京证券交易所的重要意义和总体安排

1. 充分认识深化新三板改革、设立北京证券交易所的重要意义。党的十八大以来，党中央高度重视资本市场改革和中小企业发展工作。中央经济工作会议、“十四五”规划纲要和中央政治局会议都对发展“专精特新”中小企业和深化新三板改革作出了重要部署。立足于打造服务创新型中小企业主阵地，此次深化新三板改革，将新三板精选层变更设立为北京证券交易所，打通“创投基金和股权投资基金—区域性股权市场—新三板—证券交易所”中小企业持续成长的全链条市场服务体系，创造中小企业积极向上的良性市场生态，充分体现了以习近平同志为核心的党中央对资本市场服务广大中小企业发展的殷切希望。各级人民法院要坚持以习近平新时代中国特色社会主义思想为指导，认真贯彻落实习近平总书记关于资本市场和中小企业发展的一系列重要指示批示精神，依法妥善审理涉全国中小企业股份转让系统、北京证券交易所及其挂牌公司、上市公司的各类

案件，为中小企业健康发展和多层次资本市场体系建设营造良好的司法环境。

2. 准确把握深化新三板改革、设立北京证券交易所的总体安排。本次改革，新三板基础层、创新层和北京证券交易所聚焦服务创新型中小企业，形成“层层递进”的市场结构：北京证券交易所在新三板精选层基础上变更设立，新三板仍保留基础层和创新层挂牌公司，基础层挂牌公司符合创新层进层条件的，进入创新层；北京证券交易所上市公司从新三板创新层挂牌公司产生，同步试点股票发行注册制；与沪深市场相比，北京证券交易所拥有相同的法律地位和市场功能，其上市公司符合转板条件的，可转到创业板和科创板上市。北京证券交易所与沪深交易所、区域性股权市场坚持错位发展与互联互通，重在实现“三个目标”：一是构建一套契合创新型中小企业特点的基础制度安排，二是畅通北京证券交易所在多层次资本市场的纽带作用，三是培育一批“专精特新”中小企业，形成良性市场生态。各级人民法院要立足证券刑事、民事和行政审判实际，深刻认识多层次资本市场“层层递进”市场结构的多层次司法需求，通过司法审判推动形成市场参与各方依法依约行为、资金信息有序流动、主体归位尽责及合法权益得到有效保护的良好市场生态，为投资者放心投资、中小企业大胆创新创业提供有力司法保障。

二、靠前发力，依法保障深化新三板改革、设立北京证券交易所重大部署顺利推进

3. 依法保障证券监管部门行政监管和北京证券交易所自律管理。设立北京证券交易所并试点注册制，除在前端进行发行上市制度改革外，证券监管部门和北京证券交易所根据创新型中小企业的特点，对上市公司再融资、并购重组、交易、退市等配套制度进行了完善。各级人民法院要立足司法审判，通过统一法律适用保障各项改革举措有效实施，支持多层次资本市场发展普惠金融。对于证券监管部门、证券交易所经法定程序制定的、与法律法规不相抵触的股票发行、上市、持续监管等规章、规范性文件和业务规则的相关规定，人民法院可以在审理案件时依法参照适用。对于北京证券交易所所涉纠纷，要积极引导当事人先行通过证券交易所听证、复核等程序表达诉求，寻求救济。严格执行证券法有关保障证券交易所履行自律管理职能的有关规定，依法落实证券交易所正当自律管理行为民事责任豁免原则。

4. 充分尊重新三板作为国务院批准的全国性证券交易场所的改革实践和业务规则。新三板为证券法规定的国务院批准的全国性证券交易场所。由于证券法对全国性证券交易场所的规定相对比较原则，新三板在深化改革中探索出一套以

证券监管部门规章、规范性文件以及证券交易场所业务规则为主，适应“层层递进”市场结构安排的挂牌转让、持续监管等制度体系。人民法院在事实认定和法律适用过程中，应充分尊重相关改革实践，参照适用依法制定的相关规章、规范性文件、业务规则，切实维护新三板市场秩序，保护投资者合法权益。

5. 对北京证券交易所及其上市公司所涉案件集中管辖。根据《最高人民法院关于北京金融法院案件管辖的规定》（法释〔2021〕7号）相关规定，对于以北京证券交易所为被告或者第三人的与证券交易场所管理职能相关的第一审证券民商事和行政案件，由北京金融法院管辖。为统一裁判标准，稳定市场司法预期，服务北京国家金融管理中心建设，参照《最高人民法院关于北京金融法院案件管辖的规定》第三条的规定，对北京证券交易所上市公司所涉证券发行纠纷、证券承销合同纠纷、证券上市保荐合同纠纷、证券上市合同纠纷、证券交易合同纠纷和证券欺诈责任纠纷等第一审金融民商事案件，由北京金融法院试点集中管辖。

6. 全面参照执行科创板、创业板司法保障意见的各项司法举措。本次设立北京证券交易所并试点注册制改革充分借鉴和吸收了科创板、创业板试点注册制改革经验，并针对中小企业特点作了部分差异化安排。各级人民法院在审理涉北京证券交易所相关案件时，要增强为设立北京证券交易所并试点注册制提供司法保障的自觉性和主动性，本意见未规定的，参照适用《最高人民法院关于为设立科创板并试点注册制改革提供司法保障的若干意见》（法发〔2019〕17号）、《最高人民法院关于为创业板改革并试点注册制提供司法保障的若干意见》（法发〔2020〕28号）。

三、主动作为，以优质司法服务支持中小企业借助资本市场做大做强

7. 依法支持证券中介机构服务中小企业挂牌上市融资。相较于沪深上市公司，新三板基础层、创新层和北京证券交易所的创新型中小企业处于发展早期，规模体量相对较小。各级人民法院在审理涉中小企业及其证券中介机构虚假陈述案件时，要立足被诉中小企业尚属创业成长阶段这一实际，准确完整理解《最高人民法院关于审理证券市场虚假陈述侵权民事赔偿案件的若干规定》（法释〔2022〕2号，以下简称《虚假陈述司法解释》）所秉持的证券中介机构责任承担与注意义务、注意能力和过错程度相适应原则，力戒“一刀切”。要准确适用《虚假陈述司法解释》第十七条至第十九条的规定，对服务中小企业的证券中介机构的过错认定，坚持排除职业怀疑后的合理信赖标准，提高裁判标准的包容性

和精准性。要正确厘清新三板挂牌公司主办券商与上市公司保荐机构职责之间的差异，按照《虚假陈述司法解释》第二十三条的规定，审慎判定主办券商的责任范围，防止过分苛责证券中介机构产生“寒蝉效应”。

8. 按照“层层递进”的市场结构对虚假陈述民事责任予以区别对待。人民法院在认定虚假陈述内容是否符合《虚假陈述司法解释》第十条规定的重大性标准时，应当尊重创新型中小企业的创业期成长特点，对其信息披露质量的司法审查标准不宜等同于发展成熟期的沪深上市公司，做到宽严适度：对于财务报表中的不实记载系由会计差错造成的，在信息披露文件中的技术创新、研发预期等无法量化内容的宣传进行合理商业宣传的，以及信息披露文件中未予指明的相关事实对于判断发行人的财务、业务和经营状况等无足轻重的，人民法院可视情形根据《虚假陈述司法解释》第六条第一款、第十条第三款等规定，认定该虚假陈述内容不具有重大性，为创新型中小企业创业创新营造良好环境。因北京证券交易所上市公司的财务造假等违法违规行为，部分可能追溯至其在新三板挂牌期间，对于该类案件，人民法院要结合其跨新三板基础层、创新层和北京证券交易所期间的信息披露等行为，准确把握不同阶段的信息披露要求，综合认定其违法违规行为及其实施日等要素，不得随意延展其虚假陈述实施日的时间范围，防止上市中小企业民事赔偿责任不当扩大。要尊重新三板市场流动性及价格连续性与交易所市场存在较大差距的客观实际，人民法院在新三板挂牌公司虚假陈述案件损失计算上，不宜直接适用《虚假陈述司法解释》第二十七条和第二十八条的规定，而应主要根据第二十六条第五款的规定充分听取专业意见，以对相关行业企业进行投资时的通常估值方法等为参考，综合考量各项因素，合理确定投资者损失。

9. 秉持资本市场“三公”原则依法降低中小企业融资交易成本。畅通资本市场直接融资途径，是解决中小企业“融资难、融资贵”的有效举措。对于创新型中小企业的上市和再融资，不仅要打通多层次资本市场“扶上马”，还要秉持公开、公平、公正原则“送一程”。在上市过程中，对于为获得融资而与投资方签订的“业绩对赌协议”，如未明确约定公司非控股股东与控股股东或者实际控制人就业绩补偿承担连带责任的，对投资方要求非控股股东向其承担连带责任的诉讼请求，人民法院不予支持。在上市公司定向增发等再融资过程中，对于投资方利用优势地位与上市公司及其控股股东、实际控制人或者主要股东订立的“定增保底”性质条款，因其赋予了投资方优越于其他同种类股东的保证收益特殊权利，变相推高了中小企业融资成本，违反了证券法公平原则和相关监管规定，人民法院应依法认定该条款无效。为降低中小企业上市成本，对于证券中介机构以其与发行人及其控股股东、实际控制人等在上市保荐、承销协议、持续督导等相关协议中存在约定为由，请求补偿其因发行人虚假陈述所承担的赔偿责任的，人民法院不予支持。

10. 优化审判执行程序降低创新型中小企业诉讼成本。各级人民法院要认真贯彻落实《最高人民法院关于充分发挥司法职能作用助力中小微企业发展的指导意见》（法发〔2022〕2号）精神，处理可能对创新型中小企业持续稳定经营造成较大影响的诉讼案件时，要充分听取中小企业的诉求，依法充分优化立案、保全、审理、执行等诉讼程序，切实降低企业诉讼时间成本和经济成本。对创新型中小企业要依法审慎采取财产保全措施，经初步审查认为当事人的诉讼请求明显不能成立的，依法驳回保全申请。当事人超出诉讼请求范围申请保全的，对超出部分的申请，不予支持。在金钱债权案件中，被采取保全措施的中小企业提供担保请求解除保全措施，经审查认为担保充分有效的，应当裁定准许，不得以申请保全人同意为必要条件。各级人民法院应当依托12368诉讼服务热线、执行信访等问题反映渠道，建立解决超标的查封、乱查封问题快速反应机制，对当事人反映的问题及时受理，快速处理；执行人员对超标的查封、乱查封问题存在过错的，依法严肃追责。

四、恪守底线，依法有效保护投资者合法权益

11. 严厉打击涉新三板基础层、创新层和北京证券交易所市场违法犯罪行为。充分发挥刑事责任追究的一般预防和特殊预防功能，严防“带病闯关”，依法从严惩处通过财务造假等方式实现在新三板挂牌、北京证券交易所上市或者挂牌、上市后发行证券引发的欺诈、腐败等犯罪行为。对于发行人与证券中介机构合谋串通在证券发行文件中隐瞒重要事实或者编造重大虚假内容，以及发行审核、注册工作人员以权谋私、收受贿赂或者接受利益输送的，依法从严追究刑事责任；依法严惩违规披露、不披露重要信息、内幕交易、利用未公开信息交易、操纵证券市场、背信损害上市公司利益等犯罪，依法加大财产刑处罚力度，严格控制缓刑适用。对于假借新三板名义非法集资行为，以“新三板挂牌公司原始股”名义吸引投资者、未经合规发行程序违规募集资金，构成犯罪的，依法从严惩处。

12. 切实防止上市公司、挂牌公司通过破产程序损害投资者合法权益。《最高人民法院关于审理上市公司破产重整案件工作座谈会纪要》施行以来，人民法院依法审理部分上市公司破产重整案件，最大限度减少因上市公司破产程序给社

会造成的不良影响，实现法律效果和社会效果的统一。北京证券交易所上市公司与沪深上市公司法律地位相同，对其破产重整案件，人民法院应当适用前述纪要办理。新三板挂牌公司虽因不具有法定上市公司地位，其破产重整案件不适用前述纪要程序，但其作为非上市公众公司，破产重整也涉及投资者、债权人等多方利益保护。为防止挂牌公司滥用破产重整程序逃废债务、损害投资者合法权益，人民法院在审理破产重整案件时，对于挂牌公司在破产重整过程中涉及资产交易并达到重大资产重组标准的，应加强与证券监管部门和证券交易场所的沟通协作，督促公司及相关主体依法履行相应程序，在司法程序中关注注入资产的合规情况等，依法惩处规避证券监管、损害公司和投资者合法权益的违法违规行为。

13. 依法规范证券投资咨询机构对新三板基础层、创新层和北京证券交易所市场的投资建议服务。新三板挂牌公司和北京证券交易所上市公司以中小企业为主，企业投资风险相对较高。各级人民法院在依法适用投资者适当性管理义务规定督促证券公司把好投资者“入口关”的同时，也要准确适用证券法第一百六十一条的规定督促证券投资咨询机构尽责归位。对于涉新三板挂牌公司和北京证券交易所上市公司的投资者诉证券投资咨询机构民事赔偿案件的审理，应重点审查该机构及其从业人员是否具有投资服务资质、提供投资建议时是否按照客观谨慎、忠实客户的原则，对于证券投资咨询机构未向投资者提示潜在投资风险、向客户承诺保证收益、进行利益输送等违反监管规定和行业自律规定的欺诈投资者行为，应依法判令其承担相应赔偿责任，切实保护投资者合法权益。

14. 进一步健全证券诉讼和纠纷多元化解机制。各级人民法院要认真遵照执行《最高人民法院关于证券纠纷代表人诉讼若干问题的规定》（法释〔2020〕5号），充分发挥证券集体诉讼震慑证券违法和保护投资者的制度功能。要运用人民法院一站式多元纠纷解决机制建设成果，发挥人民法院调解平台在化解证券纠纷中的重要作用，完善有机衔接、协调联动、高效便捷的证券纠纷多元化解机制。要立足新三板基础层、创新层和北京证券交易所市场的特点，进一步发挥专业力量在解决案件关键性争议焦点中的支持作用，加快制定专家证人的资格认定和管理办法，进一步发挥专家证人在案件审理中的作用，确保正确认定事实和适用法律。

金融机构反洗钱和反恐怖融资监督管理办法

（2021 年 4 月 12 日中国人民银行 2021 年第 3 次行务会议审议通过
2021 年 4 月 15 日中国人民银行令〔2021〕第 3 号发布
自 2021 年 8 月 1 日起施行）

第一章　总　　则

第一条　为了督促金融机构有效履行反洗钱和反恐怖融资义务，规范反洗钱和反恐怖融资监督管理行为，根据《中华人民共和国反洗钱法》《中华人民共和国中国人民银行法》《中华人民共和国反恐怖主义法》等法律法规，制定本办法。

第二条　本办法适用于在中华人民共和国境内依法设立的下列金融机构：

（一）开发性金融机构、政策性银行、商业银行、农村合作银行、农村信用合作社、村镇银行；

（二）证券公司、期货公司、证券投资基金管理公司；

（三）保险公司、保险资产管理公司；

（四）信托公司、金融资产管理公司、企业集团财务公司、金融租赁公司、汽车金融公司、消费金融公司、货币经纪公司、贷款公司、银行理财子公司；

（五）中国人民银行确定并公布应当履行反洗钱和反恐怖融资义务的其他金融机构。

非银行支付机构、银行卡清算机构、资金清算中心、网络小额贷款公司以及从事汇兑业务、基金销售业务、保险专业代理和保险经纪业务的机构，适用本办法关于金融机构的监督管理规定。

第三条　中国人民银行及其分支机构依法对金融机构反洗钱和反恐怖融资工作进行监督管理。

第四条　金融机构应当按照规定建立健全反洗钱和反恐怖融资内部控制制

度，评估洗钱和恐怖融资风险，建立与风险状况和经营规模相适应的风险管理机制，搭建反洗钱信息系统，设立或者指定部门并配备相应人员，有效履行反洗钱和反恐怖融资义务。

第五条 对依法履行反洗钱和反恐怖融资职责或者义务获得的客户身份资料和交易信息，应当予以保密，非依法律规定不得对外提供。

第二章 金融机构反洗钱和反恐怖融资内部控制和风险管理

第六条 金融机构应当按照规定，结合本机构经营规模以及洗钱和恐怖融资风险状况，建立健全反洗钱和反恐怖融资内部控制制度。

第七条 金融机构应当在总部层面建立洗钱和恐怖融资风险自评估制度，定期或不定期评估洗钱和恐怖融资风险，经董事会或者高级管理层审定之日起10个工作日内，将自评估情况报送中国人民银行或者所在地中国人民银行分支机构。

金融机构洗钱和恐怖融资风险自评估应当与本机构经营规模和业务特征相适应，充分考虑客户、地域、业务、交易渠道等方面的风险要素类型及其变化情况，并吸收运用国家洗钱和恐怖融资风险评估报告、监管部门及自律组织的指引等。金融机构在采用新技术、开办新业务或者提供新产品、新服务前，或者其面临的洗钱或者恐怖融资风险发生显著变化时，应当进行洗钱和恐怖融资风险评估。

金融机构应当定期审查和不断优化洗钱和恐怖融资风险评估工作流程和指标体系。

第八条 金融机构应当根据本机构经营规模和已识别出的洗钱和恐怖融资风险状况，经董事会或者高级管理层批准，制定相应的风险管理政策，并根据风险状况变化和控制措施执行情况及时调整。

金融机构应当将洗钱和恐怖融资风险管理纳入本机构全面风险管理体系，覆盖各项业务活动和管理流程；针对识别的较高风险情形，应当采取强化措施，管理和降低风险；针对识别的较低风险情形，可以采取简化措施；超出金融机构风险控制能力的，不得与客户建立业务关系或者进行交易，已经建立业务关系的，应当中止交易并考虑提交可疑交易报告，必要时终止业务关系。

第九条 金融机构应当设立专门部门或者指定内设部门牵头开展反洗钱和反恐怖融资管理工作。

金融机构应当明确董事会、监事会、高级管理层和相关部门的反洗钱和反恐怖融资职责，建立相应的绩效考核和奖惩机制。

金融机构应当任命或者授权一名高级管理人员牵头负责反洗钱和反恐怖融资管理工作，并采取合理措施确保其独立开展工作以及充分获取履职所需权限和资源。

金融机构应当根据本机构经营规模、洗钱和恐怖融资风险状况和业务发展趋势配备充足的反洗钱岗位人员，采取适当措施确保反洗钱岗位人员的资质、经验、专业素质及职业道德符合要求，制定持续的反洗钱和反恐怖融资培训计划。

第十条 金融机构应当根据反洗钱和反恐怖融资工作需要，建立和完善相关信息系统，并根据风险状况、反洗钱和反恐怖融资工作需求变化及时优化升级。

第十一条 金融机构应当建立反洗钱和反恐怖融资审计机制，通过内部审计或者独立审计等方式，审查反洗钱和反恐怖融资内部控制制度制定和执行情况。审计应当遵循独立性原则，全面覆盖境内外分支机构、控股附属机构，审计的范围、方法和频率应当与本机构经营规模及洗钱和恐怖融资风险状况相适应，审计报告应当向董事会或者其授权的专门委员会提交。

第十二条 金融机构应当在总部层面制定统一的反洗钱和反恐怖融资机制安排，包括为开展客户尽职调查、洗钱和恐怖融资风险管理，共享反洗钱和反恐怖融资信息的制度和程序，并确保其所有分支机构和控股附属机构结合自身业务特点有效执行。

金融机构在共享和使用反洗钱和反恐怖融资信息方面应当依法提供信息并防止信息泄露。

第十三条 金融机构应当要求其境外分支机构和控股附属机构在驻在国家（地区）法律规定允许的范围内，执行本办法；驻在国家（地区）有更严格要求的，遵守其规定。

如果本办法的要求比驻在国家（地区）的相关规定更为严格，但驻在国家（地区）法律禁止或者限制境外分支机构和控股附属机构实施本办法的，金融机构应当采取适当的补充措施应对洗钱和恐怖融资风险，并向中国人民银行报告。

第十四条 金融机构应当按照规定，结合内部控制制度和风险管理机制的相关要求，履行客户尽职调查、客户身份资料和交易记录保存、大额交易和可疑交易报告等义务。

第十五条 金融机构应当按照中国人民银行的规定报送反洗钱和反恐怖融资工作信息。金融机构应当对相关信息的真实性、完整性、有效性负责。

第十六条 在境外设有分支机构或控股附属机构的，境内金融机构总部应当按年度向中国人民银行或者所在地中国人民银行分支机构报告境外分支机构或控股附属机构接受驻在国家（地区）反洗钱和反恐怖融资监管情况。

第十七条 发生下列情况的，金融机构应当按照规定及时向中国人民银行或者所在地中国人民银行分支机构报告：

（一）制定或者修订主要反洗钱和反恐怖融资内部控制制度的；

（二）牵头负责反洗钱和反恐怖融资工作的高级管理人员、牵头管理部门或者部门主要负责人调整的；

（三）发生涉及反洗钱和反恐怖融资工作的重大风险事项的；

（四）境外分支机构和控股附属机构受到当地监管当局或者司法部门开展的与反洗钱和反恐怖融资相关的执法检查、行政处罚、刑事调查或者发生其他重大风险事件的；

（五）中国人民银行要求报告的其他事项。

第三章　反洗钱和反恐怖融资监督管理

第十八条 中国人民银行及其分支机构应当遵循风险为本和法人监管原则，合理运用各类监管方法，实现对不同类型金融机构的有效监管。

中国人民银行及其分支机构可以向国务院金融监督管理机构或者其派出机构通报对金融机构反洗钱和反恐怖融资监管情况。

第十九条 根据履行反洗钱和反恐怖融资职责的需要，中国人民银行及其分支机构可以按照规定程序，对金融机构履行反洗钱和反恐怖融资义务的情况开展执法检查。

中国人民银行及其分支机构可以对其下级机构负责监督管理的金融机构进行反洗钱和反恐怖融资执法检查，可以授权下级机构检查由上级机构负责监督管理的金融机构。

第二十条 中国人民银行及其分支机构开展反洗钱和反恐怖融资执法检查，应当依据现行反洗钱和反恐怖融资规定，按照中国人民银行执法检查有关程序规定组织实施。

第二十一条 中国人民银行及其分支机构应当根据执法检查有关程序规定，规范有效地开展执法检查工作，重点加强对以下机构的监督管理：

（一）涉及洗钱和恐怖融资案件的机构；

（二）洗钱和恐怖融资风险较高的机构；

（三）通过日常监管、受理举报投诉等方式，发现存在重大违法违规线索的机构；

（四）其他应当重点监管的机构。

第二十二条 中国人民银行及其分支机构进入金融机构现场开展反洗钱和反恐怖融资检查的，按照规定可以询问金融机构工作人员，要求其对监管事项作出说明；查阅、复制文件、资料，对可能被转移、隐匿或者销毁的文件、资料予以封存；查验金融机构运用信息化、数字化管理业务数据和进行洗钱和恐怖融资风险管理的系统。

第二十三条 中国人民银行及其分支机构应当根据金融机构报送的反洗钱和反恐怖融资工作信息，结合日常监管中获得的其他信息，对金融机构反洗钱和反恐怖融资制度的建立健全情况和执行情况进行评价。

第二十四条 为了有效实施风险为本监管，中国人民银行及其分支机构应当结合国家、地区、行业的洗钱和恐怖融资风险评估情况，在采集金融机构反洗钱和反恐怖融资信息的基础上，对金融机构开展风险评估，及时、准确掌握金融机构洗钱和恐怖融资风险状况。

第二十五条 为了解金融机构洗钱和恐怖融资风险状况，中国人民银行及其分支机构可以对金融机构开展洗钱和恐怖融资风险现场评估。

中国人民银行及其分支机构开展现场风险评估应当填制《反洗钱监管审批表》（附1）及《反洗钱监管通知书》（附2），经本行（营业管理部）行长（主任）或者分管副行长（副主任）批准后，至少提前5个工作日将《反洗钱监管通知书》送达被评估的金融机构。

中国人民银行及其分支机构可以要求被评估的金融机构提供必要的资料数据，也可以现场采集评估需要的信息。

在开展现场风险评估时，中国人民银行及其分支机构的反洗钱工作人员不得少于2人，并出示合法证件。

现场风险评估结束后，中国人民银行及其分支机构应当制发《反洗钱监管意见书》（附3），将风险评估结论和发现的问题反馈被评估的金融机构。

第二十六条 根据金融机构合规情况和风险状况，中国人民银行及其分支机构可以采取监管提示、约见谈话、监管走访等措施。在监管过程中，发现金融机构存在较高洗钱和恐怖融资风险或者涉嫌违反反洗钱和反恐怖融资规定的，中国人民银行及其分支机构应当及时开展执法检查。

第二十七条 金融机构存在洗钱和恐怖融资风险隐患，或者反洗钱和反恐怖融资工作存在明显漏洞，需要提示金融机构关注的，经中国人民银行或其分支机构反洗钱部门负责人批准，可以向该金融机构发出《反洗钱监管提示函》（附4），要求其采取必要的管控措施，督促其整改。

金融机构应当自收到《反洗钱监管提示函》之日起 20 个工作日内，经本机构分管反洗钱和反恐怖融资工作负责人签批后作出书面答复；不能及时作出答复的，经中国人民银行或者其所在地中国人民银行分支机构同意后，在延长时限内作出答复。

第二十八条 根据履行反洗钱和反恐怖融资职责的需要，针对金融机构反洗钱和反恐怖融义务履行不到位、突出风险事件等重要问题，中国人民银行及其分支机构可以约见金融机构董事、监事、高级管理人员或者部门负责人进行谈话。

第二十九条 中国人民银行及其分支机构进行约见谈话前，应当填制《反洗钱监管审批表》及《反洗钱监管通知书》。约见金融机构董事、监事、高级管理人员，应当经本行（营业管理部）行长（主任）或者分管副行长（副主任）批准；约见金融机构部门负责人的，应当经本行（营业管理部）反洗钱部门负责人批准。

《反洗钱监管通知书》应当至少提前 2 个工作日送达被谈话机构。情况特殊需要立即进行约见谈话的，应当在约见谈话现场送达《反洗钱监管通知书》。

约见谈话时，中国人民银行及其分支机构反洗钱工作人员不得少于 2 人。谈话结束后，应当填写《反洗钱约谈记录》（附 5）并经被谈话人签字确认。

第三十条 为了解、核实金融机构反洗钱和反恐怖融资政策执行情况以及监管意见整改情况，中国人民银行及其分支机构可以对金融机构开展监管走访。

第三十一条 中国人民银行及其分支机构进行监管走访前，应当填制《反洗钱监管审批表》及《反洗钱监管通知书》，由本行（营业管理部）行长（主任）或者分管副行长（副主任）批准。

《反洗钱监管通知书》应当至少提前 5 个工作日送达金融机构。情况特殊需要立即实施监管走访的，应当在进入金融机构现场时送达《反洗钱监管通知书》。

监管走访时，中国人民银行及其分支机构反洗钱工作人员不得少于 2 人，并出示合法证件。

中国人民银行及其分支机构应当做好监管走访记录，必要时，可以制发《反洗钱监管意见书》。

第三十二条 中国人民银行及其分支机构应当持续跟踪金融机构对监管发现问题的整改情况，对于未合理制定整改计划或者未有效实施整改的，可以启动执法检查或者进一步采取其他监管措施。

第三十三条 中国人民银行分支机构对金融机构分支机构依法实施行政处罚，或者在监管过程中发现涉及金融机构总部的重大问题、系统性缺陷的，应当及时将处罚决定或者监管意见抄送中国人民银行或者金融机构总部所在地中国人民银行分支机构。

第三十四条 中国人民银行及其分支机构监管人员违反规定程序或者超越职权规定实施监管的，金融机构有权拒绝或者提出异议。金融机构对中国人民银行及其分支机构提出的违法违规问题有权提出申辩，有合理理由的，中国人民银行及其分支机构应当采纳。

第四章 法律责任

第三十五条 中国人民银行及其分支机构从事反洗钱工作的人员，违反本办法有关规定的，按照《中华人民共和国反洗钱法》第三十条的规定予以处分。

第三十六条 金融机构违反本办法有关规定的，由中国人民银行或者其地市中心支行以上分支机构按照《中华人民共和国反洗钱法》第三十一条、第三十二条的规定进行处理；区别不同情形，建议国务院金融监督管理机构依法予以处理。

中国人民银行县（市）支行发现金融机构违反本规定的，应报告其上一级分支机构，由该分支机构按照前款规定进行处理或提出建议。

第五章 附 则

第三十七条 金融集团适用本办法第九条第四款、第十一条至第十三条的规定。

第三十八条 本办法由中国人民银行负责解释。

第三十九条 本办法自 2021 年 8 月 1 日起施行。本办法施行前有关反洗钱和反恐怖融资规定与本办法不一致的，按照本办法执行。《金融机构反洗钱监督管理办法（试行）》（银发［2014］344 号文印发）同时废止。

附件（略）

中国证券监督管理委员会

关于合格境外机构投资者和人民币合格境外机构投资者境内证券交易登记结算业务的规定

2022年9月9日　　〔2022〕44号

第一条　为进一步做好合格境外机构投资者和人民币合格境外机构投资者（以下简称“合格境外投资者”）证券交易、登记结算业务工作，明确合格境外投资者及其委托的托管人和证券公司三者在交易、登记和结算业务中各自的责任和义务，根据《合格境外机构投资者和人民币合格境外机构投资者境内证券期货投资管理办法》及相关法律法规，制定本规定。

第二条　合格境外投资者及其委托的托管人和证券公司应当依据相关法律法规、证券交易场所的业务规则、中国证券登记结算有限责任公司（以下简称“中国结算”）业务规则和本规定，依法进行证券交易和登记结算活动，承担相关的法律责任。

第三条　托管人应当确保其托管的每个合格境外投资者在证券交易结算过程中的证券资产和资金资产的独立性和安全性，且合格境外投资者的资产安全不得因为其他合格境外投资者的行为（包括超买卖空）而受到影响。

如果托管人发现合格境外投资者超买证券（人民币专用存款账户的余额不足以支付合格境外投资者当日应付资金净额），可以按照相关协议向中国结算提出申请，将超买证券从合格境外投资者证券账户非交易过户到指定当事人证券账户，同时将相应资金从指定当事人资金账户划至托管人资金账户。

第四条　合格境外投资者及其委托的托管人、证券公司应当签订协议，明确在防范错误交易以及在错误交易已经发生情况下各自的责任和义务。该协议应当报证券交易场所和中国结算备案。协议应当至少包括以下内容：

（一）协议各方的名称、地址、专门联系人及其地址和联系方式；

（二）防止错误交易的控制程序以及各方在该程序下的责任和义务；

（三）错误交易发生后的处理程序以及各方在该程序下的责任和义务；

（四）为更正错误交易办理非交易过户手续时的申请人；

（五）指定当事人（指无论任何原因导致的超买证券行为都向中国结算承担交收责任的当事人）；

（六）协议期限；

（七）各方约定的其他内容。

第五条 合格境外投资者不得超买证券，合格境外投资者及其所委托的境内证券公司和托管人应当共同配合采取下列措施，防止合格境外投资者超买证券行为发生。

（一）合格境外投资者在买卖证券之前，应当确保其在托管人处的证券余额和资金余额足以进行交收。

（二）托管人在获得合格境外投资者的授权后，应当将该合格境外投资者当日可交易的资金和证券余额提供给证券公司，以防止超买证券行为的发生。

（三）合格境外投资者委托的证券公司应当在每日开市前向托管人进行资金余额核实，以确保拟执行的证券买卖不会导致超买证券。

第六条 为确保证券市场结算秩序和结算系统的安全运转，无论任何原因导致的违规超买证券行为，协议应当按照下列原则处理：

（一）托管人依其托管职责应在第一时间向证监会、中国结算报告。

（二）任何一方发现有超买证券的情况，均应在第一时间通知其他两方，以便尽快确定超买差错责任人。

（三）因托管人的错误导致超买证券行为的，托管人应当就超买部分的证券向中国结算承担交收责任，并对超买部分的证券享有处置权和收益权。同时，托管人处置证券可以委托证券公司进行，中国结算提供必要协助。

（四）因证券公司造成的超买证券行为，托管人和证券公司应当直接向中国结算办理超买证券部分的非交易过户手续，将超买证券过户给证券公司，同时，由中国结算从证券公司结算备付金账户中将与超买证券等额的资金划付给托管人结算备付金账户。

（五）如果在 T+1 日上午 12 时之前，合格境外投资者、托管人与证券公司未能查明超买证券的原因或未能确定超买差错责任人的，应当由协议中确定的指定当事人按照协议规定办理。

（六）如果托管人或证券公司未能按照前述第（三）项、第（四）项和第

（五）项规定承担超买证券的交收责任，中国结算有权按照相关业务规则进行交收处理及违约处置。

第七条 本规定自公布之日起施行，2003年7月4日发布的《关于合格境外机构投资者境内证券交易登记结算业务有关问题的通知》（证监市场字〔2003〕3号）同时废止。

征稿启事

《金融法治前沿》系由人民法院出版社与最高人民法院民二庭、北京金融法院牵头，联合人民银行、中国银行保险监督管理委员会、中国证券监督管理委员会、上海金融法院等单位共同组织编写出版，面向海内外公开发行的全国性金融法治领域连续性出版物。本丛书秉持“聚焦金融法治前沿问题，服务国家金融战略实施”的宗旨，以裁判实践、理论前沿以及相关司法文件、政策性规定的研究为主要内容，设有政策文件、法治前沿、典型案例、域外金融等多个栏目，力图打造金融法治前沿研究的高端平台，为建立适应金融业深化改革要求的系统的“法治金融”体系提供参考与借鉴。

本出版物恪守求新、务实、严谨的理念，弘扬兼容并蓄的学术传统，诚邀金融法治理论及实务工作者惠赐佳作。来稿要求：

1. 本出版物不接受一稿多投，来稿应属未以任何形式公开发表过的作品。

2. 文章篇幅与内容、格式要求：

（1）“法治前沿”栏目。主要内容为金融审判和金融法律相关的前沿和热点问题及金融法律风险防范，字数要求为每篇文章 1 万字（含注释部分文字）以内；

（2）“典型案例”栏目。主要内容为金融民商事案件、涉金融行政案件和执行案件中的典型案件且应为已生效案件，主要写明案例的标题、基本案情、争议焦点、裁判结果及案例评析，有关人名、身份证号、详细地址部分应做隐名处理。字数要求为每篇案例 3000-5000 字（含注释部分文字）；

（3）“域外金融”栏目。主要内容为国际金融和域外法治。字数要求为每篇文章 1 万字（含注释部分文字）以内。

3. 来稿应遵守本出版物注释体例，注释以必要和合理为原则，不使用尾注；标点符号、数字的使用应遵守国家有关规定。

4. 本出版物用稿实行匿名评审制度，请作者将姓名、出生年月、性别、工作单位、职称、学位、职务、通讯地址、联系电话、电子邮箱等个人信息，单独放在首页，稿件正文不要体现上述信息。单独约稿稿件不参加评审，符合约稿要求即可。

5. 本出版物不退来稿，稿件采用后，编辑部会及时与作者联系；稿件寄出后两个月未收到用稿通知的，作者可另作处理。

6. 凡本出版物所发表的文章，自发表之日起十年内，由本出版物享有专有版权和使用权，任何转载、摘登、翻译或结集出版等事宜，均须事先得到本出版物编辑部的书面许可。

7. 来稿请发送邮箱：jrsp2020@ sina. com。自收到启事后，30 日内交付。

《金融法治前沿》编辑部

附：《金融法治前沿》注释体例

1. 无摘要、关键词及相应英文；标题为黑体加粗，三号；正文为宋体，小四号，行间距为固定值 20 磅；作者信息的标注方式为：一作＊，二作＊＊。

2. 文中注释一律采用脚注，每页独立注码，样式为：①②③等。

3. 非直接引用原文时，注释前加“参见”；引用非原始资料时，请注明“转引自”。

4. 请规范数字用法，其中非直接引用法条的序号用阿拉伯数字（包括正文）。

5. 注释及参考文献范例：

（1）著作类：

①《马克思恩格斯选集》（第 4 卷上册），人民出版社 1972 年版，第 24 页。

②佟柔：《中国民法》，法律出版社 1990 年版，第 67 页。

（2）论文类：

①苏永钦：《私法自治中的国家强制》，载《中外法学》2001 年第 1 期。

（3）文集类：

①龚祥瑞：《比较宪法学的研究方法》，载《比较宪法研究论文集》（第一集），南京大学出版社 1993 年版，第 30 页。

（4）译作类：

①［古希腊］亚里士多德：《政治学》，吴寿彭译，商务印书馆 1983 年版，第 54 页。

（5）报纸类：

①张志铭：《现代化与中国律师制度的发展》，载《光明日报》2003 年 9 月 23 日。

（6）古籍类：

①［清］沈家本：《沈寄簃先生遗书》甲编，第 43 卷。

（7）辞书类：

①《新英汉法律词典》，法律出版社 1998 年版，第 24 页。

（8）网络资料类：

①郑成思：《“入世”、知识产权保护与民商法的现代化》，载中国法学网 http：//www. iolaw. org. cn/showNews. asp？id=243，2007 年 4 月 29 日访问。

（9）英文类：

专著：

①L. Fuller, The Morality of Law, revised edition, New Haven: Yale University Press, 1969, p. 143.

②See Roscoe Pound, The Spirit of the Common Law, New Brunswick: Transaction Publishers, 1999, pp. 179-180.

文集文章：

Jamie Horsley, Rule of Law in China: Incremental Progress, in C. F. Bergsten, B. Gill, N. R. Lardy & D. Mitchell eds., China: The Balance Sheet, Public Affairs Press, 2006.

杂志文章：

Joseph Raz, Legal Principles and the Limits of Law, Yale Law Journal 81, no. 5 (1972): 823-854.